张菊荣 / 著

教育日知录

·上册·

天津出版传媒集团
天津教育出版社
TIANJIN EDUCATION PRESS

图书在版编目（CIP）数据

教育日知录．上册 / 张菊荣著．-- 天津：天津教育出版社，2025. 7（2025.9 重印）．-- ISBN 978-7-5309-9675-1

Ⅰ．G4-53

中国国家版本馆 CIP 数据核字第 2025D4R447 号

教育日知录·上册

JIAOYU RIZHILU SHANGCE

出版人	黄　沛
作　者	张菊荣
选题策划	李勃洋
责任编辑	谢　芳
特约编辑	袁　玲
装帧设计	编悦文化
出版发行	天津出版传媒集团 天津教育出版社 天津市和平区西康路 35 号　邮政编码　300051 http://www.tjeph.com.cn
经　销	新华书店
印　刷	天津市宏博盛达印刷有限公司
版　次	2025 年 7 月第 1 版
印　次	2025 年 9 月第 2 次印刷
规　格	32 开（880 毫米 ×1230 毫米）
字　数	147 千字
插　页	2
印　张	7
定　价	88.00 元（上下册）

张菊荣教育日知录

顾明远

张菊荣：日知与日行（代序）

朱永新

认识菊荣，是在“教育在线”网站。

“教育在线”创办之初，网上的人还不多。差不多每一天，我都能看到菊荣那优美的文字。

我对苏州的名教师应该说是如数家珍了，但是从来没有看到过张菊荣的名字。吴江的学校我也去过好多所，但是从来没有人对我提过张菊荣。我禁不住在他的文章后面跟了一个帖子：苏州的教育界真是藏龙卧虎！

于是，有了我们的接触。

于是，我知道他写过两本书：《随想漫录》和《随意人生》。两本书的名字大概也反映了他的人生哲学吧，他的心态与生活都是那么随意而踏实。

认识他不久，就请他帮忙整理我的随笔集。记得那一天，他和夫人、儿子到我家做客，我们聊了许多。我把 20 年来写的小文章，包括看不清楚的手稿，都交给了他。以后的日子，他和夫人就成了我的“打字员”。我的第一本教育随笔集《享受教育》的跋就是菊荣写的，题目就是“享受教育”。

真正认识菊荣，是新教育实验在吴江开展以后。

最初，在我的眼中菊荣是个有才气的文人，一个瘦弱的书生，但是，没有想到，他的身上竟然蕴藏着巨大的能量。

菊荣说，他的能量是“教育在线”给他的。他这样写道：“今年暑假我走上‘教育在线’，与一批有思想有理想有追求的老师‘亲密接触’，我才猛然醒悟到，在过去这么多年的教育生涯中，我已经浪费了很多宝贵的时光。最让我痛心的是，我居然没有认真地记过教育日记，我居然一直不知道我的学生，我的每本作业本，我每一次与学生的谈话，我与学生之间的和谐与冲突，都应该是我教育研究的一笔巨大财富！如果时光能倒流，我想我一定会成为一个更快乐的教者，一个更幸福的研究者与思考者。”

于是，有了菊荣的“日知录”。为了证明新教育实验的可行，也为了激励参加实验的农村老师们，更为了他自己的梦想，他开始了每天的“日知录”的写作。我们看到，他的确在日思日知。在铜罗中心小学，面对着数不清的色彩斑斓的儿童画，他在惊异和赞叹之余，就在思考，到底怎样才能“画出心中的梦”？怎样真正让孩子们享受色彩与线条？在震泽实验小学，他交流办学特色，产生了这样的认识：从没有办学特色到大力发展办学特色，是办学水平的一种飞跃。特色的深入发展，必须有文化的滋润。我把特色比作一株树，它构成了一片漂亮的风景，但这株树需要各种营养，我们可以给予它多方面的滋养，这样才能从特色走向文化，由特色育人走向文化育人。他思考教师的健康、教师的闲暇等“关于学校的财富”，他写道：不要以为教师整天忙忙碌碌，忙得最好用一百双手来做事情才算是学校的幸运。其实，教师的闲暇也是学校的一笔财富。在参加例行的考核时，他也不忘记每天写下自己的感受。

于是，也有了菊荣的“日行录”。如果说“日知录”是一笔一画写出来的，那么“日行录”则是用脚一步一步走出来的。这是一本无字之书，但却是真正创造历史、改变教育的书！菊荣是一个陶行知的崇拜者，他知道，做学问，要知与行结合；他更知道，干事业，行比知重要！因此，为了新教育实验在吴江的推广，他差不多走遍了吴江的所有学校，现在吴江的新教育实验已经蔚为大观，如火如荼。

他对参加实验的校长们说："参加新教育实验，澎湃的是激情，涌动的是理想。参加新教育实验，激起的是热情，付出的是爱心。参加新教育实验，发展的是智慧，收获的是每一刻的生命！"

在和菊荣一起做新教育的那几年，的确是一段激情燃烧的岁月。记得有一年春节，菊荣给我写了一封很长的信。他写道：

> 半年来，我有一种胸襟渐开、胸怀渐宽的感觉。我会觉得我们很多的琐屑与浮躁都是那么的无聊与渺小，我们以前很计较的事，其实是那么的无所谓。陶行知先生说，我们要做"人中人"，人中人，便是真人！
>
> 一个人，当他志存高远，当他心怀大志，当他的心灵真正比海洋更宽广的时候，做人与做官，做学问与度人生，都会透出一种本真的魅力！
>
> ……
>
> 新的一年，我要做新教育的更热心的使者。昔时陶行知办教育，"来者不拒，不来者送上门去"，我想我们办新教育，真心地为着我们的孩子，为着我们的教师，说大些，真的是"为了中华民族伟大复兴"，所以我们也要怀着陶先生的胸怀。我们时刻不能放弃新教育的实验与发展！新教育实验一定要联系学校实

际，因校制宜。新教育实验要成就每一所学校的独特风采，新教育实验要成就每一位教师的幸福人生，新教育实验要促进学生的幸福发展，新教育实验学校一定要成为令人羡慕的学校！新教育实验要不断地总结，不断地创新，只有永远创新，才有永远的新教育。朱老师，我曾自称是“新教育的使者”，您鼓励我说：你也是新教育的创造者。对，我也要做新教育的创造者！新教育要创新，就是要从实际出发，从校情出发，新教育，所以也是真教育！朱老师，新的一年，吴江会有更多的学校加盟新教育大军。……

当时，我是含着泪水读完这封信的。我为一位教师的情怀而感动，为一个不平凡的灵魂而震撼。

我们共同的朋友范小青曾经这样写菊荣：“张菊荣在生活着，他踏踏实实地走着自己的人生之路，走得那么从容不迫，走得那么自信，走得那么平凡又那么光彩。他教书、读书、写书，他买菜、做菜、吃菜，他既平凡得和生活中的每一个人一样，心平气和地做着每一个人该做的事情，他又光彩得和大家不一样，热爱读书和写作，使得他的平凡的人生绝不平庸和平淡。”

2007年，我离开苏州到北京工作后不久，菊荣就调任吴江汾湖开发区的实验小学担任校长工作。由于各自事务繁忙，见面很少。但是，我一直关注着他，关注着他的学校。从他们的校报到他们的校刊，再到他的博客，我都能捕捉到他的信息。

虽然我们很少联系，但通过阅读他每一期的小报和每一年的《土书》（他们学校每一年都要让老师们把自己撰写的文字做成集子，命名为“土书”），我知道，他在用心地经营着他的学校。我知道，他与华东师范大学的专家团队共同研发课程。我知道，他在探索“教—学—评一致性”的课堂实践。我甚至还知道，他已经开始含饴弄孙。而且，他的儿子也子承父业，成为一名小学老师。我知道，他还迷上了写诗。我喜欢他在 2017 年新春写给学校同仁的《八载同心望更远》：

金鸡啼暖心潮起，报喜声中又一年。
壮志常新因贴地，豪情依旧可连天。
宜驰翰墨联佳句，共绘丹青绣锦篇。
八载同心望更远，吴歌汾水竹林边。

2017 年 6 月 14 日，菊荣告诉我，他调到吴江实验小学教育集团了，这是一所航母型学校，他面对学校未来的发展可谓一筹莫展，压力很大。学校发展要有新的定位，他要寻找新路，又如履薄冰，怕对不起这所学校。我对他说，新教育一直在探索未来学校的问题，欢迎他“归队”，一起探索，一起行动，一起成长。

2018 年 1 月 8 日，利用新年假期的时间，我来到了菊荣所在的吴江实验小学，参观了学校本部和苏州湾校区，参加了“与大家面对面：从优秀走向卓越”的教师发展论坛。菊荣告诉我，论坛筹备只用了一天时间。但是，陆丽萍、钟大海、谢娟娟、李勤华、沈国琴 5 位老师的发言水平非常高。那天，我们对话的主题是“教师的二次成长”的问题，我特地让菊荣邀请了吴江新教育的“老人”管建刚、钮云华、徐根泉、孙惠芳、费建妹等参加论坛。我知道，其实我们所有的人，都面临着“二次成长”的问题。2018 年的最后一天，苏州大学新教育研究院举行一年一度的“新教育元旦论坛”。在这个论坛上，新教育写作研究中心正式成立。张菊荣与管建刚分别担任中心的主任和常务副主任，他们分别致辞，讲述了新教育写作中心的研究构想与愿景。

在我的印象中，菊荣是一个行动力很强的人。在新教育实验的早期，储昌楼与张菊荣是新教育实验的“哼哈二将”。如果说储昌楼更多是在宏观联系、规划协调，那么，菊荣更多是在一线实战，区域推进。在新世纪之初，我几乎每周都去吴江的乡村学校，听他讲述发生在那里的新教育故事。他也是最早实践“新教育成功保险公司”理念，坚持教育写作的一线教师。我期待着他和管建刚老师分别负责的教师与学生的写作研究项目，能够早日开花结果。

附记：

此文出自朱永新老师《未来因你而来　我与新教育人的故事》（华东师范大学出版社，2021 年 1 月），是朱永新老师根据他《日知日行的张菊荣》一文增补而成。后文收入朱永新、张菊荣合著的《行走新教育》（四川教育出版社，2005 年 1 月）。经朱永新老师同意，将此文作为《张菊荣教育日知录》的“代序”，最重要的原因是：我的“日知录”生涯，就是从那时开始的。之后，我一直没有止步，“日知日行”成为我的一种生活方式。

张菊荣

2025 年 3 月

目录

第一辑　越是忙碌　越要思考

第二辑　没有人知道自己能走多远

教育日知录·上册

JIAOYU RIZHILU

江苏省吴江实验小学爱德校区 叶蓁蓁同学绘

第 一 辑

·越是忙碌 越要思考·

江苏省吴江实验小学苏州湾校区 李可馨同学绘

001 为什么要倡导成为“日知者”

在各种各样的打算、方案、计划一再被打乱的2022年，回顾总结这一年，仍然有相当多的人，见缝插针地做了不少有意义的事情；这些事情，就特别的珍贵，成为那年工作和生活中的光亮与慰藉。

对于我来说，对于“张菊荣名校长工作室”[①]的伙伴们来说，218天不间断的“日知录”写作，21期20万字《日知者（旬刊）》的编发，恐怕就是这样的光亮与慰藉。这个“日知者行动”，其实就是当年“朱永新成功保险公司”[②]的简约版，每天从几十字到几百字不论，因为是简约版，具有超常的可行性，有望可以人人做，有望可以走得远；这个行动，我们打算从第一天开始，能日不间断地做三个年头。

---

① “张菊荣名校长工作室”由中共苏州市吴江区委教育工委、区教育局发起成立，成立于2022年5月，工作室领衔人为时任吴江实验小学教育集团总校长的张菊荣，成员由吴江区部分校长组成。

② 2002年朱永新老师鼓励老师写日记时的一种戏言。他说，投保者交每天一篇千字文，坚持10年，保你成功，如果不成功，“朱永新成功保险公司”负责理赔。

很惭愧，我对于写作其实并没有专门的研究，我更关注的是这种写作的意义：我们究竟在干什么？

我可以非常清晰而明白地回答这个问题，每天一则的“日知录”也好，十天一期的《日知者》（旬刊）也好，我们在做的事情是：不断地处理日常事务与思想的关系。我们团队里的校长，每一个人都实在太忙了，我们生活在事务之中，我们都有着大量的事务要处理，烦琐，复杂，紧急，甚至棘手、无解，充满矛盾。然后我给出的建议，看上去就有些“雪上加霜”：越是忙碌越要思考。刚刚，我们工作室 12 名成员及我本人，把各自创作的 218 天日知录作了汇编，我给自己汇编的册子取名为“越是忙碌 越要思考——张菊荣日知录 2022”。

我们常常认为，我们每天的工作太忙碌了，每天的工作太烦琐了，哪里有时间去思考？其实恰恰相反，如果我们不能在忙碌与烦琐的工作中学会思考，不能对忙碌与烦琐的工作进行思考，那么，我们的忙碌与烦琐就会失去思维的含量、价值的内涵，我们可能就会真的始于整日忙忙，终于碌碌无为。如果我们只有在空闲的时候才思考，如果我们的思考离开了充满人间烟火的日常生活，如果我们不把每天的劳作当作思考对象，只是迷恋于一些概念与抽象，那么，我们就只能成为行动与思想相脱离的、人格分裂的人，我们的论文也不可能“写在祖国的大地上”。

我们提出了“日知者养成图”，日知录写作是一个从日常实践的土壤上产生思想、又将思想种子搬回到实践中的过程，是“日常”与“思想”的“双向奔赴”。我们的校长们就是在这样的“双向奔赴”中尝到甜头，乐此不疲。

日知录写作，改变了我们的认知方式，我们在每天的思考中理解教育、理解生活、理解世界、理解事务、理解琐碎；日知录分享，改变了我们的交流内涵，我们跳出了校长们只围绕着“事务”见不到“思想”的交流方式，日知者团队在相互交流中，成为思想的创造者、传播者，而不是他人思想的搬运工，校长在处理学校事务中成为创造思想的人；日知录的坚持，微写作中汇成思想的大海，校长们在这样的过程中，丰富着情怀，安放着情感，在编辑第 21 期也就是 2022 年度最后一期《日知者（旬刊）》时，正好遇上几位校长在痛苦地“与羊共舞”，我说，大家不急，健康第一，可以先放一放，结果，大家都不愿意。

七都小学李峰华校长说，坚持，就是咬紧牙关后再向前一步。不幸感染了病毒，忍受着高烧和酸痛，连眼睛都睁不开。有一刹那的想法：要么今天的写作先缓一缓吧。不过，想到 207 天的坚持就此终结，再艰难，也要让自己咬紧牙关爬起来写一点儿。这就叫坚持。

而当期的责编朱芳则在 22 点 12 分（2022 年 12 月 21 日），把编好的《旬刊》发给了我，我不知道说什么好。我看到工作群里，她在 22 点 13 分的时候发了“日知录”，并说：“伙伴们，我来啦，昏昏沉沉睡了 24 小时，为了我的日知录和旬刊，我爬起来了！”

002 越是忙碌 越要思考

越是忙的时候，越是要思考。

脱离了情境的抽象思考是一种理论思辨，是重要的。但是，对于更多的人来说，更多的思考直接地来自现象。前几天校务会上，我说了这么一句话：越是忙的时候，越是要思考。今天，名校长工作室以一封信的方式开始了，在信中，我又一次用了这句话。一方面，忙而不思，就容易忙中出错，忙中生乱；另一方面，忙中蕴藏的经验与教训，没有经过思考，就白白浪费了，我曾经写过一篇小文章，叫《不要浪费了你的忙》。

* * *　* * *

思想的累积不能仅仅依靠灵感，而是需要日不间断一点一滴地累积。当它是一点一滴的时候，也许人们都没有感觉，有一天，汇成江海的时候，人们还以为是一下子涌来的。

* * *　* * *

关键的时候，要咬牙挺过去；挺过去了，你就强大了——能力的强大与精神的强大。

每个人都会遇上困难，甚至是强大的困难。困难是对一个人最严酷的考验。很多人，在困难面前，特别是面对强大的困难，久攻不下，看不到希望，看不到头，就放弃了；其实很可能，过了这一道坎，前面就是一片光明。

* * *　　* * *

你若唯我，人们的心中终将无你。

一个人，特别是我们担任着学校行政角色的人，如果一切都是从“我”出发，把“我”放在学校、老师的前面，放在学校、老师的中心，思考问题与行动选择只是向着“利我”出发，那么最终，在学校、在老师的心中，将没有这个“我”。

* * *　　* * *

一个人思想与智慧的强大阵地，不是一下子建立起来的，所谓“罗马不是一天建成的”，必须依靠积累，这种积累包括多方面的内涵，长期的阅读，长期的交往，长期的实践，当然最关键的还是长期的思考，而这一切，必须是“长期”的，虽然量变不一定马上引起质变，但是没有量变就不会有质变。

* * *　　* * *

不必用“我就是懒”来给“自己其实很聪明，只是没有下功夫而已”找借口。勤奋除了是一种品质，还是一种能力。

你能勤奋，是因为你具备了相关的能力；你能专注于一件事，说明你对这件事已经有了专注的能力。不是这样吗?

***　***

真正的思想，总是从具体情境来，又能回到具体情境去的。前者的具体情境，是思想的发源地；后者的具体情境，是新的情境。思想的表达，从某个情境中来，但不拘泥于这一个情境，正因如此，它才可能在新的情境中具有强大解释力。

校长们的日知录，其实是一部思想录，特别重要。我们要明确这个定位，所以，这个“每日语”的表达，要有思想的味道——无论是教学的思想，还是教育的思想；无论是课程的思想，还是活动的思想；无论是对至微细节的思考，还是宏大历史的感悟，总之这是思想。思想要有思想的表达，思想来自具体的情境、具体的事务，来自大地，但是情境、事务与大地本身不等于思想。这样说吧——如果你的“每日语”只能用于讨论、评论、议论某件事，那只是对于某件事的感想，还没有上升到思想的高度；一旦上升到思想的高度，与此事无关的人也会怦然心动，因为这个思想引起了人们对别的事情的思考。当然，同时要避免的是，讲空话与不着边际的大话，那是由于脱离了思想的土壤。

* * *　　* * *

如果你要开始，哪一天都可以是元日。

很多年之前，我也觉得自己已经努力得太晚了——天哪，那时候，其实是多么年轻，应该也就 35 岁左右吧——但还是安慰了一下自己：抓紧努力吧，从什么时候开始都不算晚，于是，写了一篇小文章鼓励自己，记得文章的题目叫“生命从此刻开始”，大体上是说，某一种生命（比如学术生命），可以从你开始之时开始，也就是“从此刻开始”。这次我们发动集团老师们一起玩一次“韧的游戏”——日知者 60 天行动，特别希望大家能坚持，不要有一天放弃。告诉自己，坚持，我也行。

* * *　　* * *

积微成著是一种可能，不是一种必然；是一个必要条件，不是一个充要条件。积微成著是需要前提的，它的前提是不断地反思“微”与“微”之间的联系，构成一种整体结构，形成一种认知图式，要不然，只是一些无甚意义的“微”的堆积而已。但是，成著必须积微，妄想通过一种所谓的捷径，结果可能是一条更远的路，甚至永远也走不到目的地。

* * *　　* * *

从外力而言，成长不是永远伴随着掌声；从内力而言，成长不是永远有信念护航。成长需要穿越长长的“平淡”、久久的寂寞、痛苦的“怀疑”、乏味的“看不见成长”。如果我们真的每天都能看到自己比昨天进步的一点点，那么，任何人每天都会感到成长的喜悦，成长会变得易如反掌。可是，事实并非永远如此，除了我们的确会不时地享受到一些成长的感觉，可能更多的时候，我们会看不到自己的成长。除了“成长看得见”，我们还要经历“成长看不见”，谁能穿越长长的“成长的看不见”，谁能在那些平淡得让人绝望的时间里不断创造出光亮来，谁就能获得巨大的“看得见的成长”。

* * *　　* * *

让思想源源不断的唯一方法就是不停地思考——这话说起来有点儿啰嗦，但事实正是如此。思想是在思想中诞生与丰富的。我们工作室的小伙伴们日不间断地进行了100天的写作，这事情想起来也许有点儿难，真要做起来，其实并不如想象中的那样难——这又一次说明：想起来全是问题，做起来才有答案。

盛伏平之问①的确非常有意思：是什么让思想源源不断？这首先是认可了这样的一个事实：思想是可以源源不断的。我经常强调一个观点：一所学校的真正活力，是思想的活力。或者说，思想的活力才是一所学校的真正活力。外在的，我们可能会看到一所学校活跃的活动；内在的，

---

① 盛伏平之问，是指张菊荣名校长工作室成员盛伏平在一次活动上问作者的一个问题：“为什么您能让思想源源不断？”

我们必须看到一所学校源源不断的思想。如果一所学校没有源源不断的思想，那么搞再多的活动都是处于停滞状态的。思想不但可以是源源不断的，而且应该是源源不断的。

我们走过了100天，值得为自己庆贺。我相信其中的价值不仅仅是文字，远不仅仅是文字。如果只看到我们书写的文字，那只能算是外人，或者说是外行。思想的表达是重要的，一个校长必须学会明白而有感染力地表达自己的思想，但是学会表达，这只是日知者行动最外层的意义，是可见的；背后其实是思维方式，是我们在不断优化的思维方式，我们正在形成的思维方式将会让我们对现象、对他人、对自己充满睿智的敏感，具有深刻的洞察力、通透的理解力；最后就是人格的境界，就是心态，就是人生哲学，“非人磨墨墨磨人”，当我们在打磨文字的时候，文字也在打磨着我们的品性、气质与胸襟。

当人格养成，思维方式形成，表达力水到渠成，滴水功夫成为我们的看家功夫，思想的源源不断就是一件极其自然的事情。

* * *　　* * *

“这，有意思吗？”——有一天，我突然发现自己有这样的一个口头禅，而且发现这句口头禅非常好。“这，有意思吗？”这是一个意义追问，一个价值叩问。看到一些做法，我爱问这个问题，“这，有意思吗？”这让我对于做事充满审慎，也让我对于自己及他人的做法充满怀疑——怀疑不是不相信，而是因为思考，因为你怀疑过了，才知道这些做法是不是值得怀疑，如果你信了你才是真正彻头彻尾地信了。说实话，当我这样去叩问我看到的、听到的一些做法的时候，有时候我会发现一些事情匪夷所思、莫名其妙；当然我首先得用这个问题来叩问自己，也会发现自己做的一些事情也是愚不可及（当然，如果我们不去叩问自己，我们连自己的愚蠢都发现不了），也会庆幸自己有此一问而避免了一些事情。“这，有意思吗？”这问题太重要了，事先一问，或许很多事情我们未必会去做，很多事情我们未必会那样做。

由于各种各样的条件限制，我们没有能力完全按照价值判断来做事，没有办法让价值来“决定”我们的行动，但它一定会深刻地影响我们做事——做什么事，怎么做事，把事做得怎么样。

***　***

不做，永远在门外；不持续地做，也只能是隔靴搔痒。“新课改”的理念，通过各种各样的途径，让每一个教师都听得够多的了，但是我们千万不要以为听到了一些理念，就真的拥有了这些理念。不做，我们永远在门外，就像一些外行人士，看到专业世界的一鳞半爪，就以为自己啥都会了，已经高人一等，这只能是无知者无畏，世界上哪有这样的聪明人。《大问题　简明哲学导论》有一妙喻：“仅仅因为你已经试穿过冰鞋了，你就相信自己已经学会了滑冰。然而，真理是要在你继续拿它们做事时才能发现的。”更不要说我们可能连试穿都没有试穿过冰鞋，只是看过别人滑冰，或者只是听别人说过怎样滑冰，就以为自己已经学会滑冰，甚至已经是滑冰高手了。

***　***

考虑得太多，啥事都做不成。坚持内在准则，当然不是对于变化着的环境视而不见，不是对于外在的条件视而不见，但是过于在乎外在的评价，对于外在评价的关注远超过自我评价，就会这样：不能笃定，不能淡然，患得患失，最后什么也做不成。

***　***

淡定是一种极高的境界，既淡且定，因淡而定，因定而淡。因为淡泊，所以坚定；因为坚定，所以淡定。这种淡，当然不是所谓躺平的“淡”，而是看到本质，通透实质，崇高生命中至为珍贵的东西，不是一味为着表现繁荣、冲着一时豪华而迷失自己，失去生命的自由状态，扭曲着发展。说起来，“淡”决不是停止生长、拒绝生长、野蛮生长，而是“积极生长”，抱此淡然而积极的心态，于是就“定”。这种“定”，当然不是死水般的定，而是内心的坚守，不为浮云遮白日，不急不躁而又毫不动摇（即使过程中或有摇摆，但往往在摇摆之后更加坚定）地朝向要去的地方不可阻挡地徐徐而进，或许这才是真正的“积极生长”，也才称得上是真正的“积极生长者”。只有“淡”而没有“定”，有失去斗志之虑；只有“定”而没有“淡”，有执拗、偏执之忧；淡而定，想通了，往前走。

* * *　　* * *

专业人员要把精力花在专业上，这是一条朴素的真理，也是一条永恒的真理。听过一个小故事，周恩来总理当年为了国防工业的事操劳，说过一句话：导弹部门工作的人不好好地研究导弹，简直是捣蛋！学校的专业传统的表达是“教书育人”，用时代气息的话说，就是“为党育人，为国育才”，就是培养学生的核心素养；用我们校本色彩的话说，就是为新时代造就“积极生长者”，这是我们的使命，也是我们的专业。具体来说，就是课程与教学的改进；再切实一点儿说，就是要一着不落地落实课程改革新理念——如果我们不把学校的主要精力花在这上面，我们就放弃了专业，也放弃了国家与时代赋予我们的使命，那，也是捣蛋！

* * *　　* * *

每一天都可以是新的开始，新的开始本身就代表了新的决心、新的憧憬，为自己建立了一个新的念想，构起一个新的世界。

开始并不容易，开始并非轻易，虽然可以一时激动，但不会轻言放弃，总是要对自己践诺。开始并不容易，坚持绝非易事——好在我们有团队，团队中智力上的相互启发、精神上的相互激荡，会让我们走完此程。

又是一个特殊的日子，教师节，中秋节，其实对于我来说，还有一个特殊性，是我农历的生日。在这个特殊的日子，我们又有了新的开始——像所有“新的开始”一样，我们充满希望地迎接这个新的开始，亲手启动这个新的开始，然后，走远，这想想都兴奋，何况，这是一个团队的开始！

我很幸运，在“张菊荣名校长工作室”，有一帮年轻才俊愿意与我同行，我们已经连续不断地进行了106天的日知录写作，我们已经惊喜地看到了表达力的提升、思想力的进阶以及心境与胸襟的渐开；我很幸运，“日知者60天行动”（首期）之后，教育集团60多位伙伴再次集结，我们要做一次思想之旅。

* * *　　* * *

身陷忙碌的时候特别要叩问“何为”，特别要回望初衷。虽然有的时候、有的事情还真找不到一个“何为”的答案，但是，我们仍然要坚持养成这种叩问“何为”、回望初衷的习惯，要不然真会发生这样的现象：我们走得很快很快，走得很累很累，却不知道自己因何出发、走向何方。人啊，总是要给自己一个忙碌的理由。沉得太深了，就把自己拉出来；飘得太远了，就让自己沉下去。

* * *　　* * *

自我认知。人之所以在处理各种情况的时候会出现各种各样的问题，其核心是没有正确的自我认知。而如果一个人缺少基本的自我认知，缺少常识性的自我认知，那就会出现严重的问题；如果出现了严重的问题依然不能自知，就可能会出现严重的错误；如果出现了严重的错误还不能自知，就可能会酿成大错。父亲在世的时候一直说，一个人，别人不认得伊勿要紧的（别人不认得他不要紧），自家不认得自家不来的（自己不认识自己是不行的）。

***　***

认识自己是人生的必修课，不仅是必须修的课，而且是必须修好的课。认识自己是一件极其重要的事情，有时候也是一件十分困难的事情，甚至是一件非常痛苦的事情。

认识自己不能局限于“自己看自己”，而是要以底线、红线对照自己，以法纪要求对照自己，以社会公德对照自己，以基本常识对照自己，以换位审视对照自己，才能避免自我认知的模糊与虚幻，也才尽可能在自我认知的道路上规避更大的人生风险。有的时候，甚至要经历必要的“痛”，才会幡然醒悟。

老子有言，“知人者智，自知者明”，我总觉得后者更加重要，不能理解自己也就无法理解世界。苏格拉底的哲学宣言更似一种当头棒喝：“认识你自己”，迷茫中的人们只有认识自己，方知回头是岸。

***　***

人格是第一师德，师德是第一教育力。教师不是圣人，也会犯糊涂，也会出差错，但是，他的整个人格必须是好的，人格是师德的基础，没有好的人格，就难以有好的师德。而师德对于学生的影响，是深刻而久远的，我们说一个教师就是一部教科书，首先不是指知识，而是指人格，指师德。知识可以通过别的途径习得，而人格影响必须通过人格，师德是第一教育力，尤其是对于小学生来说，教师的人格与师德之中往往包含着他们的人格雏形。

***　***

9 月 10 日教师节开启的集团“日知者 60 天行动（第二期）”，一晃过去了。说是“一晃”，其实每一个日子都不是这么轻飘飘的。这 60 天中，我们经历了多少事情啊，相信我们中的大部分人，都可能会在某一个时刻，暗暗地想，放弃吧，今天太累了……真的是这样的，可是，放弃了就没有了！这 60 个日子，你觉得吗？还真不一样。对于苏格拉底说的“未经省思的人生不值得一过”，你一定有了深刻的共鸣！重要的是“省思”，重要的是对实践的思索——包括记录，记录本身就是思索的产物。重要的是精神，重要的是改变，而不是那些文字——如果你把“日知录”看作是一种写作，或者如果你把写作看作是一种与实践无关、与精神无关、与思想无关的稀奇东西，那真是不写也罢。有人说 21 天可以形成一个好习惯，我不相信，哪怕是 60 天，也未必能形成我们思考的习惯，但是我相信，你应该已经尝到了思考的滋味，应该已经具体地认知了一种“省思的人生”，你也可以延续一个又一个的 60 天，成为一个智力生活和精神世界高度丰富的人。

* * *　* * *

人生在世，总要体会人生，总会谈论人生——曾几何时，谈论人生变成一件奢侈的事情了，我们哪有时间谈论人生；或者，变成要被人暗笑的事情，呵呵，居然还有人在谈论人生。与苏州市跟岗校长[①] 聊“教育与人生”，抛砖可以引玉，引起大家对人生的讨论，每个人都产生了“表达欲”，说明其实在人的内心深处，都在考虑人生问题，人生问题想不好，教育问题也想不好的。

* * *　* * *

回到对“态度问题”的深刻关切上来。因为一位老师的稿子，与沙主编聊了聊。她认为要让那些有成长潜能的老师知道：“要学会对自己的每一个字负责。这首先是态度问题，然后才是能力问题。”我知道，很多编辑都比较喜欢我的稿子，一是我的文字比较明白，大家能看懂；二是可能自我要求比较高，不需要编辑太多改动。但是，最近几年，我觉得我有时候会比较毛糙，稿子写成后，也不好好读上几遍，匆匆地把不精致的稿件发给编辑了事。听了沙主编的话，特别是听她说到“校长里，你的稿子最好”，我突然惭愧起来——“对自己的每一个字负责”，这首先是一个“态度问题”，谨记！“挟泰山以超北海，曰不能”，是

① 苏州市教育局组织新任校长到部分名特校长学校跟岗学习。作者在担任校长期间，经常被聘为跟岗校长的导师。

能力问题；“为长者折枝，曰不能”，是态度问题。

* * *　　* * *

为什么“未经省思的人生不值得一过”？因为未经省思，生活就会变成“忙碌”，我们的生活就会完完全全地变成应接不暇、不知归路的“忙忙碌碌”；而“日知录”则把“忙碌”变成了“生活”，因为思考与琢磨，我们的“忙碌”才可能成为饱含思想、充满价值感的生活。基于“日知录”的“十日谈”，每一则，感性，又不乏智慧的洞察。把“日知录”与“十日谈”结合起来，特别有感觉。每一则“十日谈”，令人感动，相信伙伴们也会相互感动。

003 在实践现场处理理论问题

如果你能够在学校现场，在处理实务的时候，又同时觉得自己是在不断地发现、体验、处理理论问题，那么，你一定是一个成熟的教育者与管理者。

* * *　　* * *

当你表达的一个观点并非来自某种情境、某种经历的时候，你的这个表达会浮于表面化，会散发出一种乏味的概念腔；当你表达的一个观点仅限于在你的情境中使用的时候，这个表达还构不成思想，不会给别人或者自己的人生以真切、长久的启迪。

* * *　　* * *

从生动的实践中提取大概念，用大概念理解与创造生动的实践，这是人类认识与改造世界的黄金线路，也是教育教学的经典线路。

日知录以“1（+1）”的方式进行，正是暗合了这样一种规律认识。

核心是第一个“1”，这个“1”具有大概念的色彩，是我们对世界的领悟，是我们自己的表达，以大概念方式来表达，可能会来自我们对某件具体事情的看法（也可能会来自对某种看法的看法，可能是从某个观点与思想中产生的观点与思想，这些看法、观点与思想本身也是实践的投射），但这个看法可以迁移到对别的相关事情的认识上，形成对一类事情的观点，形成更具指导意义的思想。

请大家特别关注这第一个“1”，那是你自己独特的“金句”，是你与世界、与自我、与他人对话的产物，这个“金句”是你的，不是别人的；是从具体中来的，又是超越具体的、可以回到具体中去的；是具有独特性的，独特的表达背后是独特的思考——所谓“独特”，并不是故弄玄虚、故作深奥，而是用自己的方式表达，这是一种真切的表达。

第二个“1”，是对前面这个“1”的说明与阐释，可以说明前“1”的来龙去脉，产生这个观点的具体情境；可以由前“1”引发，说说用前“1”可以解释怎样的现象；可以对前“1”进行分析与解释，总之，是围绕着前“1”、补充着前“1”、丰富着前“1”的。当然，如果你觉得前“1”已经表达得比较明白，也可以不写第二个“1”，所以我们的要求是“1（+1）”，而不是“1+1”。

大家不要小看这个“1（+1）”的每日功夫，正如郭华教授所评价的，这是滴水穿石的功夫。这个功夫炼成了，我们思想的敏锐性、穿越力，包括我们表达思想的能力，才会真正提升。最重要的是，这样我们就可以打通实践与思想互动互成的“黄金线路”“经典线路”，当我们面临复杂实践的时候，才不会惊慌失措；当我们理解理论的时候，才不会看不见源头。

* * *　　* * *

发现自己的思想，就是生长自己的智慧；人总是会因为发现自己的思想、发现自己是思想者而兴奋、而自豪。很多人以为自己只是一介草民，是没有什么深刻的思想的。殊不知，思想在民间。民间是思想生长的沃土，你一定可以成为思想者。我们与人交谈，我们读书，我们做事，我们开心，我们伤心，我们笑，我们哭，我们沉思——思想就像不速之客一样热情地来了，只是很多人不知道思想已来，不理不睬，于是思想就又走了。

* * *　　* * *

不要将“把精力花在学生身上”与专业发展对立起来，千万不要，也绝对不是。

* * *　　* * *

只有想得明白，才能说得明白，才能做得明白。我们有时候说不明白某个道理，可能是因为我们对这个道理的本质还是吃得不透，那没有关系，继续想——这种“想”，是要与“做”结合在一起的，即苏霍姆林斯基所说的“不断地处理着理论与实践的关系”。

关于“学习任务”与“评价任务”究竟是什么关系，经常有人问我。我记得我一直努力地在回答这个问题，每一次回答总是逼着我对此作深入的思考——那种冷不丁冒出来问你、让你来不及思考的问题，总是能调动你的全部积累与直觉判断（当然，这种所谓的直觉判断也是建立在全部积累基础上的，但是它找到了一个灵感生成点）。

在大连分享会时，有一位老师过来，直询“学习任务与评价任务有什么不同”，我记得我的回答是：第一，评价任务属于学习任务，学习任务包括评价任务；第二，评价任务首先是一种学习任务，是指用以检测（评价）学习目标的学习任务，评价任务附着评分规则或评价指标；第三，那就意味着有些学习任务不是专门用来检测学习目标的，但是我们在进行教学设计的时候，主要地要设计评价任务。

回来路上，我还在想这个问题，觉得这样说还不是很清楚，于是我就发明了这个公式：学习任务＋评分规则／评价指标＝评价任务。

我觉得用这个公式，基本上讲明白了。

***　***

日知者，思考像呼吸一样自然，像呼吸一样自由，像呼吸一样必须，像呼吸一样让你感觉不到自己在呼吸。

倡导、发起“实小集团[①] 日知者 60 天行动”如在眼前，79 位日知者在这个罕见的酷暑里思考教育，思考课程，思考世界，思考人生，与思考“思考”本身，79 位日知者的思想汇聚成浩浩荡荡的思想。我们眼看着从无从着

① 实小集团，指吴江实验小学教育集团。

手到思想涌现，从思如泉涌到好像要枯竭了，从好像要枯竭了到细水般流淌，从今天的遇见中来，从昨天的故事中来，从前人的书中来，从智者的文中来，我们找到思想的可靠源头：从实践中来，也从思想中来——思想本身也是思想的源头，而实践是思想的第一源头、源头的源头。

每天，我们好像没什么看得见的变化；可是，我们绝对在变化，思想的敏锐性，思想的丰富性，思想表达的明晰性，正在改变我们的思维方式，也在改变我们的心境和情绪——我非常赞同盛伏平校长的一个观点，“真正阻碍我们把事情做好的，不是能力，而是自己的心境和情绪”。情绪与心态比能力更重要，或者说，情绪与心态本身就是能力，积极生长者，首先拥有的就该是积极生长好心态，而长期的日知者反思可以改变我们的心境与情绪，改变我们的眼界、胸襟和格局，改变我们的专注点、兴趣点与价值观，也许这一切，你没有觉得，或者你没有觉得变化这么多、这么大，但这一切正在悄然发生、深刻发生。

* * *　* * *

我们希望我们的实践是有学理基础的，而不是纯粹“我以为”的凭着感觉走的“经验叙事”，没有学理支持的“经验”有时候会偏执得可怕；我们希望我们的学术是有实践品质的，本质上说，学校学术就是实践的学术，是学理贯通的实践；希望我们的学术是指向学生成长的，我们所做的研究、改进的实践，都是为了这个素养时代的学生手里不再拿着那张旧船票；希望我们的学术是改进教师思维方式、精进教师专业技术并让教师在这样的过程中享受职业乐趣、丰富精神世界的。

***　***

我不相信世界上有那么多的事情是可以一蹴而就的，我只看到十分的努力才可能获得一分的进步，这还是在方向对头、方法对路的前提下，否则的话还可能有更多的兜兜转转，经历更多的山重水复。

10月1日，我们出了3个旬刊。《积极生长者（旬刊）》第64期了，也就是640天了，可是我们真的越做越好了吗？还是有很多的不满意；《积极生长者（学报）》第37期了，我们做了个“周年纪念”，季局长感慨“念念不忘，必有回响”，关心我们的人发来“祝贺”，可是我们自己知道，越往深处做不足越多，越往高处行困难越大；《日知者（旬刊）》第13期，进入第二轮（工作室12位成员一轮就是12旬），过程中我们收获多多，更是困惑多多，日知者如何走向开阔通达处，任重而道远。

单元教学、“教—学—评一致性”、课堂观察、课程纲要、课程规划，大家都知道我们做得早，我一直说“做得早不等于做得好”，我总是心虚，我们有足够的经典案例可以证明吗？案例、案例、案例，我们需要的是扎进去，把真正体现“教室里的课程与教学论”的案例做出来。

“教—学—评一致性”极简案，“教—学—评一致性”课例库，都要付出巨大心血才能保质保量。李勤华校长昨天找了两位英语老师讨论，今天又完成5位，赵志英校长那边也讨论了几位，英语的“课例库建设”令人期待。如何咬紧牙关，把真正“拿得上台面”的案例做出来？都是功夫活儿呀——花了功夫未必行，不花功夫是绝对不行的。我是不相信世界上有这样聪明的人，可以凭着所谓的巧力而“会当凌绝顶”，更多的恐怕是花架子而已。

* * *　　* * *

每一个实实在在的探索都是有价值的，哪怕是关于一道试题的研究——从初案到修订，到定题，到把题目拿给学生去做，到阅题分析，到学生的访谈与教师的反馈，到反思，整个过程，就是一个微型的研究。微研究的价值不是因为“微”，而是因为其背后我们一直在琢磨学理与实践的关系。还是那句话：我们应该成为在教育现场处理理论与实践关系的人。

* * *　　* * *

没有清晰的边界就没有明白的跨界。我以为在没有搞清楚边界之前，是谈不到“跨界”的。

* * *　　* * *

我们常常听到“跳出什么看什么”的建议，但我们不要忘记，“跳出”的目标是为了更好地看清这个“什么”，是为了透彻地理解这个“什么”，否则，我们跳到哪里去了都不知道。

* * *　　* * *

教室与课堂是教师发展的第一阵地，离开了这个第一阵地，是谈不上教师发展的；但是，这并不等于驻在这个阵地上，我们就自然而然发展了，如果我们没有在实践现场不断思考理论与处理问题的习惯，那么，就是一天到晚、一年到头守在这个第一阵地上，我们也不会成为一个专业的工作者。教师发展，决不是实践 + 理论，这不是“+”与不“+”的关系，而是在实践中思考与处理理论问题。与一位校长谈课堂，课堂要有“理论高度”，校长吓了一跳，课堂怎么会有“理论高度”？我说有，专业化的课堂一定是有理论高度的，一定是从实践的、细节的、现象的背后充满理论思考的，这样的课程不是偶然撞运气的，而是必然如此的。

* * *　　* * *

理论思维不是背几条理论加几个实例，而是一种思维方式，一种在实践的场域思考与处理理论问题的习惯。我们习惯于把“理论”与“实践”分开来看、分开来说、分开来做，所以，我们往往意识不到自己的理论，看不到自己的理论，更说不好自己的理论；能说出来的，也就是东抄西摘的“理论”，再加几个“例如”，没有浑然一体的“自己的思考”。

* * *　　* * *

理念不能三心二意，不能心猿意马，不能见花篮买花篮；在一个团队里，则不能一家人说两家话，不能你说你的我说我的，而要大家集中精力把一个核心的理念说好、做好、传好——这不是不能用“别的词”、不能说“别的话”，而是要围绕着核心来阐述、去理解。这样，概念才能成为理念，理念才能成为信念。吴江实验小学的核心概念是“积极生长者”，别的所有一切，都可以用来丰富这个概念，这个理念就成了理念，做好了，做透了，就是共同信念；“张菊荣名校长工作室”的核心概念是“日知”，别的所有一切，由此衍生，假以时日，蔚为大观，概念到理念，理念到信念，靠的是“做”，是持之以恒地做，持之以恒地在思考中做。

004 理解儿童需要纯正的心

理解儿童是一件艰难的事，需要一颗纯正的心。每个人都经历过童年，童年是极其神秘的，童年是我们的依稀别梦，而当童年远去的时候，每个人都淡忘了童年。但是这些在记忆中消逝了的事情，其中蕴含的经验却在深刻地影响着我们的整个人生。

* * *　　* * *

儿童的世界是完整的世界，儿童的浪漫不是碎片化的浪漫，儿童通过天马行空的想象把世界的所有一切打通。

当读到下面一段话的时候，我怦然心动，我相信，这是对的，儿童的生活是这样的。“儿童的生活是一个整体，一个总体。他们敏捷地和欣然地从一个主题到另一个主题，正如他们从一个场所到另一个场所一样，但是他们没意识到转变和中断，既没有意识到什么割裂，更没有意识到什么区分。儿童所关心的事物，由于他们的生活所带来的个人的和社会的兴趣的统一性，是结合在一起的。凡是在他们的心目中是突出的东西就暂时对他们构成整个宇宙。那个宇宙是变化的和流动的，它的内容是以惊人的速度在消失和重新组合的。但是，归根结底，它是儿童自己的世界。

它具有儿童自己的生活的统一性和完整性。”（杜威《儿童与课程》）摘录这么大段的话，不仅仅是为了表达我们对这种判断与描述的认同，更重要的是，这应该引起我们的深思：我们如何将儿童这种天才的跨场能力加以发挥，将儿童的经验与人类“种族的经验（课程）”（杜威语，即人类长期积累的知识体系）形成一个整体的世界？

* * *　　* * *

做一个真正的人，一个价值正向的人，一个能够努力的人，一个充满能量的人，这是每一个人都可以做到的，与学问无关，与学历无关，与职业无关，更与职位无关。

我们想不通一件事：社会需要英雄，也需要平民，而且大部分人是平民；国家需要精英，也需要普通劳动者，而且大部分人是普通劳动者。我们永远想不通这件事，永远不甘心自己的孩子并不属于正态分布中的“极端”，于是大家不管这种正态分布的现实，更不管孩子的天赋与发展可能性，拼命往一条道上走，结果，太多的人都白白地牺牲了原本可以正常的童年，却并没有换得他们想要的未来。

* * *　　* * *

“耐心”是小学老师的第一专业品质。要特别警惕自己，不要因为我们的不够耐心，伤害了孩子学习的信心，孩子的信心是非常脆弱的，特别是一年级新生，真的是一株株柔弱的嫩苗，千万别伤了他们的信心，信心比黄金更珍贵。

* * *　　* * *

没有童话的童年是无法想象的。看到张秋生先生于4日凌晨逝世的消息，我很痛惜。小巴掌童话，曾经一见钟情。在汾湖实验小学工作期间，我曾动员一位老师做“小巴掌童话课程”，我的建议理由是，孩子会喜欢给他们读小巴掌童话的你。没有童话的童年是不完整的童年，童年不完整人生就难以完整。

* * *　　* * *

千万不要打击孩子的信心，千万不要！更不要一次又一次地强化打击孩子的信心，千万千万不要！这一切可能是我们无意之中做的，也可能我们习惯性刻意为之的，我们要千万警惕！我们知道这样的教学是不道德的，也是不人道的。反过来，我们要想方设法让每个孩子都发现自己的“棒”，想方设法地帮助每一个孩子都昂起头来学习！

* * *　　* * *

人的精神世界有时候是非常神秘的，父亲与母亲，必须走进孩子的精神世界，否则，很可能是同一屋檐下的陌生人。

* * *　　* * *

一个教师来到学校上班，最主要的时间花在上课与处理作业上；一个孩子来到学校上学，最主要的时间花在上课与完成作业上，这才是正常的。但是，把全部的时间都用在这个方面，是不正常的。记得太湖校区首届风筝节时，我即兴讲了几句话，大意是：除了教室，还有操场；除了作业，还有风筝；除了课堂，还有梦想，这才是值得回味的童年，这才是积极生长的样子。

* * *　　* * *

别把特点当缺点。我们经常会说，孩子注意力不集中，意志力不强，自控力较差……我们在说这话的时候，是把这些“特点”判定为“缺点”而说的。可是我们也不妨设想一下，如果我们的孩子注意力、意志力、自控力都非常强，你想象一下吧，那还是孩子吗？我这样说，只是想说，这些，其实都是孩子的“特点”，你也许不会认为这些是“优点”，但也不必认为这一定是“缺点”——因为如果没有这些特点，孩子就直接地长成一个成人——而且还是一个优秀的成人的样子，那也是很可怕的吧。我也并不认为注意力不集中、意志力不强、自控力较差是问题，我们就不要通过教育与引导，助其发展；但好的教育、真正的教育是顺其自然的（注：顺其自然不是“躺平”而是顺着成长的规律而为之；我一直认为老子说的“无为”不是“没有作为”而是不逆着自然而为），不能超越年龄的特点去“拔苗助长”，否则，孩子就会失去浪漫的童年，而这样，是严重违反自然之理的。

* * *　　* * *

我们抱怨孩子的几乎所有问题，可能都是孩子的特点，而不应简单化地名之为“缺点”。我们所说的儿童蕴藏着无限可能性，应该就藏在这些特点之中。这些特点，让儿童成为儿童，让孩子像孩子的样子。教育，顺其自然的教育，是极其重要的，教育帮助儿童把这些特点成长为优点；而不好的教育，逆着自然的教育，则会把这些特点变成缺点。

* * *　　* * *

放在历史的长河里，一切可能都会显得渺小，真的如沧海一粟；但是对于具体情境中有血有肉的人来说，每一个细节都是有尊严的，不可忽视。从理论上讲，也是浩如烟海的鸡毛蒜皮构成了波澜壮阔的宏大叙事。发小拉了一个群，为的是要写一组“梦回陆家桥”的文章，引起了很多人对“小辰光”的回忆与怀念；傍晚，又看到有人在发一个视频，30 年前的新苏师范，情景历历在目，让人感伤。

* * *　　* * *

学生的课堂生活，是每天的营养。因为是每天的营养，我们往往很难认识到它对于人格形成的奠基性意义，我们总是更多地以为人的品性是由一些偶然性的事情决定的。我们的教育理想，我们的办学理念，我们的教育思想……能体现在学生的课堂生活中吗？观察学生的课堂生活，描述学生的课堂生活，分析学生的课堂生活，理解学生在课堂学习中的智力生活与精神世界，这应该成为教师的常规工作——而且这件事情，只有自己的老师做才行，别人的观察与判断，因为不知道每一个孩子的智力背景与精神基础，无从做起。

005 课程的背后是活生生的人

如果做一件事，只是用了单一的知识与技能；如果完成这件事，没有考虑过复杂多因素的相互关联，或者考虑了多个因素，但是只是分开考虑而没有将这些因素相互关联起来考虑，那么，就不叫“综合”，综合要面对的是整体，综合要出的是完整方案，而不是未完稿。

***　***

寻找大概念，是教学设计的第一要务与当务之急。大概念把我们引向高度。大概念把零散的知识凝聚起来，让学习走向整体与综合，大概念是杜威所言之“一个经验”，没有大概念构不成“一个经验”，零散的知识只是知识的碎片，就像信息读多了、无限丰富了却不会变成某一方面专家一样，智慧并非通过量变可以守株待兔等来质变。大概念让知识具有强大解释力、强大迁移力、强大创造力。刻入骨子里的对大概念的理解，在不确定情境中会自动唤起，投入战斗。

***　***

不见大概念，难有大格局。如何实现课程的“少即是多”，关键在于是否瞄准了“关键少数”的大概念。

我们总是以为我们教得多了，学生才能学得多。可是，自从知识以爆炸方式产生之后，我们发现，依靠这样的一种方式我们永远跟不上节奏。学生只有通过对少而关键知识的理解，才能适应千变万化的情境。

＊＊＊　＊＊＊

大概念是人类“种族经验”的结晶，但是大概念的教学绝非把这些结论直接地、简单地告诉给学生，而是要创造机会，帮助学生在自己的经历中去形成，唯有如此，种族的经验才会与个体的经验融为一体，这样才能转识成智，大概念才能成为学生解决问题、进行思考的“重器”。

无论是从人类智慧的传承还是从儿童个体的发展来看，都需要掌握大概念，但是，如果我们硬把大概念填充进儿童的头脑，那就亵渎了大概念，又损害了儿童。

＊＊＊　＊＊＊

究竟什么是大概念的“大”？我以为主要指“超越”之意，超越具体概念的概念，之谓“大概念”。有大概念，也当有小概念。小概念何谓？小概念当指具体概念。有不同层面的大概念，学科大概念超越于学科具体概念，是大概念；哲学大概念则是超越于具体学科的大概念。作为一个课程概念，大概念至少应该是学科层面的，再往下的学科具体概念，虽然具体化程度不同，但不能称之为大概念。

* * *　　* * *

大概念虽非全是哲学领域，但常带有哲学意味，无论是学科大概念，还是课程大概念，都会超越具体，具有一般性特征。大概念因为超越具体，所以影响具体，因此具有强大解释力，可以解释具体；具有强大迁移力，可以迁移到新的具体情境。

* * *　　* * *

大概念需要明确的表达。大概念不是某个尚未明了的疑问，而是明确的结论——这是由大概念的课程属性决定的，课程目标总是确定的。大概念是专家结论，这个专家结论是人类“种族经验”的结晶。大概念教学不是背诵结论（当然，会记住），大概念需要“理解”，理解了的大概念才能促进无限的创造。

* * *　　* * *

大概念是课程知识的“关键少数”，基于大概念的教学，可以实现“少即是多”，通过大概念的理解，最终要实现的是学生学会自动迁移，即当学生处于没有明确提示的情况下，能自动运用所学知识与技能去解决新问题。

* * *　　* * *

大概念是一种抽象性表达，但是，它来自具体，具体是大概念的源头活水，具体之中蕴含着大概念，但是具体不是大概念，大概念需要从具体中去发现与揭示。发现与揭示大概念的过程，也是理解大概念的过程；抽象出来的大概念，应该回到具体，而此时的具体已经不仅仅是原来的具体，因此我们才说大概念具有强大解释力，具有强大迁移力。

昨天李莺校长讲道，“每天，在张校长带领下，和小伙伴们一起思考，这是我们在建立自己的大概念。这样的思考过程，帮助我们从现实世界的具体、琐碎中抽离出来，进行基于具体现象和事件的富有逻辑性和哲理性的思考，让工作变得有更有意义，也让自己逐步提升而不陷于日复一日的碌碌。”这段话讲得特别好，特别深刻，特别到位，揭示了“大概念”的基本要义。

大概念，在日常生活中，在琐碎中，在小概念中；要大概念，不是不要生活，不是远离琐碎，更不是逃避日常、割裂小概念，而是让生活更好，让琐碎更有意义，让日常更有品质，让小概念熠熠生辉。

* * *　　* * *

看似每天获取了很多信息，却没有加工过信息的“滑屏式阅读”培养不了专家思维。读透几本书，哪怕是读透几篇文章，也要比读了很多书（很多篇文章）却都是“浏览一下”要好得多。昨天我们邀请杨九俊院长来学校，一个小时的时间，听他娓娓道来“新课标”的“新”在哪里；一个小时的时间，对话，请教问题，杨院长的解答总是透彻而明白。我由是建议大家，暑假里在学习“新课标”的时候，不要“贪多”，而是要学精，就如语文课标，把杨院长两篇新论吃透就非常了不起。在网上，每天都有关于“新课标”的文章，我们更多地采取了“滑屏式阅读”——看上去，我们看得很多，但是却没有潜心读完、更没有潜心读透其中的一篇文章，因此，看得很多的我们并没有什么真正地长进。

***　***

把一些知识放在一起，是构不成一个知识单元的，只有把知识组织起来，才会成为一个单元，用什么来把知识组织起来？用大观念，用大任务，用大问题。大观念、大任务、大问题就是把散落的珍珠串成项链的那根红线，什么叫“整体”，什么叫“一个经验”，什么是“以终为始”的“终”，这就是。

***　***

通过校本课程开发，提升课程理解水平，这是课程理解的一条重要通道。与新千年新课改不同的是，想当年校本课程似乎有些过热，大家在谈学校课程的时候，就拿校本课程来说事儿，说到国家课程好像反而无话可说；而现在，好像又有些过于冷落校本课程了，似乎没有多少人为校本课程而兴奋了。学校教育，课程为王；国家课程，王中王。但是，校本课程不该被冷落。一方面，校本课程作为国家课程的有益补充，应该合理存在；另一方面，校本课程也是理解“课程”的重要途径，有过校本课程经验的老师，对课程的理解要更深一些，我们没有能力去开发“语文”“数学”等课程，所以，在国家课程实施时我们更多的是仅从教学层面去理解，而难以建立课程视角，校本课程开发正好为我们提供了课程理解的可能。

* * *　　* * *

新课程方案强调课程内容的结构化，教学生结构化的知识，这是一个方面，我以为更重要的是帮助学生学会结构化的方法——这是一种思维方式，“像专家一样思考”的思维方式。学会结构化，不只是把结构化了的内容交给学生，而是帮助学生学会把碎片化的内容进行结构化处理、结构化加工——这才是真功夫。“结构化了的内容”是专家们结构化的产品，是老师们结构化的成果，这不能替代学生经历结构化的过程，这样做学生永远也学不会结构化思考。这是一个过程，这个过程首先需要“原材料”，即碎片化的内容；然后对这些内容进行“结构化”；结构化之后，还需要随着新知识的介入而“解构”与“重构”。因此，也不能因为倡导结构化，就丢弃了碎片化，更不能因为倡导结构化，就看不起课时教学、单篇教学。非此即彼的思维方式，要不得。

* * *　　* * *

做事与育人是统一的，做的是事儿，育的是人；做什么事、怎么做事，育的就是怎样的人。沈国琴正在探索“创生型综合实践活动”，究竟想“创生”些什么呢？应该包括看得见的创生与看不见的创生，看得见的创生是问题解决方案、过程与结果，是观念形成、表达与运用，是任务的完成、作品的分享；看不见的是隐含在这些看得见的过程与结果中的经验、能力、品格以及价值观念。看得见的是冰山露出水面的一角，看不见的是庞大的冰山底下。

***　　***

单元是由课时组成的，所谓“倡导单元教学就要抛弃课时教学”的观点是无稽之谈；素养是建立在知识与技能之上的，所谓“追求核心素养培养就不要教知识学技能”的观点是无法成立的。但是，止于课时，止于知识与技能，也是不对的。课时的堆积不会自动成为单元，知识的堆积不会自动成为素养，水泥、砂子、钢筋的堆积不会自动成为一个完整的建筑——这里需要结构化，结构化的方法首先是建立“单元组织者”，把课时组织起来，把知识组织起来，通过一个“大问题”，或者“一项大任务”，或者“一个大观念”组织起来，这样，课时就能通往单元、知识就能通往素养。

***　　***

信息爆炸的时代，再靠知识的累积已经无法应对，知识结构化，才能以少胜多。基本的知识量固然重要，没有基本的知识量，“知识结构化”无从谈起；但是，仅仅有知识量的积累，而没有良好的结构化，这样的知识是没有意义的。大观念、大任务、大问题，就是把知识组织起来的重要方式。

***　***

“双基”从来都不应该、不可以丢，我们说的“双基”是在新中国成立后教学改革语境中的“双基”，是指“基本知识”与“基本能力”，我们不是反对“双基”，而是反对“双基”的碎片化，即仅仅把“双基”作为散落的珍珠。“大任务”“大问题”“大观念”是什么？是把那些珍珠串起来的那根线，串起来之后，“双基”就成了“项链”，“珍珠项链”。

***　***

单元组织者有三，一曰大任务，二曰大问题，三曰大观念。从组织者的基本特征来说，此三者为并列之三。但，这只能是“基本特征”，其实质，此三者内在相通。大任务如果没有大观念支撑，会变成就事论事，缺少内核，没有深度；大观念如果不是通过大任务或者大问题体现，学生的理解无从着手，会变得空洞无物；大问题与大任务，都以大观念为内核，表现为大问题还是大任务，有时候还可以相互转化。

***　***

让你去做一件事，没有告诉你要做到怎样，就不需要评价，也难以评价；让你去做一件事，告诉你这件事要做到怎么样，就具有了评价的意义。“做，就对了”，只有“事”，没有评价；“这样做，就对了”，既有事，又有评价。

教学要让学生明白做到怎样才算对，需要“评价任务”，评价任务要明确地告诉学生：这样做，就对了。这里的“这样做”，要明晰，要让学生明白，不仅仅是指一个方向，说一个概念；这个“这样做”理解得越明白，学生就越能做到“这样”。

* * *　　* * *

看不见的理念，总是会有看得见的表现；理念在里层，表现在外层。本轮课程改革，如果说要有一些看得见的表现的话，我以为首先看得见“单元组织者”——也就是说，经过一个单元的学习，我们要清晰地看到学生们运用了本单元的知识与技能，或探索了一个大问题，或经历了一个大任务，或形成了一个大观念，如果看不到知识与技能被用来探索大问题或完成大任务或形成大观念，那么课改并没有真正发生，只是停留在理念层面说几句口号。

我们“期初大教研”研制所有年级所有学科的学期纲要，这是一件极其重要的事情，其重要性是多方面的，其中之一是整体统筹了每个单元的单元组织者。我们已经有了初稿，这个初稿全体教师要拿在手里，要明白单元学习的目标指向，明白通过本单元的知识与技能，我们探索了什么大问题，或者完成了哪个大任务，或者理解怎样的大观念，一定要明白，而且要首先明白，然后是根据这个目标指向来设计一节一节课的教学。

* * *　　* * *

案例，案例，案例——新课改的道理，我们讲得已经够多的了，而最重要的是案例，是根据这样的原理去做，拿不出足够雄辩的案例，道理总是苍白的，一千种关于花的定义，不如开出一朵具体的花。经典案例往往不是一个一次成型的范例，而是一个反复打磨的过程，这种打磨不仅仅是细节的打磨、现象的打磨，而是理念的打磨。当我们说学期课程纲要的时候，我们就要拿出一册课本来，把一个学期的课程纲要打磨出来，然后，它要经得起课程纲要评价表的推敲；当我们说单元教学的时候，我们就要能拿出一个单元来说，把单元教学方案打磨出来，把单元教学过程打磨出来，经得起各种要素的评议，然后，我们就可以说，“这就是我们理解的单元教学”；当我们说“教材解读”的时候，我们能拿着一篇篇教材说，“这就是教材解读”；当我们说“学情分析”的时候，当我们说“学习目标”的时候，当我们说“评价任务”的时候，当我们说“教学活动”的时候，当我们说“作业设计”的时候……我们都要能够这样如数家珍：“诺，你看，这就是我们做的，我们就是这样做的……”

* * *　　* * *

学习所要实现的“迁移”，不是换一个简单条件的简单运用，也不是有着明显提示或者暗示的“迁移”（暗示：注意了！这里要用到什么什么知识了！），而是我们实际遇到问题的时候，在没有人提醒、提示的情况下，那些知识就跳出来了，就组合起来，到这个新的问题情境中综合性地运用起来了，这就是“自主迁移”。“自主迁移”才是我们要的迁移，才是体现素养的迁移，才是真正的迁移。而要获得自主迁移的能力，需要我们对知识拥有真正的理解，没有真正理解的知识不可能自主迁移。所以学习不仅仅是看谁记住了多少（这也是重要的），更是要看在问题情境中谁能够敏感地触动那些知识，调用起来，解决问题。

＊＊＊　＊＊＊

自主迁移能力真是一个怪物，两个人，读了同样的书，或者说学习了同样的知识，可是，当他们遇到同样事情的时候，一个人就是不会运用学过的知识，一个人立马就调用了学过的知识。看到别人运用这样的知识解决了某问题之后，我们马上恍然大悟：对呀，这我也知道呀，我怎么没有想到呢？——这就是我们与专家思维的差距了。

＊＊＊　＊＊＊

自主迁移能力是需要培养的，不能因为自主迁移能力须在新情境下才能显现而不去主动培养。只做“积累”的功底，只想着我先积累着，书到用时自然就会“跳出来”，自然就会“自主迁移”，恐怕会有点儿像守株待兔。自主迁能力的培养，是课程的“长期目标”，习惯于只瞄着“短期目标”的我们（短期目标是必须要有的，但不能只有短期目标），为什么要有单元视角、学期视角、课标视角？非常重要的原因，就是要看到“长期目标”，而“迁移”就是重要的长期目标。

* * *　　* * *

用知识结构化培养思维结构化。课程内容结构化，更多的是希望我们能够提供结构化的知识，避免知识的碎片化。知识结构化的长期熏陶，最重要的作用是为思维结构化提供范例，养成结构化思维的习惯——这是希望通过一种材料上的量的累积而实现思维方式质的飞跃。与此同时，我以为“思维结构化”本身也应该直接地加以培养，那就是我们并不提供结构化的知识，我们可以基于碎片化的知识，但我们要帮助学生去经历“结构化”的过程，并理解“结构化”的功能与价值。

* * *　　* * *

考试题是该变变了，试题不改，教与学都改不了。上午，与徐栋校长研究一道“考试题”。我倒并不认为所有试题都要变成一种样子，但是素养导向的考试题是该好好研究。从我们今天的讨论来看，素养导向的考试题大致应该追求这些特征：任务式，而不是习题式；综合性，而不是一个一个知识点的叠加；情境化，将任务置于真实性情境……这些特征的“特征”是素养导向，也就是说，要从考知识走向考素养，如果我们考的一直是知识，而不是素养，那么要教师教素养、学生学素养，就是一句空话。我们讨论的是可以用作六年级毕业考试的一道“新试题”，中午，徐栋去实验初中找初一学生做了，非常有意思；晚上，我也看到了学生们的“答题”及感想。

***　　***

寻找关键概念的本质意义，应该成为我们思考教学的一个习惯。我们强调学生思想的开放性，强调学习过程中的生成性，但是不要忘记，对于课程与教学来说，一定是有预设的知识要学习的，而且大部分学生仅靠自己的学习是难以深刻达成的，否则，要我们老师来干吗？下午与徐栋校长讨论一个“批注”单元，我们首先讨论的问题：学生学了这个单元之后，与没学有什么不同？思考这个问题，然后设计教学，这太有意思了。

***　　***

课程与教学必须思考：在这一节课上，学生究竟学会了什么以前不会的，懂得了哪些以前不懂的，知道了哪些以前不知道的？否则，这一节课，上或者没有上，是一样的。

006 让知识成为经验

单元组织者，是单元目标综合性、具体化的体现，是把单元内容吸聚起来的一块“磁铁”，是学习内容是否构成为课程单元的标志，是达成“一个经验”（杜威语，意指一个完整经验）的重要抓手。

学生是在围绕单元组织者学习，还是在仅仅就知识点而学知识点，是两种教学的分水岭。

单元组织者以三种不同的方式把知识点组织起来：一种是大观念，一种是大任务，一种是大问题。

不管是哪一种方式，都在做一件事：把零散的知识组织起来，形成“一个经验”。

***　　***

从单元组织形式来看，大任务、大观念、大问题，只要选择一种就可以了。但是，三种单元组织者并非互不往来，相反，它们甚至可以相互融通、相互启迪。个人以为，大观念是单元的核心，是“一个经验”，单元应该为形成“一个经验”而学，大问题可以是由大观念转化而成的，大任务应该通往大观念；大问题是大观念的另一种呈现方式，大观念以肯定的、陈述的方式呈现，而大问题以难以找到

“标准答案”的叩问的方式呈现；大任务是大观念的操作性表达，大任务的操作不是没有脑子的操作，而是在大观念引领下的操作。

***　***

大观念、大任务、大问题，三种不同方式组合起来的大单元，其学习方式也是有所不同的。

大观念讲究的是领悟，是吴刚平教授所说的“悟中学”（华东师范大学课程与教学研究所教授吴刚平认为，学习大致可以分为三种：听中学、做中学与悟中学，关于这个观点，吴教授已经有多年的研究，最近在《新课标　新方案　新征程》一书中又多有论述），也就是说，大观念是有结论的，大观念的表达不是一个疑问句，而是一个陈述句，但是我们不能直接地把结论告知学生，而是要提供机会、情境、素材、方法等让学生去领悟。

大任务讲究的是经历，是“做中学”，这个“做”不仅仅是指动手操作，而是指实践，去把这件事做好，我们常说“是骡子是马拉出来遛遛”，事情一做，能力与素养毕显，能力与素养是通过做事看出来的，也是通过做事做出来的。

大问题讲究的是探究与叩问，如果我们的问题没有探究性，不需要反复叩问，那么这可能不是我们所说的、所要的那个能够发展核心素养（如批判性思维）的大问题了。

***　　***

大问题需要探究的是根本性问题。日前看到二年级（上）学期纲要中关于第一单元的单元组织者设计，设计了这样一个问题：如何合理安排节假日？我以为这不能算是一个“大问题”，虽然它好像也可以催生出很多丰富的信息，学生会有各种不同的方案，因此，显得其“答案范围”很大，但是这个学习是在表层的——大问题应该是深层次的问题，“大问题”的“大”，是“重大”的“大”，那些重要的、根本性的问题，才可能成为我们要探究的大问题——如前几天我所说的，“大问题”讲究的是“探究”。而“如何合理安排节假日”，讲究的是“操作”，是技术性处理，它更像是一个“大任务”。所以我就想，如果我们提出这样的一个问题，或许就是“大问题”了：为什么要有节假日？——这是一个根本性的问题，只有探究了这个问题，才能做好“合理安排节假日”这件事，也才能评价每个人的节假日方案是否有价值——二年级上讨论这个问题，是不是可以呢？我以为是可以的，要相信，只要我们把问题说清楚，那么，任何问题可以在任何年级段讨论。在这里，我们也可以看到“大问题”与观念、任务之间的关系，单元是以“大问题”方式组织的，但是在探究大问题的过程中，学生是会产生观念的（关于为什么要有节假日的观念），观念又会影响任务（怎样安排节假日，就是受到观念影响的）。

***　***

在单元教学尚未成熟的当下，在听一节课的时候，我们不妨从叩问单元组织者开始，自下而上地建立单元思维。的确，就课论课，打磨一节精品课，已经不能满足我们帮助儿童构建“一个经验”的课程追求了。这“一个经验”，集中体现在单元组织者上。

《狼牙山五壮士》（人教版五年级上册）究竟要学什么？单元语文要素很明白：点面结合的场面描写。人文主题是重温革命岁月。我们要帮助构建的“一个经验”是，用点面结合的场面描写鲜明地表达一个主题，如《狼牙山五壮士》要表达的是英雄气概，这样“文道”就统一了——这个“经验”其实是一个大观念，可以作为一个单元组织者。当然我们也可以以相关的大任务作为“单元组织者”：周敏告诉我在“课程纲要”编制的时候（这里可见“课程纲要”的意义），本单元的“单元组织者”是大任务：“本周焦点校园新闻大播报活动，运用点面结合的写法对校园一周活动进行播报。”这里的“播报”是不是具有“联播”的意思？就是大家来播报，然后挑战或者点评一下。这个作为“单元大任务”大致是可以的，表达上还要推敲一下，包括是在怎样的情境中做的，后续要设计好。

如果以“校园活动大联播”之类的作为大任务，那我们要分解“子任务”，如（1）“场面描写我来找”（通读三篇课文，找出其中的场面描写）；（2）“场面描写我来品”（品读课文中的场面描写，比较相同与不同，得出关于“怎样的场面描写才是好的场面描写”的评价量规，且在本单元课文中运用它来品读，品读场面描写的效果把人文主题结合起来，品读场面描写的写法把语文要素学透）；（3）“经典场面我来赏”（课外经典文学作品特别是经典儿童文学、革命题材文学作品中场面描写的欣赏）；（4）“校园场面我来写”（写作、评价、修改、联播、评选）。再把本单元的课文、学习园地等按课时（根据课程纲要的布局是13个课时）安排到这4项子任务之中，是不是就可以构成本单元的“基于单元组织者的单元教学设计”了？

* * *　　* * *

单元大任务，是综合运用本单元知识与能力做能做的事情，而不是简单地能做哪些题目。把一些题目放在一起声称的“大任务”是假的大任务。单元大任务，要指向素养目标，要指向高阶目标，如果仅仅指向知识目标，指向低阶目标，那就不是大任务，形式上做得活泼一些，用外在活动包装一下，但只是在完成知识的单纯记忆，那样的任务不是“单元大任务”；单元大任务需要综合能力，不是某个知识与技能点对点的重现，而是包含着多种知识与能力，在真实情境中综合起来运用。语文学科，如六年级最后一个单元策划毕业纪念册，或者策划毕业典礼，都是大任务。

* * *　　* * *

单元组织者的存在理由，最直接的是知识结构化，它不是简单地“把知识分类”，我的理解首先是这些知识有一个上位的概念，这个上位的概念把它们聚集在一起，于是它们就具有了意义，或可以做好一件事，或可以解决一个问题，或可以领悟/创造一种观念，此三者即“大任务”“大问题”“大观念”；单元组织者的存在，更重要的是让知识走向素养，所以，如果“知识结构化”是单元组织者的内容意义的话，那么，素养导向可以说是单元组织者的目标意义，当我们把完成某项大任务、探究某个大问题、形成某个大观念作为“单元目标”的时候，单元才能完成其“课程单元”的完整使命，成为核心素养培养的基本载体。因此，“大任务”“大问题”“大观念”的背后都该是高阶思维，其学习过程追求的是深度学习，如果不是这样的话，所谓“大”，只是形式上的而已。

* * *　　* * *

单元组织者决不是摆设，单元组织者可以在目标中体现，以评价来证明，在教学中展开。

如前所述，单元组织者为“大问题”，如“为什么要有节假日”，在教学中就可以探究各种节假日的来历、用意，通过访问、讨论、归纳、领悟、提炼，得出关于“为什么要有节假日”的“个人答案”，继而在交流与分享中，逐步完善理解。在此基础上，规划自己的节假日，发挥好节假日的应有功能。

单元组织者为“大观念”，如“语义与语境”（张弛等五年级上册课程纲要中），就可以以课文为基本素材，帮助学生了解、领悟“语义与语境”相互依存的关系，从材料到认知，再到认知形成之后，迁移至其他文本、包括课外阅读材料中去，通过“阅读与鉴赏”将“语义与语境”这个大观念在新的“语境”中实现威金斯意义上的“理解”。

单元组织者为“大任务”，如前所述的“校园活动联播”，则把大任务分解成几个子任务，落实在 13 个课时中，构成整个的教学过程。

单元组织者如果不能在教学过程中展开，就变成一个装饰品了。当然，单元组织者在教学过程中的展开，也不是机械地每一节课上都极其直接，而是要从单元整体的角度来审视，每一节课要考虑的是，我与单元组织者的关系是什么——而这又涉及单元的整体设计、课时的逻辑定位了。

* * *　　* * *

单元组织者，字面上的意思，就是要把单元的知识点按一定方式（大任务、大问题、大观念）组织起来，组织起来之后“知识点”需要实现一次升级。单元组织者不是单元知识点相加的和，“和”是什么？“和”就是一堆知识。单元组织者不是一堆知识的叠加，而是通过这些知识去做事（知识在新情境中的运用，形成能力），在做事的过程中去反思（反思促成素养），因此，单元组织者较一般事实性知识具有更高级的目标（比如高通路迁移的特征）、更综合的实践（1+1>2）、更深刻而广阔的意义（有意义的深度学习，而不是蜻蜓点水、点到为止的表面化学习）。单元组织者不是不要知识点，而是要依托于知识点，达到“更上一层楼”。

***　　***

怎么用语文就怎么学语文，怎么学语文就怎么教语文。我不知道这是不是语文教学的一个基本逻辑。如果是的话，观察我们的语文教学，你会发现怪怪的，因为在日常生活中，没有人是像我们课堂上一样用语文的，把一篇文章“剁碎了”、拿起来，一点儿一点儿地分析。生活中用语文可能是这样的：写一段信息要讲清一件事，与人交流要解除一个误会，在公众号上发布一个信息，写一个活动的方案，分享一本书或者一部电影的欣赏意见或评价，做一次演讲，讲解一个观点，诸如此类。那么，语文是不是应该这样去学呢？按照“单元组织者”的思路来看，把以上这些放在某个适宜情境中就是“单元大任务”。完成这些单元大任务，也需要那些前述被剁碎了的知识，但不同的是，我们更重视把那些碎的知识组织起来，成为“有用之材”。

***　　***

单元组织者是“新单元”与“老单元”的区别标志。我们今天讲的单元，是一个最基本的课程单位。所谓最基本的课程单位，就是通过一个单元的学习，能够看到学生的素养（正确价值观、必备品格与关键能力）。这个素养从哪里能看出来？从是否能运用本单元的知识技能完成一项完整任务（大任务），或探索一个大问题，或形成一个大观念。如果没有这些，就不是我们今天要的“新单元”（课程单元），就是把知识归纳在一起的“内容单元”，就看不到素养。我们必须记住：“新单元”的强化，是为了核心素养的落地。而“单元组织者”，我以为是“新单元”的标志，也是单元教学如何体现核心素养的标志。

***　***

从只看到课上的细节，到能看到课堂的全景，是一个进步，我们通过“教—学—评一致性”的课时设计，正在实现；从只看到一节课，到能看到一段单元之旅，看到单元之旅给学生带来的完整变化（“一个经验”的形成），是又一个进步，我们依托的是单元教学，大单元教学为什么要倡导，就在于我们要看到这个“素养”；从只看到一个单元，到能看到一个学期的单元整体布局，是又一次视界突破，我们依托的是“学期课程纲要”。没有学期课程的整体布局，我们难以看清单元；没有单元教学的整体设计，我们难以理解课时（就课论课太容易有认知盲区了，论课要看这一节课在单元中发挥了怎样的作用）；没有课时的整体观照，我们就看不清眼花缭乱的教学细节。

***　***

探索单元教学，不是为了赶时髦，不是为了凑热闹。2017 年，陆丽萍一个人做了完整的单元教学，单元的最后一课，把学生拉到苏州湾去上公开课。道理真的讲得差不多了，现在最重要的是做出案例来。从内容单元到课程单元，目前我们要做的：认准单元教学实质，就是落实素养；抓住关键标志，以“单元组织者”为红线，贯通单元的知识与技能，形成大观念、完成大任务、探究大问题；优化教学过程，“教—学—评一致性”逻辑下追求明白的课堂、深刻的课堂（意义）、生动的课堂。

007 课堂是诞生思想的地方

一个问题如果能轻而易举地获得正确答案，这个问题的活力也就终止了。

“小手如林，对答如流”，不是好的课堂，不是褒义词。一个问题下去，如果是可以秒答的，那就没有一秒钟的思考价值。一个具有思考价值的问题，总是需要付出时间与努力的，这样的问题，才会挑战学生的智力，也才会发展学生的智慧。

* * *　　* * *

明明白白上好课：第一，明明白白的定位，就是把一节课放在单元里去定位，把一个单元放在一个学期中去定位，把一个学期放在一个学段（如小学阶段）中去定位。最直接的，就是课时要在单元中定位。课时 + 课时 + 课时……真的就等于单元吗？未必，如果没有单元组织者去统领单元的知识与技能，一节一节课上下来，学生们收获的是一堆知识，而不是一种素养；这就像没有结构化为房子，搬来再多的砖头最终还是一堆砖头，至多就是哪一堆更大一些，但不会变成房子。要让课有一个明明白白的单元定位，每一节的知识与技能才是有意义的。

***　***

明明白白上好课：第二，明明白白的学理。要做得明白，先要想得明白，人类总是根据自己想通的道理来做事。明明白白上好课，先要明白上好课的道理，上好课的道理千千万万，千道理，万道理，“学会”是硬道理。要做到学会，就要实现信息的两次转换，一次是人际转换，一次是自我转换，人际转换实现的是“从教到学”，自我转换实现的是“从学到学会”。怎样才算学会？学生建构起自己的知识，也就是说所学知识与学生发生了“化学反应”，成为学生新的知识的有机组成。如何证明学会？那就要靠评价。只有依靠评价，我们才能看到学生是否“学会”。所以，在“教—学—评一致性”的课堂实践中，评价是关键。

***　***

明明白白上好课：第三，明明白白的设计。“教—学—评一致性”的设计是明明白白的教学，这个设计怎么做？简而言之，三句话：设计对接核心素养的学习目标，设计匹配学习目标的评价任务，设计嵌入评价任务的教学活动。因为有“匹配”“嵌入”，所以，目标、评价与教学是“一致性”的。这个设计，最显著的特点是“评价任务的设计先于教学活动的设计”。比较难理解的是“评价任务”。评价任务首先是学习任务，作为学习任务，就要讲清楚做什么、做成什么、何时何地做、谁做、用什么做、做了有什么用等问题；为什么把这些学习任务叫“评价任务”？是因为它们有评价功能，我们用这些学习任务检测目标的达成，附着了评价功能的学习任务，就是评价任务。评价任务要附着“评分规则”（评价指标及各种不同水平的描述）或者至少要附着“评价要点”（讲明任务的评价要求：从哪些方面来评价，要做到怎样）。学习目标、评价任务与教学活动一致性的课，明明白白地回答了要学会什么（学习目标）、如何证明学会了（评价任务）、怎样帮助学会（教学活动）三个内在关联的问题。明明白白的教学设计，就是明明白白地设计好一致性的学习目标、评价任务与教学活动。一个课时明明白白的教学设计，一面 A4 纸一般可以写清了，最多不要超过两面纸。

* * *　　* * *

明明白白上好课：第四，明明白白地上课。课堂，要说有多复杂就有多复杂，但是我们的心里不能乱，我们要明白此时此刻自己在课堂上究竟在干什么。我以为，教师在课堂上就做三件事：要么是在呈现评价任务，要么是在收集评价信息，要么是在处理评价信息。当然，怎样呈现评价任务、怎样收集与处理评价信息，值得好好研究。教师的三件事，与学生的三件事息息相关。学生在课堂上理解评价任务、完成评价任务（此过程中产生评价信息）、分享（交流）评价信息。总之一句话，课堂是围绕着信息转的，教师是催生它、收集它、研判它、处理它、运用信息发展学生；学生是创生它、分享它、琢磨它、运用信息成长自己。离开对学习信息的关注，我们就是在蒙着眼睛上课。

＊＊＊　＊＊＊

明明白白上好课：第五，明明白白地创造。“教—学—评一致性”是原理，不是教条。原理是“一”，一生二，二生三，三生万物。在原理透彻的前提下，我们完全可以创造“教—学—评一致性+”。但我们要注意的是，无论你怎样变，无论你怎样创造，万变不离其宗，那就是上课总是要有明白的目标，目标总是要有匹配的评价，评价与教学不要成为两张皮，评价与教学一起，是为了促进学习与发展。

＊＊＊　＊＊＊

明明白白上好课：第六，明明白白地研究。教师成为研究者，是国际教育的共识，也是每个教师的需要。但是我们很多教师怕研究，因为一说到研究好像就把简单的事情搞复杂了，真是“你不说我还明白，你越说我越糊涂了”。研究课堂的目的，是把课上明白，而不是把课搞糊涂。做明明白白的课堂研究，主要研究这几个问题：教师是怎样把评价任务呈现出来的，学生是否理解了评价任务；学生产生了哪些学习评价信息，教师是怎样收集与研判的；教师是如何组织学生交流与分享信息的，在交流与分享的过程中，师生是如何运用这些信息推进学习与发展的。这样说，也许你还觉得不是很明白，那么大家可以回顾一下“明明白白上好课”的前五条，特别是第四条（“明明白白地上课”），其中我们讲到教师做的三件事、学生做的三件事，明明白白的课堂研究，就是观察与分析教师与学生做的那些事。

＊＊＊　＊＊＊

明明白白上好课：第七，没有“明白”就没有一切。我曾经发表过一篇文章，说课堂有四重境界：明白——扎实——生动——出神入化。第一重境界是“明白”，如果课上得不明不白，就去追求别的，就会很危险。没有第一重境界，就没有后面的三重境界，第一重境界是基础，是在每一重境界中必须有的，我们说的“扎实”乃是“明白的扎实”，我们说的“生动”乃是“明白的生动”，我们说的“出神入化”乃是“明明白白的出神入化”，是明白的最高级表现。不明不白而去追求“扎实”是危险的：万一你扎错了地方呢？不明不白而去追求“生动”是危险的：很容易变成油滑！不明不白而去追求“出神入化”是危险的：很容易变得乱七八糟乃至一团糟！大道至简，“明白”乃是课堂教学至简之大道。

＊＊＊　＊＊＊

明明白白上好课：第八，明明白白的角色担当。课堂上，教师与学生有各自的角色担当，这两个角色相互关联甚至相互成就，但是又“各司其职”。教师是信息的催生者、收集者、信息交流活动的组织者、信息处理的指导者；学生是信息创造者、信息的自我评价者、信息交流与分享者、信息的自我优化者。教师与学生之间、学生与学生之间，围绕着“信息”开展良性互动，最终帮助每一位学生的信息水平从起始水平走到目标水平。特别不能错位的是，教师拼命地输出信息，学生却只是被输入信息，而没有成为信息的创造者。

***　***

明明白白上好课：第九，明明白白地交流。我们通常认为，教师的教案是写给自己看的，是自己用的，但这只是教案功能的一个方面；拿一个教案出来进行专业交流，这是教师之间（同事之间、跨校跨区域的教师之间）进行专业交流的一个重要方式。当此之时，教案也就从私人属性，转化为公共属性。专业交流中使用的教案，就要求表达得更加明白，而这种更加明白的表达，又反过来要求教师在设计教案的时候要想得更加明白。因为自己没有想明白的事情是没有办法让别人明白的，为了让别人更明白你必须自己想明白——而且，不仅是自己明白，还要让别人明白，因为自己明白还不等于别人也明白，一定要自己明白到透彻的程度，我们才能表达得明白。用于分享、交流、对话、示范的教案，要让人明白到一目了然的程度，让人能清晰地理解你的学习目标究竟来自何方、究竟指向何方；让人看到你的评价任务是否可以操作、是否指向目标；让人看到教学活动是否嵌入了评价，以实现教—学—评的一致性。框架清晰，内容明白，这是我们对作为公共产品的教案的基本要求，但依然要个性鲜明，无论是目标的设计、评价的设计，还是教学活动的设计，都完全可以，也应该显现个性。另外，还要注重在教案中去除无关信息——无关信息常常会让清晰的教案变成一片丛林，让人看不到路径、摸不着头脑。

* * *　　* * *

明明白白上好课：第十，明明白白的品质。明明白白的课堂，明明白白教，明明白白学，明明白白讲理，明明白白行动，明明白白创造，明明白白研究，其实也在形成明明白白的思维、明明白白的品质。做明白事，明明白白做事；做明白人，明明白白做人，当我们追求“明白”的时候，“明白”其实已经不仅仅是技术了，而是一种复杂情境的关键能力，一种必须坚守的必备品质，一种人间清醒的价值观念了。

* * *　　* * *

需要更好的课时教学，更好的单篇教学！不要把课时教学、单篇教学与单元教学割裂开来、对立起来，非此即彼的思想是危险的。课总是要一课一课上，文章总是要一篇一篇学，哪有说倡导单元教学就要把单课、单篇扔到垃圾箱里去的？这是多么危险与幼稚的想法啊！单元站位、单元思维是要我们把课文、篇目通过“单元组织者”组织起来，不要成为互不关联的散点，通过若干课时的学习、通过若干课文的教学，能形成大观念、解决大问题、完成大任务。

* * *　　* * *

明白，既可以说是第一境界，也可以说是最高境界。人类喜欢究根问底，就是因为想把事情搞明白。但是，想着想着，就越来越复杂了，好像走着走着走进迷宫一般。这是一个绕不过去的故事，这是一个必须经历的过程。无数的复杂在扰乱我们的明白，因此，我们更要保持定力，保持澄澈，明白该明白的，不盲目固执，不随意放弃。明白是一种修炼，说到底是一种人格修炼。

* * *　　* * *

因为生怕学生出错，千方百计地让学生不出错，这样的教学法是出错了的教学法，这样的教学是出错了的教学，这样的老师是出错了的老师。记得一个故事，说的是一个非常有经验的渔夫，经历了很多错误，最终成为一个好渔夫。于是他想让他的儿子不再经历这些错误，就把他经历过的一样一样告诉儿子，在儿子出错之前，就告诉儿子应该如何如何，这样，就回避了出错。结果，渔夫的儿子最终没有学到父亲的本事。我们的教学也是这样，一步一步全都铺垫好、提示好，为的是让学生一次成型，在不犯任何错误、不做各种可能性尝试、不去深入探索的情况下学会知识，可是，这样做的结果，是不是会让学生变成那个渔夫的儿子呢？

* * *　　* * *

别让学生蒙在鼓里、不知所以地跟着学。王国芳老师在她的《日知录 05》中提出的“以目的为导向”，引起了我的强烈共鸣。我们设想“A 教学”是这样的：教师教一步，学生学一步，每一步，教师都教清楚了，学生都学明白了，结果，这道题目（这个知识点），学生好像会了，但是，到做别的题目时，或者换个别的情境，学生又不会了。——在这个“A 教学”中，学生是“跟着”老师学的，我们注重的是学生靠“听”而会，在整个过程中，尽管学生是全程认真听讲，但是他并不知道“目的”是什么，只是一步一步跟着走，不知道为什么要这样走。

“B 教学”呢？遇到一个问题先要搞清楚这个问题究竟是什么，然后要学生去思考，解决这个问题的思路是什么，理清思路之后，再一步一步地解决问题。在解决问题的过程中，每一步都在思考：这与最后的问题解决是什么关系？把“第一步”与做这件事的“目的”联系起来，而不是蒙在鼓里跟着走，到最后才知道原来是这么回事。

这两种教学，有时候看上去表面上差不多，都会有一个“一步一步想明白”的过程，但是培养的却是两种思维习惯。“以目的为导向”（B 教学）是积极思维的导向，是全局思维的导向；而没有目的的学习（A 教学），是被动的学习，是碎片的学习，最后如果能够实现学习的迁移，我们只能说“孩子们真聪明”。

其实这个道理，在苏霍姆林斯基的著作中已经深入讨论过了。

* * *　　* * *

用极简的描述可以倒逼我们抓住核心说明白。说得明白，首先是因为想得明白；说不明白，首先是因为没有想明白。最近浏览了一些老师的“教—学—评一致性简案”，我发现，简简单单说不清的事情，长篇大论会更让人摸不着头脑。我们的简案，简到一个教案主要写三项内容：学习目标、评价任务与教学活动。再加上一些基本信息，尽可能不超过一页纸（单面）。那是应该惜字如金的吧，但是我们照样写了很多不必写的话，不痛不痒、无关紧要的话，或者是一般人看不清这节课上究竟要做什么的话。去掉了水分，去掉了不是最重要的、最核心的、关键的，用一页纸备课，我们究竟要写些什么？极简，是为了极明。而且不是自以为明白，而是要别人明白；也不要在本学科教师中熟悉的同事间去问是不是明白，要跨学科，问问其他学科的老师，他们看了是不是明白，因为熟悉的同事会用自己以前有的概念去“填充”，所以明明没有写明白，他却看明白了。如果其他学科的同事都搞不明白，那么学生就更没有办法明白了。

* * *　　* * *

至简才能至丰。近来，老师们在琢磨“教—学—评一致性简案”，简到怎样，简到一面纸。有老师问：为什么要去做这个“简案”？我用这个简案不能上课，那我上课是不是还要重新写一个详案呢？这是一非常好的问题。你是不是还需要写详案，我不能给你答案，根据你自己的需要。但是我建议你一定要会写简案，即使你还要去写一个详案，也一定要会写这个简案。如果你要写详案，也一定是把这个简案写详，而不是把别的非核心的东西铺展开来。也就是说，不会写简案，就没有办法写出一个对的详案来。倡导研制简案，一方面，是为了寻找“最重要”，寻找“核心”；另一方面，是为了通过案之简催生学之丰，如果案详得每句话都打磨得精致之极了，就难以把精力花在催生、收集、优化学生的学习信息之上了。

＊＊＊　＊＊＊

千万不要把“替”学生想办法当作帮助学生。我们已经习惯于这样的做法，当学生学习遇到困难的时候，我们首先想到的是帮他想办法，给他讲清楚、讲明白，然后学生就“懂了”、就“会了”——就这个问题、这件事情而言，学生可能确乎是懂了、是会了，但是，当他遇到别的问题时，他总是没有办法自己去寻找方法，也不会想到要自己去想办法。在什么地方、什么时候“帮”学生，帮到一个怎样的度，这真是教学工作的高超艺术，更何况要面对不同学生千差万别的情况。但不管怎样，我们无论如何要坚守这样的理念：尽可能让学生自己想办法。

＊＊＊　＊＊＊

让学生明白意图，而不是让学生一步一步、不知所以、不知何往地跟在老师后面走，他或许在认认真真地做，但他不知道为什么要做这些、为什么要这样做。我们习惯于这样的一种教学程序：老师说，现在请大家干什么什么，要怎样做，于是，学生就完成“任务一”；接着，老师说，现在我们要完成“任务二”，于是学生就完成“任务二”……我这里说的“任务一”“任务二”是一种概括性描述，我想说的是，在课堂上，我们有一种习惯性思维，就是教师在前面一步一步地要求学生，学生跟在后面一步一步地做，至于为什么要这样做，学生不太清楚，我们好像认为学生也不必知道，反正，跟在后面做就是了。这种思维习惯长期运行的结果，就是我们的孩子离开了教师的指令，很难自己去思考“这个问题该怎样解决呢”。我们可不可以改进一下呢，让学生在明白意图的情况下去思考与行动？

＊＊＊　＊＊＊

要让学生明白自己的学习意图，而不是糊里糊涂地跟着老师一步一步地走。最近听课特别关注这个问题：学生在跟着老师一步一步地做事情，他们是否知道自己究竟在干什么？我们追求真实的学习，真实的学习总是有意图的，没有意图的学习是“牵线木偶”。

＊＊＊　＊＊＊

美好的情感，总是符合理性要求的，也就是说是“对的”，也是焕发人性光辉的，也就是说是“好的”；也是具有审美价值的，也就是说是“美的”；美好的情感，是真、善、美的结合。我不懂英语，但在盛晓晨老师的翻译下，欣赏赵志英校长的英语课，深有所感。语言是有温度的，课堂是有情感的。课堂有情感，不仅仅指我们在课堂上看到了老师的情感，而是看到学生的情感发展。在“出售爸爸”这个英语绘本的教学中，赵校长用带着温度的语言，在理性思辨中发展情感，这样的课堂是情感带动的课堂，情感带动了语言，带动了思维，带动了价值，我很喜欢。

*　*　*　　*　*　*

我特别喜欢有想法的课，特别喜欢从课中去看执教老师的想法，课有没有想法，一眼就看得出来，有想法的课才有研究价值，说到底我是喜欢有研究价值的课，是听课后特别有话想说的课。唐娟红老师上的《寒号鸟》我特别欣赏，不是因为这节课十全十美，而是在课中我看到唐老师有非常丰富的想法。

*　*　*　　*　*　*

知识如果没有意义，学习一定十分无聊。解读教材、设计教学，首先要有意义感，要清楚知识的意义何在，要探究、叩问、追寻知识的意义。不问“为什么学”的学习，往往是糊里糊涂地学，是被动的学习，肯定不是积极的学习。这样的学习，不会成为“积极生长者”。

*　*　*　　*　*　*

还是要用“整”的方式来学习，真不能习惯于把学习任务弄碎了安排，把学习时间弄碎了分配，把学习信息弄碎了处理，最后也不把碎的经验整理一下。任务的整体呈现、时间的整块安排、信息的完整处理、经验的反思与整理，这“四整策略”能成为新的教学习惯，或许，课堂会更有些学习的真实与深刻。

* * *　　* * *

基于学习信息上课，我们就不会“蒙着眼睛上课”，把任务放下去，让信息出来，再根据学习信息来推进教与学，这才是教学的正道。无视学习信息，只顾自己的教案，只要学生的“回答”与教案预设的一样，就无比开心，安全地推进课堂，这是典型的“教的课堂”——“只顾教的课堂”。

* * *　　* * *

先思考框架再考虑细节。课堂的框架是大事，落实目标首先要依靠框架。《问题解决的策略：画图》，讨论，框架分三部分：看线段图、学线段图、用线段图。比框架更重要的是“指向”（目标），即此框架的“魂”是什么，目标永远是课堂的魂，指向“课时大概念”：用线段图能更清晰地理清数量关系。在此基础上，考虑其中的细节，这样的细节才有价值，孤零零的细节是没有意义的。

* * *　　* * *

教案是静态的专业计划，教学是动态的专业活动。教学活动是否专业，分水岭就是教师是否关注学生的学习信息。课堂上要特别关注三类信息：一是错误的信息，没有错误就没有教学意义上的学习，错误的背后是知识本质与学生之前概念的冲突；二是与众不同的信息，不同的思路、不同的表达、不同的理解，不同的信息指向共同的本质；三是低质量的信息，这是很常见的，表面的、粗糙的、碎片的、杂乱的，不要以为这些信息是“没用”的，教学正是要化“无用”为“有用”，这些信息是走向深刻的、精致的、整体的、结构的、本质的信息的基础。

***　　***

在课堂上处理“这一个”与“每一个”的关系，是一件极为重要的事情。关心“这一个”，关注个体，关注“具体个人”，关注人的个别性，因为正如苏霍姆林斯基说的“没有也不可能有抽象的学生”，但是，一个班上四五十个学生，你能一个一个关注过来吗？面向全体，关心“每一个”，“一个也不能少”，一个也不能落下，班级教学不是个别教学。但是，“全体”在哪里呢？“全体”是模模糊糊的一大片脸吗？“每一个”在哪里？“每一个”还不是在一个一个的“这一个”中吗？看到我们老师在与“这一个”学生互动的时候，常常会忘记“每一个”；在与“全体”说话的时候，不再考虑“具体个人”，我就着急：当我们在与“这一个”互动的时候，千万不能忘记我们的互动也是“为每一个”的；当我们面对“全体”的时候，我们的心里一定不要忘记这具体的“一个个”。

* * *　　* * *

先有信息，再有教学——当然，这样的说法也许有些绝对，绝对的话往往容易受到批评；但是如果不这样强调，我们又无法让人有深刻的印象，于是我们也经常会有一种比较狡猾的表达，前面加上一句“从某种意义上说”。从哪种意义上说呢？有时候并不再作说明。我们说的“先有信息，再有教学”，是指基于学习信息的教学，反对“蒙着眼睛上课”的现象，是针对教师只盯着自己的教案不关注学情的情况说的，是针对教师缺乏专业化催生、发现、研判、处理、优化学习信息的现象说的，而不建立在学习信息基础上的学习，很难成为深度学习。

* * *　　* * *

谁来处理信息，也是一个重要问题。我们经常看到的是教师与个别学生之间的互动，但这是远远不够的，因为学生必须成为“信息加工者”，而教师则是支持者，课堂上我们要尽可能减少“亲自”，学习是无法替代的，替代了就不是学习了。

* * *　　* * *

课堂信息三宝贝：错、异、碎。别怕学生在课堂上出错，错的信息才会引起我们对“什么是对的”的本质叩问；别怕课堂上“与众不同”的信息，异的信息才能让我们思考什么是“同”，以及“同的本质”之下“异的表现”——

也许这两点，大家已经接受了，至少从认识上，大家都知道“错”与“异”是通往“对”与“同”的重要路径，而且是让我们更为深刻地而不是流于表面地认识“对”与“同”。可是“碎”怎么也是“宝”了呢？“碎片化”“零散的知识”“杂乱的信息”，不是像过街老鼠一样人人喊打吗？是的，新课改倡导知识的结构化，知识的网状存在，“像专家一样思考”，可是，没有“碎片”哪里来的“结构”呢？“结构化”不仅仅是结构化的结果，还应该是结构化的过程——从某种意义上说，学习就是从碎片化到结构化的过程，或者说是把碎片结构化加工的过程，如果我们这么想，那么，不应该欢迎“碎片信息”吗？碎片信息来了，结构化的机会也就来了。错、异、碎，背后就是对、同、整，这就是教学的辩证法。

* * *　* * *

课堂学习不能依赖“自由发挥”，不能盲目认为学生学着学着总会学到一些东西，不能靠“守株待兔”过日子，而是要有清晰的质量要求（质量规格、质量指标）。所以，思考“怎样才算是好的”这个问题，应该成为教学设计的起点。教“批注”，不能“放手”说“大家自由批注吧”，这不是课程与教学，我们要从思考“什么是好的批注”开始来设计教学；教“问题解决的策略——画图”，不能说“大家要画清楚哦”，这个“清楚”究竟是什么呢，我们要从明白“什么样的图是好的”开始。没有质量要求引领的学习，往往是这样：一节课下来，究竟提升了什么，全靠碰运气。

* * *　　* * *

所谓“教学机智”，是我们全部理解力在具体的、偶然情境的体现，不必等待，也不能预设——我们不能也不必在备课的时候想着设计一个“教学机智”，不能也不必在上课的时候想着在哪个地方要显摆一个“教学机智”。但我们的确能够也必须去反思课堂上出现的关键问题，寻找根本性的原因，形成对某一类信息处理的基本认知，做好“事后诸葛亮”，为下一个“事中诸葛亮”作深刻的准备。

* * *　　* * *

有的老师上课很享受，学生也很享受。我们不妨好好地思考一下：怎样的情况下会出现这样的景象？你会发现，一定是课堂上充满信息互动的时候，当孩子们在教师的支持下创造信息、在教师的帮助下优化信息的时候，课堂就会成为一个师生彼此享受的乐土。

* * *　　* * *

上课应是围攻式的，不应是“散打式”的东一拳西一脚。课堂教学效率低的重要原因，就是我们想在一节课上获得的东西太多，什么都不舍得放掉，什么都要“点到”，什么都要，最后什么也要不到。

* * *　　* * *

课堂教学不能用“判断题思维”。对于学生出现的信息，不能简单地给一个“对”或者“错”，而是要明白“对”与“错”的内涵，而且，不能仅仅靠教师裁定“对”与“错”，而是要在学生的独立思考与相互质询中，理解“对”与“错”。课堂的表扬，也不能廉价地给“对”的同学，而是要狠狠地给那些思考的同学。

* * *　　* * *

总的原则，学生是要夸赞的。但夸什么、何时夸、怎么夸，真是一种学问。要努力夸到心里去，让人感觉“老师夸的就是我”，而不是“概念性”地夸，不痛不痒地夸；要努力夸在具体处，是夸这一点，而不是泛泛而谈、无端之夸；要努力夸在失落时，特别是学生在失落的时候，感觉无力的时候，一定要会夸，把学生的精气神夸出来。

008 教育写作的第一要义是精神性

教育写作的第一要义是精神性。

朱永新老师邀请我参加新教育年度报告的第二次讨论，我因为有别的活动不能参加，但是提供了一条重要建议，要把“精神性”作为新教育写作的第一特点。在今天讨论之后，我看到群里发了一个新的提纲，把“精神性”作为新教育写作的特点，而且是第一条。

我的建议是这样的：要强调新教育写作的精神性。这可能与我的个人体验有关，我甚至觉得新教育写作的精神意义是第一位的。新教育写作首先不是写得好不好的问题，而是写作这件事本身可能的精神价值，一个人进入毫无功利的写作状态，意味着他正在构建自己的精神世界。新教育写作当然也有诸多其他特性，我以为这个是首要的。

写作，或者一般性的教育写作，可能更多的是为了帮助人们写出好的作文（品）来。新教育写作首先是帮助人建立精神世界。我总觉得这个特点可以把新教育写作的特点彰显出来，有别于技术性的写作指导。这也是新教育精神、新教育气质、新教育理念在写作中的体现。

正因如此，新教育写作其实是低姿态的，是不拒低起点的，它看重的是写作本身，而不是看重一定要写得有多精彩。新教育写作不会把人吓跑。表面上看，很多人敲起键盘来，记录他的生活；实质上，他们在构建一种精神，他们会产生强烈的价值感。我一直以为这是我们新教育最好的一点，让无数的人高贵起来。

＊＊＊　＊＊＊

当人类轻轻地拿起笔，第一次把自己的心思诉诸文字，那是一个惊天动地的历史事件，不亚于直立行走之于人类的价值。

“仓颉作书，而天雨粟，鬼夜哭。”遥想远古时代，人们从结绳记事开始演化文字，从记事到表情达意，走过漫长的文明进化，是何等之不易。今天我们是文字的享受者，也是文明的享受者。而当我们接过纸笔，继续书写；当我们敲击键盘，记录平凡人生，流淌汩汩思绪，创造个体思想，汇入时代宏篇，我们每一个人都在延续着人类文明。

＊＊＊　＊＊＊

反对“唯论文”，不是反对论文，来自实践的教育论文是教育科研与教师成长的标志性成果。只要我们的论文是从实践中提取出来的，是可以反哺实践的，我们当然应该理直气壮地呼吁；但如果只是为写而写，甚至为了写几篇论文把实践都放弃了，那还不如不写。

＊＊＊　＊＊＊

唯有练就滴水功，才能办成穿石事。有一位校长问我：为什么你做校长的学校，都有这么多老师能写？我答：第一，不要把写作太当回事，不要把写作看得太高大上，不要把写作与日常的思考、研究与实践分割开来。第二，低起点，一定要低起点，写什么都行，写起来都是好的，我们在汾湖实验小学倡导写“土书”，起点很低的，但这没有关系，大家写起来了，兴致勃勃，把人的状态写出来了，这才最重要。虽然我们“张菊荣名校长工作室”成员都是校长，但我们团队的成员没有一开始就做课题、搞项目。我们深知急功近利可能会获得一些外来的掌声，但是没有办法获得真正思考力的提升。不要小看每天的日知录，郭华老师说这是滴水功夫，这个功力有了，做什么都行！第三，是氛围，看着大家都在写，都在思考，写的人就越来越多——虽然也有一些人会中间放弃，但是总体上来说，越来越多，如此良性循环，“每个人都能写”就成了很自然的事。

009 真正的阅读都是“阅己”

阅读一本技术书的目的，并不只有一个：照着它写的样子去做。我们的目的不是照着书去做，而是通过阅读琢磨技术背后的道理，获得某些启迪，在我们自己的情境里，创造出自己的经验来。

因为某个原因，我开始重读《理解为先模式　单元教学设计指南（一）》。这是一本技术书，枯燥，不好读。几年前与课程领导研修团队一起读过这本书，我不知道大家留下了什么。我们的确没有完全照着书里的模板按部就班地去做，但对于何谓理解，何谓设计，何谓单元，诸如此类的课程教学基本问题，或多或少地对我们有所启迪。反言之，如果我们记住了某些技术，而没有对这些基本问题有些理解，那么我们恐怕是捡了芝麻丢了西瓜。

＊＊＊　　＊＊＊

习惯于去障碍的学习，就无法获得跨障碍的能力。

阅读，我们喜欢读自己完全能读懂的书，远离那些“读不懂”的书。这是非常危险的，因为你可能一直停留在获取信息阶段，而没有进入让自己有所突破的阶段；你的认识一直没有获得发展，你只是在增加知识的量，而没有提升认识的质。阅读是这样，学习也是这样；教师是这样的，学生也是这样的。

* * *　　* * *

专业阅读要放在专业发展的视野中去做，不同的专业发展阶段，选择匹配的专业阅读内容与方式，应该是比较合理的做法。参照怀特海教育三节奏的说法，人的发展也应当经历浪漫期、精确期与综合期，专业发展以及专业阅读也应当经历此三阶段。反观我们自身，或者观察我们的老师，终至退休仍在浪漫期打转的人有几个？未至精确期，其实就是未能登堂入室。换言之，是否会有这样的一种现象：我们忙碌了一生，最后却仍是一个业余人士？

* * *　　* * *

专业阅读不仅仅为了增加一些知识、记住一些观点，而是要致力于、助力于专业方式的改进。知识的量是重要的，但更重要的是知识的质——这也是人工智能时代人类所需知识的特点，量或者可以借助其他工具，质则必须自己建构。当然，这样的说法可能会有些漠视“量”的嫌疑，事实上，通过质，量才会更有意义。质统摄量，量支持质，专业阅读的质量，就是专业发展的质量。

这不是否定知识量的意义，更不是“知识越多越反动”，而是要对知识的“质”，有重要的认知。SOLO 理论[1]，应该就是在回答这个问题，就是我们在评价学习结果的时候，如何评价学习结果达到了怎样的质的水平。

* * *　　* * *

专业阅读是对专业人士而言的。而作为一个完整的人，不是也不能“只有”专业阅读。我们强调专业阅读，绝非反对广泛的非专业阅读。而且，从更广泛的意义上讲，所有的阅读都可以成为专业阅读，因为我们可以理解为所有的阅读都能丰富作为专业教育者的我们。尽管如此，我们仍然不能放弃狭义意义上的专业阅读。

* * *　　* * *

如果把阅读纯粹看作是一种阅读，把写作纯粹看作是一种写作，也未尝不可，但不是我的理解。我很少要求老师们一定要读某书，也很少把写作看成是一件十分了不得的事。在我看来，读书与写作是一种生活方式，对于教师来说，是一种自然而然的专业生活方式，所以，并不值得大惊小怪。

---

① “SOLO”，是英文“Structure of the Observed Learning Outcome”的缩写，意为“可观察的学习结果的结构”。SOLO 分类评价理论是香港大学教育心理学教授比格斯（J. B. Biggs）首创的一种学生学业评价方法，是一种以等级描述为特征的质性评价方法。

* * *　　* * *

思想有两个重要来源，一个是火热的生活；一个是蕴藏着火热生活的思想。第一个好理解，这第二个怎么说呢？主要是指藏着思想的书籍，书籍本身藏着思想，这些思想本身来自火热的生活。当我们打开沉睡的书本，我们唤醒了它们，它们也唤醒了我们。前者是生活激发了思想，后者是思想推动了思想。

在紧张忙碌的工作中，做日知录，其实倒并不难，对于一个思考者来说，实践是思想取不尽的源泉，但是大家会说，没有时间啊，工作太忙了。那么，假期呢？大家又说，假期，离开了现场，思想没有源泉啊。

但是也不难，我们可以通过阅读，勾连起火热的生活、人生的阅历、生动的场面。生活不会枯竭，思想就不会枯竭；人类文明源远流长，我们思想之溪流，怎么可能干涸？

* * *　　* * *

专业阅读主要功能是改进心智模式，而不仅仅是多记住几个术语，多增加一些谈资。知识的量是重要的，但是专业阅读更需要的是知识的质。

在专业阅读这件事情上，我们都是有惰性的，这个惰性不仅仅表现在我们读得太少，更在于我们害怕阅读那些需要进行深度思考的书。在很多年前，有人告诉我，看不懂的书不要去读，你看不懂，说明写得不清楚。我信以为真，可是事实证明这样的想法是错误的，这样的说法实在太无知。

专业阅读不是休闲阅读，而是需要强有力脑力参与的阅读，没有强有力的脑力参与，怎么可能有心智模式的改进呢？

我常常思考这样的问题，为什么当新概念来临，当新事物来临，我们总会不知所措？当各种声音响起，各种争议发生，我们常常会莫衷一是？为什么我们在“做”（实践）的时候，经常会觉得理论是没有用的？这其实与我们缺乏深刻的基础性阅读有关。东看西看，表面上我们看了不少的书，但是我们对重要的基本问题还是缺少真正的通透与深刻反思。

* * *　　* * *

读书是为了理解，理解他人的理解与形成自己的理解。理解他人的理解，就是要搞清楚这本书的观点，我们不能明白作者是怎样想的，那么这本书我们等于没有读；理解他人理解的同时，我们也在构建自己的理解，好的书总是在我们理解它的时候，它也在“破坏”我们的理解、更新我们的理解，甚至重构我们的理解。读书是为了理解，这个目的是否达到了，就看我们在阅读的过程中是不是产生了新的理解。

* * *　　* * *

人生三宝：傻想法、笨办法、死功夫。

人生是笔大账，还是要有点儿大情怀、大胸襟，不能事事想着合算、实惠、便宜，傻人自有傻福，俞正强老师提出要“傻傻地教”，其实都是一种心无旁骛做事业的姿态。

有的路是无法绕过去的，如果不肯在基本功上花时间，总是想着以巧制胜，最后总是捉襟见肘，笨办法有时就是最聪明的办法，孙孔懿老师做学问就是这样，有一次我表达了我的敬佩，先生说，“我用的是笨办法”。

与名校长工作室的校长们一起读书，我说“我们是死读书”，我们不能指望着草草地翻几页，就领略了经典著作的深刻内涵，死读书当然不是把书读死，而是下一翻死功夫。

看上去，傻想法、笨办法、死功夫，都不太灵活，但是，真这样做了，在应对事情的时候，我们才能游刃有余。

＊＊＊　＊＊＊

阅读有散步式阅读，有攻城式阅读，而专业书籍的阅读，是一种攻城式的阅读。攻城式的阅读，要经过诸多的努力，要排除诸多的困难，要穿越诸多的障碍。这种阅读，要整体把握全书结构与细节，关注一字一句相结合，要直线向前进度推进与来来回回不断琢磨相结合，要字里行间的揣摩与跳出此书的循环论证相结合，有时候还要采用“围攻”的方法，在阅读一部著作的过程中，还要参阅很多的文献，这样的阅读，快不起来。

* * *　* * *

教师自己的学习经验会深刻地影响学生如何学习，因此，教师如何学习，是教学中极其重要的、前提性的事情。

在名校长工作室倡导每天研读 10 页《人是如何学习的》，轮流领读，领读者绞尽脑汁，10 页书读得累累的，努力去解构，努力去建构，努力用经验去与书本对话，努力去明白地表达自己的理解——阅读不仅仅是输入，也要输出，真正的理解表现在能输出上。

在用“细读文本”的方式蚂蚁啃骨头式地读过这本书之后，我们还要组织一件事：用 10 分钟（也可以 20 分钟）的时间，向伙伴（或本校教师）推介这本书，要求能抓住全书的核心观点展开，而且要讲得明白、清晰，让人听懂且有启发。

这个阅读过程其实也在创造自己的学习经验——这不是大任务组织下的学习吗？我们自己持有这样的学习经验，就会影响我们对学习的理解，就会影响我们的教学实践。

换言之，我们的学习经验如果只是拼记忆，那么我们的教学也很可能会仅停留在记结果上。

* * *　* * *

唯有浓的情怀，方有淡然境界。

孙孔懿先生见赠新著《教育家：存在与意义》，迫不及待赏读。孙老师的人品学识，是我的楷模。谈到“教育家人格”，孙老师认为孔子提出“智、仁、勇”，可作为评价人格与风格的三种视角，之后他又说："笔者拟增加一个视角——老庄的淡，意在兼及儒道二家。"因此，他认为，欣赏教育家风范有四种视角：仁者风范、智者风范、勇者风范及淡者风范，且"淡者的境界，每每居于仁、智、勇三者之上"。

追求淡者境界，谈何容易。很多人总是认为自己吃了大亏，总是觉得别人欠了自己，以为这个世界亏了自己，只从自己的利益出发去思考世界，怎么淡得下来？有淡必有浓，人所以有淡然之境，必是将浓浓的情怀寄于重要事情上去了。

我并不认为我们需要全然抛弃个人利益，君子爱财，取之有道；君子爱名，取之亦有道。但我们反对"唯我"，"唯人"，因此，以淡者风范引领自己走出"唯我"，走出"小我"，或许是淡者的重大教育意义。

010 管理没有那么多的技巧

怀着一颗真诚的心，对学校，待教师，可以胜过无数算计。技巧，在真诚的人身上是技巧，在心无诚意的人身上是伎俩。一个人在任何时刻保持真诚，也许你在与之共事时，还没有发现这种力量；而多年之后，你会发现，你的灵魂里已经同样拥有了这种真诚。人对人真正深刻的影响，总是那样刻骨铭心，如此难得，如此珍贵。

* * *　　* * *

相信人，相信人的善，相信人的向善之心，所谓“积极的人性假设”[①]。见人之好的人生活在幸福中，见人之丑的人生活在灰心里。人的生活，其实是生活在自己的心境里。这并非粉饰太平，而是一种哲学意义上的清醒与彻悟。

一个人，如果不是秉持这样的一种信念，会特别特别心累，非常非常悲观，甚至会没有办法工作。换一种眼光呢，努力地看到每个人的好，努力去放大每个人的好，我

---

① “积极的人性假设”，源自美国行为科学家道格拉斯·麦格雷戈的人性假设理论。该理论中的“Y 理论”对于人性假设是正面的，假定人性本善。

们会活得更开心一些。发现人的好，首先是一种胸怀，一种气度，也是一种智慧，一种洞达。而发现人自己都没有发现的好，激发起来的力量则不可想象。

***　***

人的价值观决定行为方式，行为方式考验价值观。行为方式是“做什么”与“怎么做”，价值观是“为什么做这个而不做那个”“为什么这样做而不那样做”。“为什么”决定了“做什么”与“怎么做”；从“做什么”“怎么做”中可以看出“为什么”，所以孔子说“人焉廋哉”。人所做的一切，都受价值观支配；团队也是。怎样的价值观，成就怎样的人；怎样的价值观，成就怎样的团队。

***　***

“坚持”的最大敌人是看不见成长，感觉不到成长。人总是会去做那些自认为有价值的事。而价值认同，必须是自己的认同，必须是内心的认同，仅仅通过被告知不能起到决定性作用——当然，被告知也很重要，有时候，这种被告知就是一种价值唤醒，一种价值启蒙。那么这种关于价值的自己的、内心的认同，会从何而来呢？成长的感觉——一种看到自身成长、感受到自己成长的力量会让价值坚定起来，于是，人就能坚持。2009 年我们在汾湖实验小学提出“让每一位师生拥有成长的感觉”，绝不是一句轻飘飘的口号，而是经由行动形成的信念。

* * *　　* * *

不时问问自己“究竟想干什么”。

在一起聊天的时候，有一位朋友经常问这样一个问题：“你究竟想干什么？”我非常喜欢朋友问这个问题。这个问题实在是太重要了，叩问这个问题，其实就是提醒自己要“不忘初衷”。但是我们常常不问这个问题，忘记问这个问题。我们做这个、干那个，我们要这个、想那个，可是我们究竟是为什么？在这个问题上如果有偏差，我们个人也好，我们的团队也好，就会有大的偏差。

* * *　　* * *

比低调更重要的是谦卑。低调其外，谦卑其内。

* * *　　* * *

判断力是一切能力的前提。一件事，是对的还是错的，是该做的还是不该做的，是能做的还是不能做的，何时去做更好，与谁可以同做，这样做，可能的结果是什么，可能的困难有哪些……诸如此类，事实需要判断，动机需要判断，趋势需要判断，风险需要判断，人心需要判断，如果判断错了，那么后面就接着错了。

* * *　　* * *

很多人认为执行力是一个很死板的词语，是一种没有创造性的工作，其实真正的执行力首先是理解力，然后是创造力。没有真正理解，就不可能真正把意图贯彻到位；而所谓把意图贯彻到位，就是在理解的基础上进行创造。理解力让执行力不偏航，创造力让执行力变得有成就感。真正的执行力，总是在创造性地解决问题，创造性地实现目标。

* * *　　* * *

自知力是人格力量的来源，也是幸福人生的基础。“认识你自己”，是刻在古希腊神庙上的箴言，据说也是苏格拉底的话；老子为什么说“自知者明”？孔子为什么说“人不知而不愠”？我的理解是，因为“人不知”不是最重要的，最重要的是自己必须认识自己。认识自己的长与短，认识自己可以驰骋的疆域与无能为力的局限，“知足常乐”，我理解这个“足”不仅仅是一般性的“满足”，更不是“躺平”，而是让自己的人生抵达自己的极限，但又不勉强自己。能自省到这个“足”在哪里，这是一种大智慧，至此，不管你抵达至何处，你都将充满人格力量。父亲生前常说，别人不了解你不要紧，自己不了解自己就不好了。在我们村上，父亲是一个充满人格力量的人。

* * *　　* * *

协作力是现代社会的必备能力。社会发展到今天，已经很难凭一己之力、个人英雄主义完成一件大事了，与他人协作的能力何等重要。要与同事协作，要与领导协作，要与学生协作，要与家长协作，要与社会相关力量协作，要与专家学者协作，协作无处不在，协作无处不需。外部协作是必要的，内部协作是必需的。协作首先讲究的是“一致性”，共同的指向，共同的愿景，以及共同的话语方式，是协作的基础，这是“求同”；不同的个性，不同的视角，不同的特色，是协作的资源，这是“存异”。一个团队总会遇到困难，最大的困难是内部不团结。没有过不去的困难，除非内部心思不一致。

* * *　　* * *

教育就是引领，教育者必须具备引领力。虽然教育的过程包含对话的过程，但是在这个对话之中，必然包括教者的引领力。教育应该引领儿童，大家都在说“儿童立场”，但“儿童立场”不等于让儿童停在原地，而是要引领儿童向着更好的方向发展；教育应该引领社会，教育应该走到社会的前面，去引领社会，而不是盲目地跟着社会走；盲目地跟着社会走，学校就会变成某种机构，教育引领社会，要坚守教育的常识与初心。引领力是学校、教师的专业性体现，如果我们的教育理解、教育认知与教育专业行为与社会处于同一个层次，未能显示出专业化的水平，那么，我们就只能被家长、社会拖着走、卷着走，而不能发挥我们的引领力。

顺便说一下，我们看到一些学校喜欢把校园弄得过于花花绿绿，极其幼稚，理由是“孩子喜欢”。我个人不持这样的观点。我的观点是，我们要引领儿童的喜欢，发展儿童的喜欢，用高雅的品位提高儿童的品位，而不是一味地迎合儿童的现在。同时我相信，儿童一定会喜欢更有品质的环境，我们对于“孩子喜欢”的理解本身就未必正确，有时候可能是儿童没有看到过更有品质的环境，只能退而求其次，而如果儿童浸润在这种退而求其次之中，就会损伤他们的审美力，然后我们误以为儿童的审美就到此地步了。

***　***

拥有战略力的人大事不糊涂。战略力包括两层含义：一是把一件事情放在整个系统中思考，如果缺少这种思考能力，那么很可能你辛辛苦苦做的那个事，最后对于大局有负面影响，甚至得不偿失；二是把今天的事情放在长远中思考，如果缺少这种思考能力，那么很可能你今天看上去做成了一件什么事情，却留下了很大的后遗症。拥有战略力，我们养成这样的思考习惯：做一件事，就要考虑如何发挥这件事在全局中的作用，能不能对大局具有撬动效应；做一件事，就要想想如何发挥这件事的长久作用，要看到这件事对未来的良好影响。战略力要求我们有全局视角与长远眼光，要我们走出偏见与短视。

***　***

让别人认同你的观点，这就是共识力。共识的形成，需要共识力。形成共识有多重要，它既不能仅仅靠说教获得，更不能依赖权力形成。共识首先建立在“正确”的前提下，本身是一个糟糕的想法，怎么可能让人形成共识呢？共识是怎样形成的，共识的形成有什么规律，这的确是一个值得思考、值得探讨的问题。学校领导如何与教师形成共识，教师如何与家长形成共识，在教育教学过程中如何与学生形成共识，都考验着我们的“共识力”，某种意义上，教育即共识的形成，管理即共识的形成。共识的形成不等于说个人失去思想、群体变得划一，不是的，而是有共同的基本认识：共同的核心价值观、一致的思维及行为方式。

＊＊＊　＊＊＊

推进力是指事情不断往纵深推进的能力。做好一件事，需要有长期主义的打算。在长期主义的框架内，不断推进。所谓“不怕慢，只怕等”。这种推进不是平面的，要有不断提升感，要不断地促成由量变引起的质变。可能我们很难做到“士别三日，当刮目相看”的程度，但一定要让人感觉到这个人在不断更新，而不是原地踏步。

这几天看到我们几个课程研修中心在组织推进单元学习方案的设计，虽然没有参与其中，但是看到大家在群里发的相关研修消息，就已经有了一种振奋感。空想、空说、空喊、空等，啥都不会来，做才是真理，做是硬道理！先是在群里看到李勤华校长发的一张截图，是陆卫萍老师的单元任务分析表，很兴奋，勤华的不尚空谈，起而行道，信理、信行、信恒，带着一帮人勇往直前的精神，也给我及我们团队太多的力量。旋即又看到“日知者 60 天行动”群里有语文老师、数学老师在谈论学校研修中心单元学习设计心得，更为欣喜，我们的团队都在推进。推进，推进，只有不断推进，才会不断突破，才会在新一轮的课改中不落伍，才有可能成为领跑者。

* * *　　* * *

夸人，夸到人的心里去，夸到人如遇知己，这不仅仅是一门艺术，还需要理解。因为理解，所以赏识。因为深刻地理解，所以深刻地赏识，赏识到骨子里。我自己的成长路上，就遇到了这样的人；遇到这样的人，是一个人的人生之大幸。理解一个人，需要高度，因为你拥有了一定的高度，你看人就会不一样，甚至是一个别人眼中并不出色的人，你却能一眼看到他身上的光——而这，并不因为你存心要刻意地去表扬一个人，而是你的确真的实实在在明明白白地看到了。

* * *　　* * *

思维方式真是有趣，思维方式一变，你的世界就变了。

* * *　　* * *

努力一下，那是谁都会做的事，可是，重要的是持续的努力。人们都认为，努力是一种态度，对，努力首先是一种态度，但又不仅如此，因为努力其实也是一种能力——很多人说，“我只是不努力罢了”；可是事实上，你很可能是没有能力来努力。而持续的努力，更是一种卓越的能力。在你变得“卓越”的路上，不是每一天都能看到精彩，甚至你根本看不到“每天成长一点点”。走向“卓越”的路需要持续的努力，在持续的努力中，最大的困难可能是平淡——你看不到努力带来的结果，看不到。就像一艘在海上远行的船，开始看到风景远去，会兴奋不已；可是，慢慢地慢慢地，一天一天的日子几乎类似，一天一天的风景也几近重复，你甚至感觉不到每天的前行——一定要经过漫长的平淡，才可能迎来亮丽的“卓越”，考验我们的不是“努力”，而是“持续力”。

* * *　　* * *

从优秀到卓越，不仅仅是表现在辉煌的业绩上，更是一种进化了的思维方式，前者满足于有限的目标，后者沉浸于远大的前景，因此，我们才要警惕“优秀是卓越的大敌”。从“优秀思维”走向“卓越思维”，就是强调持续性地超越，是心境之日渐开阔，是价值之日渐澄澈，而不是止于优秀，更不是死于优秀。

* * *　　* * *

成长，并不是每天都能看见的；如果成长每天都能看见，那么它会更具诱惑力，乐意成长的人会更多，但事实并非如此。相反，成长不但需要经历困境，还需要经历“看不见成长”的寻常，而且这种寻常日子会非常漫长。我们总是希望每天成长一点点，可是这一点点，往往很难看见。日复一日，成功在哪里，似乎看不到头，于是，很多人就放弃了。今天我们强调平台的重要，强调激励的重要，但是，耐得住寂寞，才成得了大事。

* * *　　* * *

如果你有目标，一定要去努力，努力了不一定会成功，但至少不会有遗憾。因此，努力其实也是一种勇气，一种面对可能失败的勇气。不要说努力了不一定会成功，哪怕是持之以恒的努力，也不一定会成功，但是，一定能收获一路风景。

* * *　　* * *

错的久不了，教育千万不能满足于、沾沾自喜于创造假象，无论是课堂还是学校，假象的繁荣不但掩盖不了真实的虚乏，而且还是造成虚乏的直接原因。记得有一年，一位领导说："什么时候我们去你学校看看？"我说："明天。"领导说："明天我们没空呢，要不换个时间？"我说："后天吧。"众皆愕然，以为我狂妄不可一世。其实不然，领导考察，友校参观，如果没有特别的主题性要求，看到每天发生的教育就行了，如果看到的是一个排练好的场景，那是看戏，戏尽人散去，你永远不知道这学校究竟是什么样子的。

* * *　　* * *

无论何时，都要相信人性的美好。教育者的教育，管理者的管理，领导者的领导，都是关于人的，都要符合人性，都要洞察人性，都要顺应人性，都要高扬人性的旗帜，都要照亮人性的光辉。一切违背人性的教育，都是伪的教育；一切违背人性的管理，都是坏的管理；一切违背人性的领导，都是危险的领导。当然，以上观点，是基于“积极的人性假设”的。“积极的人性假设”不是看不到人性中不好的一面，而是朝向人性之美、放大人性之好。比如，我们相信人是乐于改过的，相信“改过”也是人性之美，也是积极的人性假设，而这并不是说我们看不到人之“过”。洞察人性，是透彻地看到了一切——一切的好与不好之后，孜孜不倦地帮助人们走向人性的美好——这才是好的教育、好的管理、好的领导。

***　***

问题导向是一种务实的思维，固然需要，但问题的解决，有时候并不会立竿见影，而人不能困在问题之中走不出来；所以，愿景导向同样重要，甚至更重要，当然愿景与问题是相关的，当问题转化为愿景之时，人心凝向于前方的风景，在去往前方的过程中，问题也顺势消解了——甚至，人们感觉不到它的消解。一个团队，有什么样的愿景，就有什么样的精气神。描摹好这个愿景，需要有清醒现实的浪漫主义情怀与智慧。

***　***

当我们想到我们是在为国家办学，有的事情就能想通。当校长全身心地投入时，学校的文化、精神、学术乃至物理环境、办学条件等，都是校长的责任与使命，这是感人的，也是应该的，更是必要的。但同时，我们必须建立一个前提性认知：学校是国家的，不是我们自己家开的；我们之所以做这些事情，是在努力为国家办好学，忘记了这一条，我们就忘记了初衷。很久以来我一直持有这样的想法，也与很多朋友交流过这个想法。这丝毫不会影响我们对“一亩三分地”的付出与守护，但我们的思维会更开阔，能更好地处理各种内外关系，跳出“私家”思维，或许事业会更具格局，个人也会更豁达。相反，一味以“私家”思维看待公共事业，搞不好会出事情呢。

* * *　　* * *

没有没有问题的学校，也没有不在致力于解决问题的学校，我们缺少的是解决问题过程中的价值发现与扩大。解决问题，不仅仅是解决了某一个问题，而是要带来价值启迪，甚至是价值变革。否则，就事论事地解决一个又一个问题，结果问题不但没有减少反而越来越多，不但没有减轻反而越来越严重，而我们却永远不知道我们这么累为什么还要那么苦，最后问题就像无数的水草一样把我们缠住，甚至缠死，可怕吧？除了极为特别的个案之外，个别问题总是具有系统意义，而我们要的是“系统”，个别问题的解决要有利于系统的优化，系统优化了，很多个别问题会迎刃而解。所以，同一个人，同一件事，在不同的学校为什么会表现不同，系统使然。这是系统对个人的影响，反过来，个人对系统也可以产生影响，有时候，一个人会影响一个系统。

* * *　　* * *

每一个人都是值得研究的，每个人是“这个人”，但又都会超越“这个人”。

* * *　　* * *

一个教师就是一支队伍，教师是这支队伍的灵魂，因此教师必须拥有一个积极的灵魂，否则这支队伍就会没有积极的力量。很少有这样一种职业，一个人就是一支队伍！我们教师就是！我们在课堂上，这个课堂就构成了一支队伍，而你就是这支队伍的灵魂。这注定了我们必须拥有积极的价值力量，拥有积极的行动特质，拥有积极的精神品质！否则，我们就愧对“教师”这两个字，因为你已经不只代表你自己了，而是代表一支队伍！

* * *　　* * *

【工作思路 1】建立工作思路比安排具体工作更重要，或者说，在安排具体工作前必先建立工作思路；实在不行，也要在安排具体工作中建立工作思路；再次者，在具体工作开展的过程中及之后必须反思工作思路，为今后的具体工作安排作思维方式上的准备。

所有学校，开学前后都会写一个“工作计划”，安排好一个学期或者一个学年的工作。这种工作安排，当然是学校重要事项的布局，而不是过于琐碎的事务安排。学校的事务安排，需要建立一种“由大至小的框架”，一个学年做几件事，分布在哪几个月；然后作月工作安排，继而作周工作安排，在周工作安排中才会具体到每一天。

在具体事务安排中，最看得出一个人的“执行力”——关于“执行力”，多年前我曾经发表过文章，强调过一些观点，其中非常重要的一个观点，就是“真正的执行力是一种创造力”，是围绕目的、目标进行的创造性劳动，那种完全等着领导布置的所谓“执行力”是机械的执行力，真正的执行力是把领导的意图创造性地呈现出来——其效果常常会超出领导的想象。

一个团队是否具有创造性意义上的执行力，首先与领导有关，有的领导管得过死，下面的人是无法进行创造的；同时与执行者有关，没有从更高的站位来理解事务，就只能等着领导布置怎样干活了。要理顺这种关系，理顺这种事务，需要我们不断地梳理工作思路——建立工作思路比安排具体工作更重要，工作思路明晰了，事务安排才能有效，人们“成事”的过程才能成为“成人”的过程。

教师的工作，也需要不断理清思路。从某种意义上说，我们编制学期课程纲要，也能理清一个学期的教学工作思路，在思路的框架内，去认知与完成每一节课的教学。

* * *　　* * *

【工作思路2】工作思路不求全，但要能指导本阶段的重点工作，以使本阶段的工作不乱，不杂，也不过多地受外来干扰影响，保持一所学校的战略定力。记得上一个学年（2021—2022学年度），我们的工作思路是“三以三成”：以积极生长者成就积极生长者，以专业化路径成就高质量教育，以大开放策略成就新发展格局。本学年（2022—2023学年度），我们的工作思路是“三个一”：一以贯之丰富学校文化新内涵，一心一意促进教师学生新发展，一着不落地落实课程改革新理念。

开学以来，我们最重要的“校务会”就是讨论这“三个一”，这个必须通过讨论与学习形成共识。——学校的会议一定要精简而高效，校务会是集团最高层面的会议，一定以讨论学校最重要的问题为主。校务会讨论的问题过小，学校的格局也会变得太小，学校的眼光就变得太短，甚至将讨论鸡毛蒜皮的问题作为校务会的常规，而从不讨论战略性问题，那么我们的“校务会”往往就会占用校长们的大量精力，而又不利于校长们的格局提升与思维优化。

是的，小事情会影响大发展，校务会少不了要讨论一些“小”的事，但校务会上讨论的小事，也应该是关键小事，是影响全局的、长远的小事，其内核并不小。在讨论某些小事的背后，依然要看到整个的“工作思路”，乃至学校的“办学理念”。

* * *　　* * *

【工作思路3】工作思路在表达上要简明扼要，甚至尽可能要“好记”，易传播；工作思路在内涵上要合乎逻辑，有内在关联。

我们本学年的“三个一”，也是有着内在关联的。“一以贯之丰富学校文化新内涵”，讲的是文化，是学校的核心，正如杨九俊老师所说的“学校除了文化，一无所有”，办学校就是办学校文化；“一心一意促进教师学生新发展”，讲的是目的，学校文化就是为了人好，为了生活在其中的师生生活得更好，也可以说，学校的一切工作最终都是为了师生的发展，除此，别无目的；“一着不落地落实课程改革新理念”，讲的是“着力点”，没有这一条，不把主要精力用于课程与教学，学校文化就只剩下几句空洞的口号了，教师与学生的发展也将是空中楼阁。我们要做的是课程与教学，但是我们做的时候，是有价值指向的，也是有目的的——我们用怎样的方式去落实课程改革新理念，我们就创造了怎样的学校文化新内涵，我们就造就了怎样的教师与学生。“三个一”，内在统一，相互关联，构成了指导一个学年工作的基本思路，虽然不算很有特色，但是很清晰。

* * *　　* * *

【工作思路 4】一以贯之丰富学校文化新内涵，着重在“一以贯之”，建立纵向与横向层面的思路。纵向上，传承百年校训“爱德”，一路下来，到 20 世纪 90 年代初校训上加了“求真”两字。近些年，我们把“爱德求真”阐释为“智力生活和精神世界不断丰富”，提出新时代新愿景——“把学校建设成为智力生活和精神世界不断丰富之地”，提出新时代的育人目标是造就“积极生长者”，一脉相承，又富有时代气息，文化内涵不断丰富，特别在处理“老实小精神”与“新时代愿景”的关系上，作出了重要判断，实现了继承与发扬的高度统一；横向上，将学校文化通过课程与教学、制度与活动、环境与媒介、教师与学生，全方位地贯彻落实，通过行动做出来，通过理解“说出来”，通过平台传出去，追求学校文化的“无处不在”“无时不在”，学校文化的一致性、共通性，在言在行，入心入脑，成为实验小学师生的共同价值追求，乃至鲜明的话语风格。

* * *　　* * *

【工作思路 5】一着不落地落实课程改革新理念，重在“一着不落”，说明这里有一揽子计划。具体来说有三方面：一是全面的理解；二是全部的方案；三是全程的实践。

全面的理解，是从育人目标到育人实践全面地理解新课改的意义，全面理解国家提出的立德树人总任务、“三有”时代新人培养、核心素养培育、课程标准落地，与学校提出的“把学校建设成为智力生活和精神世界不断丰富之地”的发展愿景、“积极生长者”育人目标的关系。

全部的方案，是课程规划、课程纲要、单元教学方案与课时计划全套方案的编制，这是一个大方案，也是一道必做题。

全程的实践，从每一节课的教学到每个单元的评价，从课堂观察到学业质量评估，从上课到反思。一着不落，课程改革的重要新理念，“一个也不能少”，一着都不放松——本学年，我们必须咬定课改不放松，抓出些样例来，积累些经验，拿出些成就来。

有了这个思路，我们就知道要把精力用到哪里去了——比如说，我们要录制不少于50节课作为“教—学—评一致性课例库”，就是从这个思路下的决心。思路定了，就能下定决心。

* * *　* * *

【工作思路6】一心一意促进教师学生新发展，“一心一意”说明我们不该有“三心二意”，不能轻易被动摇。学校文化不是写在纸上、贴在墙上让人看着好看的，而是为了生活在其中的人；课程改革、教学精进不是为了写一篇论文，也不是为了赶时髦，而是为了学生能够享受“课程育人”、教师能够达成“专业养人”，真心该如此。“一心一意促进教师学生新发展”，为我们提供的是价值尺度，让我们的改革、实践、研究不偏航，让我们的日常琐碎与宏大叙事有意义。

我要特别警惕，“一心一意为了学生好”不是借着“都是为了你好”而去折腾学生、去损害学生——特别是去损害学生的内在尊严与精神世界，绝对不是！

一心一意为了学生好，要在每节课上去落实。我们为什么要在课程改革中强化“单元组织者”这个概念，为什么要在学期课程纲要编制中强化“单元组织者”的设计与布局，就是想提升学生的学习格局，实现知识结构化，把知识加工成能力、提升为素养，会探究问题、可做成事情、能通过大观念审视世界，将知识与技术在情境中自动运用，这才是我们要的核心素养。

* * *　　* * *

由远及近地设计，自近而远地实施。

* * *　　* * *

造就积极生长者就是为党育人、为国育才。集团全体校级领导、部分党员代表集中在一起，同步收看总书记的报告，听总书记回顾党的十八大以来 10 年、党的十九大以来 5 年的奋斗历程，为我们伟大的党创造的伟大事业而骄傲与自豪；听总书记全面展望未来，布局到 2035 年建设社会主义现代国家、到本世纪中叶建成富强、民主、文明、和谐、美丽的社会主义现代强国“两步走”的宏伟蓝图，激情涌动。全面建设社会主义现代化，关键在人，依靠的也是人。吴江实验小学教育集团立志为新时代造就积极生长者，就是要坚持立德树人，就是要培养社会主义建设者与接班人，就是要发展素质教育，培养担当民族复兴大任的时代新人。在党的二十大精神引领下，我们将不断奋勇前进。

* * *　　* * *

是否在自觉地“用理念办学校”，是一个校长成熟与否的标志；用理念来思考与处理学校工作，是校长的第一专业。“张菊荣名校长工作室”在七都小学活动，就“用理念办学校”的经典问题展开讨论，教育局原副局长沈正元应邀作专家点评。一个校长，或者说一所学校，如果不能

“用理念办学校”，可能整天在处理问题，却总是面对一团乱麻，因此，用理念办学校，可以让学校“由乱到治，由治到兴”；学校理念，从一些观念开始，经过道理、学理、哲理的考量，成为理念，在入心入脑之后，成为信念，学校理念是在真实的历史阶段、真实的问题情境中对教育本质问题的叩问，凝练成的理念，附着在一切之上，弥散在学校之中，因此是“个共同在，聚散依依”的；学校理念往往以“虚”的方式表达，但却实实在在地塑造着学校的气质，在不断创新与发展中丰富着初衷，因此是“虚实相生，变中见恒”的。

***　***

一件事情做到一半就以为这件事情已经完成，或者以为这件事情没有意义，这是非常可惜的，因为很多事情一定要到最后才会显现其价值。“行百里者半九十”，还有十里如果不走远，就永远无法知道目的地的风景。“无限风光在险峰。”

***　***

学校和老师必须坚持正确的做法，而不是迁就一些明知不对的做法。昨天接待安徽省泾县教育局副局长章漳来访时，她问及双减后家长如果降低对学生质量的要求怎么办。我说，现在的问题仍然不是“降低”，而是家长过于重视学生的成绩（“质量”的一部分）。关于“提前学”的问题，我说我们的观点是学校不能“迁就提前学”的孩子，而是应该“关注正常学”的孩子。

——其实我讲这个话的时候，心里并不踏实，我们是不是真的做到了？大家都知道，所谓“提前学”，就是“内卷”的由来，“抢跑思维”让学校正常的教学、孩子正常的学习乱了套，而学校与老师切不可乱了方寸，也不能因“别的学校在抢跑”“别的老师在抢跑”而乱了自己的秩序。在抱怨“剧场效应”的同时，我们切不可自己成为“剧场效应”的推手。甚至，有的老师还要告诉家长：“这个，你们要到外面去学的呀，别的孩子都先学过了啊。”——如果是这样，那还要我们老师、要我们学校干什么？

* * *　　* * *

学校和老师必须坚持正确的做法，而不是迁就一些明知不对的做法。比如说，大家都知道“阅读”在学生全部智力生活与精神世界中的意义是至关重要的，可是，我们常常喜欢用“做题”去占领孩子们的时间，恨不得让孩子们的所有时间都用来做题，课本上的不够，再来课外的，一本不够，再来一本，没完没了啊，与家长形成“同盟”，好像多一本练习册就赚了一大笔。于是，孩子们阅读的时间没有了，个性没有办法被发现，兴趣没有办法被养成，眼界没有办法拓展，智力生活受限、精神世界黯淡……这是我们要的孩子吗？这是我们教育所持的初衷吗？这是我们学校该有的作为吗？这是我们教师应有的“好心”吗？

***　***

学校和老师必须坚持正确的做法，而不是迁就一些明知不对的做法。比如说，“太快”。记得前些年，北京市提出了“学前玩、小学慢、初中宽、高中活”的“全链条改革”，不知道现在情况如何。其实这是一条“常识链”，理应遵循，却常被抛弃。小学六年，不要急，慢慢过，慢慢地享受童年，慢慢地创造童年。不要总是那么急，不要总是那么快，不要总是那么赶，不要总是那么求速成。我理解的“慢”，不是说养成慢慢吞吞的习惯、拖拖拉拉的习惯——这些绝对是坏习惯，是要把知识学习的过程好好地展开来，而不是急于把知识的结果喂给孩子。要用浸润式的教学、浸润式的教育，帮助孩子在浸润中养成好习惯——特别是认真思考的习惯，而不是潦潦草草的思考习惯。童年之所以会影响一生，思维习惯极为重要，而思维的习惯，只有慢慢养成；太快了，就只能寄希望记住了，然后条件反射。

***　***

要相信在我们的身边一定有好老师，我们要善于发现好老师。发现好老师，老师才会更好。发现好老师，发现好老师的好课堂、好班级、好经验、好做法、好精神、好状态……让他们发挥出来，影响到更多的人，我们的学校就是最好的学校。陶行知说过“不能用人之长，便是我们之短”；不能发现好老师，不能发现老师之好，我们就不是好校长。

* * *　　* * *

没有什么捷径，只有精耕细作，才会实践创新。2018年，（吴江）区总工会命名了“张菊荣劳模与工匠人才创新工作室”，我把集团校务会成员都列入了工作室的核心成员名单，我们在一起精耕细作地发展我们的集团；现在，我又想把“张菊荣名校长工作室”作为“劳模工作室”的第二小组，我们的“日知录”像极了农民的每日耕耘。在创建要求中，有一条叫“工作室格言”，于是就想了这么一条。我认为“精耕细作”是劳模应有的工作方式，“实践创新”是劳模应有的价值追求。

* * *　　* * *

如果你认为学校文化是没有用的，那你真的是没文化了。

* * *　　* * *

若要有所成就，不能打一枪换一个地方。苏州教育局官网公示了新一届教学成果奖，其中基础教育类的特等奖18项，我们吴江区有4项，我们实验小学有2项，一项是我领衔的，一项是孙焱校长领衔的。我申报的是“促进学习与发展的课堂评价模型建构与运用”。说起这项成果，真正是十年磨一剑，从2009年开始，在崔老师的悉心指导下，我们一点一滴地在做中明白起来。2016年我们的成果获评苏州市首届教学成果奖特等奖（继而获评江苏省教学成果一等奖），我有幸作为唯一的获奖代表在当年教师节向苏州市领导及全市教师代表作成果汇报；2017 年到实验小学之后，继续探索，从 2017 年 9 月组建的 36 人课程研修团队，到今天“教—学—评一致性”的思维方式与技术已经成为越来越多教师的自觉，我们的成果也不断地深化与丰富起来，在各学科的实践中结出大大小小的成果。其中英语学科中的运用成果，获评江苏省教学成果奖一等奖（2021），在省内外的影响也逐渐发挥，遍及全国绝大部分省市自治区，本人也有幸因此获评“明远教育奖”（2021）。我们继续前进，在课程改革新理念新理论的观照下，勇敢面对新问题新情境，紧紧咬住基本原理，时隔 6 年再获苏州市特等奖。我也是感慨良多，一是教育研究一定要走正道，不要搞“邪门”，要咬住原理，用原理去实践，在实践中提升专业，在专业提升中更好地发展学生；二是要坚守正道，甘于淡泊，不能急功近利，不要东倒西歪，要有定力，慢慢来，深刻地推进，在深刻推进中不断创新，千万不要“打一枪换一个地方”。

***　　***

若要真正有所成就，一是要选对方向，方向错了南辕北辙，既不能完全凭经验，也不能一知半解听理论，绝对不能追求表面好看、一时轰动、新闻效应；二是要选对方法，方法不对事倍功半，甚至更甚；三是要持之以恒且在持之以恒中不断创新，不是为了创新而创新，而是为了更加深刻而自然地创新——做成一点儿事情，需要定力，多想想本质，多想想“理应如此”。

***　　***

发表观点，进行学术交流、演讲与报告，这也是校长与教师常见的专业活动。你拿着一份写好的稿子，低着头很快读过，没有人会留下印象。要知道，你讲这些话的目的是让别人听明白、能理解，而不是“我已经说过了”。我下午在（吴江）区教师发展中心参加中青年骨干双一流毕业教师第3组的交流活动，担任“点评”。1点准时开始，4点踩点结束，总体上来说，在“如何做分享”这个问题上，我们还要好好磨炼。

***　　***

如何帮助教师发展，首先要研究教师发展的基本规律，离开了教师发展的基本规律，组织再多的活动，搞再多的培训都无济于事，事倍功半地增加教师的时间负担。教师发展的规律有很多，观察我们学校，我归纳了四条：智力生活和精神世界的师生同构；个体与族群的共存共生；原理与实践的持续对话；内在修炼与外部传播的互进。

***　　***

要相信真正的好东西，一定会被人从内心深处相信的。

***　***

一位教师入职之初怎样成长，会在一定程度上决定他今后怎样成长，这就是我持的观点：上岗三年（当然也不一定是实数的三年）是一个教师的“教育生涯童年期”，与童年会影响一个人的一生一样，教育生涯童年期奠下的基础，会影响教师的教育生涯。新教师培训，我们究竟该盯着什么？我以为仅仅盯着细节是不够的，一定得同时盯着细节背后的意义。如果一个教师在入职之初，没有养成一种在细节之中思考意义的习惯（注意：不是不要细节，而是“在细节之中”的），而只是“我的眼中只有你：细节”，那么在他的“二次成长”（李海林语）中，恐怕会显得底气不足的。理论与实践的关系，不是不同的发展阶段问题，而是共时的，同在的，互动的。

011 附：点评“20 讲”

2022 年末，吴江实验小学教育集团策划了“学习宣传贯彻党的二十大精神”积极生长年度叙事，约请了集团校长、老师 20 人，摄录了 20 段演讲，从 12 月 12 日开始，到 31 日结束，每天讲，由公众号推出。在每天转发时，我都写了一则点评，特收录成辑。

* * *　　* * *

师爱，固然与所有的爱一样，源于共通的人性——爱孩子，是成年人的天性；但师爱，也是一种“专业爱”，这种因为理解孩子、理解教育而产生的爱，会比通常意义的爱更为深刻，它包含了这种爱，但又更为深远，更为深沉，更有意义感，更有价值。当我们在说“师爱”的时候，这个“爱”字绝不是轻飘飘的词语，而是折射着对教师的角色理解。今天开始集团公众号推“‘学习宣传贯彻党的二十大精神’积极生长年度叙事”，第一位是王红英老师，她讲述的是《你为什么对所有的学生都这么好》，她说，她如数家珍地夸一个孩子，孩子的母亲喜极而泣：王老师，你比我们家长还要爱我们的孩子，还要懂我们的孩子！听到这里，我也深为感动：这就是师爱，细腻而浩荡，久远而深邃。

* * *　　* * *

打磨一节课，如果只是为了这一节课，没有从每一次变化、每一个修改中获得原理层面、思想层面的启迪，没有将细节推敲与理论思考维系在一起，这样的“打磨”是一种巨大的浪费。沈毅婷老师在《我为什么要一课九上》中揭示了这样的道理：“我们深度研究的每一节课，都会与我们每天所有的课产生深刻的关联，都会与孩子们的课堂生活产生深刻的关联，因为每一节的背后，都有着我们全部的教育学理解。而打磨一节课，其实是在打磨我们全部的教育学素养。”

* * *　　* * *

很多人不明白，一个教师，一所学校，一个小学老师，一所小学校，为什么要站到学科发展的前沿、课程发展的前沿、教育发展的前沿，以为“只要我努力就行了”“只要我对孩子好就行”。可是，如果你这样想，真的很危险，因为，正如勤华校长在《我们为什么要不断攀登》的演讲中所说的：很可能，我们交到学生手里的，只是一张旧船票。

* * *　　* * *

捡起该捡起的，留住该留住的，放下该放下的，才能更好地往前走。过往的荣誉，既可以成为前行的基础，也可以成为前行的羁绊。很佩服殷霞老师“放下”的决心，正如她的演讲题目“放下，然后再出发”，放下一些，是为了更好地出发；出发，首先需要放下一些。

* * *　　* * *

人生有很多让人笑不出来的事情，但我们仍然要相信微笑的力量。而一个教育者对待孩子，一定要在内心里充满微笑，因为，他们是孩子。朱婷婷老师的演讲《我相信微笑的力量》说得好：我们今天微笑地对待孩子，孩子们以后就会微笑着对待生活！

* * *　　* * *

教育，特别是小学教育，是慢的教育。最快的教育，是直接记住知识的教育；而慢的教育，是怎样获得知识、如何理解知识的教育，需要时间，需要展开，需要过程，需要对话，需要沉思，需要通过自己的努力去明白。前者看起来快，但缺少后劲，后续的学习会越来越困难；后者看起来慢，但因为建立了宏大的智力背景与强大的精神世界，后续的学习才会越来越美。春喜校长在《教育的使命是在当下的学习中培育未来的“后劲”》演讲中的观点，关于“当下”与“未来”的辩证思考，我深为认同。

* * *　　* * *

每一个人都有各种可能性，但是，大部分抱有“不可能思维”，认为自己这也不可能，那也不可能，白白失去了很多可能让人生更美好的机会。我们教师也是一个比较容易抱有“不可能思维”的群体，沈伟英校长在《如何看到与实现自己的可能性》的演讲中提出，教师要摒弃“不可能思维”，持续不断地发现并实现自己的可能性。

* * *　　* * *

总是要经历变化，才知道什么是不变——这是认知规律，也是辩证思维。盛伏平校长在五年三校的经历中，在变化着的情境中不断地琢磨本质，坚守初衷（《五年三校：在变化的情境中寻找“不变”的力量》），事实证明：越是面对变化，越能认识本质；只有守住“不变”，才能创造这个世界不断变化的多样性。

* * *　　* * *

当我们长大，会忘记童年。童年如此重要，如此迷人，如此浪漫，但却会被遗忘。——我一直觉得这是一件特别遗憾的事，我经常狠狠地回忆，想记起自己的童年，但一直非常遗憾，就是忆不起来。有时候，就问母亲，从母亲那里得到一些童年的蛛丝马迹。一个老师，如果能将孩子的一些童年的线索，小心翼翼地保管起来，有一天，长大了的孩子想得到一些童年的回忆，就到老师那里去寻找，这样的保管该多有意思。听了沈国琴的演讲《做一个保管童年的人》，也许你能生发出一些共鸣。

* * *　　* * *

如果我们的“听课”只是重在听教师如何上课而不以

学生的表现为核心，这样的听课并不专业；如果我们的上课只想着“我如何上”而不是考虑“我这样上学生能创造什么”，这样的上课也并不专业。凌洁老师的演讲《优质课，以何优质》中关于“优质课”的思考，令人深思：优质课，究竟以何为优，是教师表现之优，是学生结果之优，还是学习过程之优？

***　***

一个教师走向成熟，需要经历很多的困难，如果我们把经历困难的过程看作是一次次的修炼，我们就可以从每一个困难中获得进步，我们才没有白白地经历。非常赞同陈怡在《成长是一种修炼》的演讲中所讲的：“一个教师走向成熟，需要一个完整的修炼，无论是专业素养还是非专业素养，修炼出勇气，修炼出笃定，修炼出品性，修炼出气质，然后，当我们走进教室，走向学生的时候，能够自信满满！”

***　***

人有两个家园，一个物质家园，一个精神家园。幸福的人，可以实现物质家园与精神家园的同构共生。十分同意孙焱校长关于教师精神家园建设的见地：“无论什么时候，我们都要用专业自信的确定性应对当下教育和未来世界的不确定性。保持心态平和、情绪稳定，丰富内心力量。用精神的富足滋养学生，努力让每一个学生都能身心和谐、知行统一、自主发展、健康成长。”（《建好我们的精神家园》）

* * *　　* * *

一切教学都有教育性，“课程思政”当是教学之教育性的一种体现。通过元清浩老师的演讲《一位小学语文老师的“思政课”》，我们可以联想到“课程思政”与“思政课程”构成了我国思政的完整体系。

* * *　　* * *

老教师“专业躺平”问题是普遍问题，过往丰富的经验如果不能成为新经验的基础并加以发展，就会成为新经验的羁绊，就会还没有听人家说完某种必要性与可能性，就立马产生条件反射式的拒绝：“我不要！”“我不行的！”为什么老教师不能“专业躺平”，邱惠芳老师在《为什么老教师不能“专业躺平”》演讲中的回答是：“我们如果躺平了，孩子们的学习也会躺倒。”

* * *　　* * *

每一位课任老师对于自己任教的学科都应该有一个明晰的理解：这一门学科如何以自己的独当之任完成“学科育人”的使命？把学科的独当之任想明白，这种独当之任是指其育人价值，但又是“他的”育人价值，即“用这门学科来育人”，这里就有两个问题：一是“这门学科”的特征是什么；二是“育人”，这门学科的知识如何与学生发展相关联起来，也就是徐栋校长在《为什么要强调教师的“学科理解”》的演讲中提到的“接通学科与学生的通道”。

* * *　　* * *

哲学不是记住几个哲学家的名称，背出一些哲学史的观点就行了，而是一种思考问题的方法。非常同意集团党委书记潘国平的演讲《办学需要哲学思考》，这又一次让我想起我们在 2017 年 9 月底启动集团“校长沙龙”时，首期主题就是“我的人生哲学”，人生哲学也是哲学，是我们对人生的总体认识，是一个人如何认识人生的基本方法。当初选择这个主题，是因为我们认为，一个校长的人生哲学不仅仅是私人珍藏，还会影响到一所学校。国平书记在演讲中，谈到当时城中办学的思考以及他个人哲学人生观的表达，也正好再次印证了我们这个观点。

* * *　　* * *

好的学校，一定有好的教师团队，而不是几个零散的好教师；“散装”的几个英雄教师，构不成一所学校的整体之好。在我们学校，我们看到太多好的团队，他们不局限于“只要我好”，而是满怀真诚地希望团队中的每个老师更好。每个老师更好，才能帮助每个孩子更好——这个朴素的道理，需要太多人用博大的胸怀去践行。为什么这位老师所在的教研组，教学的质量总是那么好；为什么那位老师所在的办公室，散发的能量总是那么正？因为他们带动了、造就了团队。孙颖老师《团队：关系着每一个孩子》的演讲揭示了这样一个大家容易忽视的问题：当你感到自己幸运地遇到了一个好老师时，其实不仅如此，你遇到的是一个好的团队。

* * *　　* * *

我很多年前读阿莫纳什维利《无分数教育三部曲》时，就对其中的一个观点极为认同：学生，是我们的老师（大意）。曹雨老师的演讲《与学生们一起研究课堂》，再次以生动的故事阐述并深化了这一道理。与学生一起研究课堂？乍听起来有些费解，细想起来本该如此。

* * *　　* * *

课堂与生活的其他方面相比，是有其特殊性的，但再怎么特殊，也是一种生活，是教师与学生、学生与学生的共同生活，学习与发展是这种共同生活的主题，学习什么与如何学习，不仅会影响到当下的生活质量，还会影响到未来的生活质量。赵志英校长对课堂生活研究颇深，最重要的研究成果是她的课，她与孩子们的课堂生活。有幸在现场听了她的课之后，我极其欣赏这种智慧与情感交融的师生一起生活的状态，再听她的演讲《改进课堂，就是改进生活》，就特别与这样的感触有共鸣："改进课堂，就是改进生活，改进现在的生活，也改进未来的生活。"

* * *　　* * *

学校教育教学的质量，说到底就是教师的质量。因此，在集团"'学习宣传贯彻党的二十大精神'积极生长年度叙事 20 人 20 讲"中，我演讲的主题是"做好教育最重要的是建立一支强大的教师队伍"。

第 二 辑

·没有人知道自己能走多远·

江苏省吴江实验小学苏州湾校区 李可馨同学绘

001 领导者的首要工作是让团队坚持做对的事

抱怨现实的骨感，囿于现实的无奈，无助于向丰满的理想走近哪怕一步。我们总是感慨社会的复杂，学校则被称为“象牙塔”，而对于置身于学校之中的人们来说，学校作为社会的缩影，其复杂程度并不会低于社会，学校本身就是社会的一角。学校的领导者需要努力透过种种复杂看到教育之应为，否则，学校也就不需要领导者了。一个理想的领导者，不是置复杂现实的骨感于不顾，而是在处理复杂现实中丰富教育本质的内涵，让对教育的本质追求像金子一样无论在哪里都散发光芒。当然，如此谈何容易，但也正因为种种的不容易，才特别珍贵。

＊＊＊　＊＊＊

要相信好东西一定会被人看到；退一步说，即使暂时不被人看到，它也是好东西。

节前，我无意中“找到”了一位老师，引起了我“16年前的回忆”，真是感慨万千。2007年，我写了一篇万字长文,《课堂观察的基本理念和初步实践》，至今仍以为是自己写得比较好的一篇文章。这么长的论文，我又不是什么名家，哪里去发呀？我看到《中国教育学刊》发的文章比较长，就投了过去，记得是三个月的最后一天（那时杂志都是三个月没有录用通知作者可另行处理），接到了编辑的电话，文章稍改之后发表在2007年第9期《中国教育学刊》，这件事情对我的影响太大了，它让我相信，好东西一定会被人看到。这篇文章的背后，是大量的现场记录与思考，是15万字的原始笔记。我记住了，这位素不相识的编辑叫方檀香。

后来，我又有一篇比较长的论文，《基于教师主体的课堂观察的有效开展》，文章的基础又是15万字的现场笔记。我把论文寄给方檀香老师。谁知她已经调离《中国教育学刊》，建议我直接将稿子寄到编辑部。我就听从了她的建议。后来这篇文章又发表在了2009年第1期。我记住了，这位素不相识的编辑叫张爽。

再往后，我到了汾湖工作，后来又到了实验小学，就一直相信：好东西一定会被看到；如果人们看不到你的好东西，也不是你的不幸，而是别人的遗憾。偶然，我会想起这两位编辑，想起她们的名字。

后来，先是"找到了"张爽老师，2020年12月，在张家港参加一个活动，与张爽老师见面了，真是太神奇了，大家都很兴奋。那天张新平教授、张爽教授与我，我们"三张"在一起，往事并不如烟！张爽老师现在是首都师范大学教授、博士生导师、教育学院副院长。

节前，在郭华老师的朋友圈里，看到一条重要信息，她在介绍自己的新书《教学的模样》时提到了一个人：责任编辑方檀香！我看到方老师名字的时候，是兴奋的！我们很快联系上了！

方老师与张教授她们早就忘记了这件事，但是这件事，对我的影响是深刻的。我还联想起更早的时候，我学写格律诗，居然不知天高地厚地与施蛰存教授有不少的书信往来。记得有一次，我说，怎样投稿才能发表。施先生说，投稿不发表，说明写得还不够好，再写，再投！

纯粹的时代，纯粹的人，纯粹的事，纯粹的想法，相信好东西总会被人看见。尽管后来，好东西有时候并不总能幸运地让人看见，但我依然相信，不管怎样，好东西就是好东西，哪怕人们看不到，也是好东西！

* * *　　* * *

我们一直在呼唤思想型校长、思想型教师，但思想不是空穴来风，真正深刻的思想应该来自学术实践——对，是“学术实践”，在踏踏实实的学术实践中诞生踏踏实实的思想，这样的思想才能深刻而透彻。学校的学术，是课堂学术、教室学术、校园学术，不是仅靠读几篇文稿、做一些文献研究、写几篇文章就可以达成的，学校的学术必须在遵循学理中改进现实、改进师生的生活，要如经济学家熊彼特晚年所说的“一个人如果不能改变人们的生活，那就什么也没能改变”，否则，即便著作等身也毫无意义。

* * *　　* * *

我们必须对重要的事情有一个基本判断，这个基本判断综合地、集中地反映了一个人以价值观为核心的全部素养。如果我们缺乏对重要事情的基本判断，那么就会在重要事情的处理上出问题，如果这个事情足够重要，那就会造成不可弥补的损失。基本判断要发自内心，如陈云所倡导的“不唯上，不唯书，只唯实”。

* * *　* * *

围绕本质去思考，多思考元问题，否则很容易累死累活却走错路。

* * *　* * *

具体的困难，在所有的学校，肯定会时不时地有，但要相信，办法总比困难多；更重要的是，任何时候不能被困难困死，时刻要看到大方向，要思考本质，思考“元问题”，思考意义，思考价值。

* * *　* * *

一位校长，如果脑子里装满了“管理思维”，而没有“教育思维”，是不大可能把学校管理好的，是不可能真正凝聚人的精神力量的，是不大可能成就一所学校的育人高度的，而没有高度就会犯糊涂，就会不知道去往哪里，就会看不清整体路径。

* * *　* * *

校长不能匍匐在现实困境中思考、处理问题，而是要在现实困境中突围，在处理实际问题中提升认知、丰富思想、升华境界。黄庭坚谈到读书曾说，如果一个人三日不读书，“对镜觉面目可憎，向人亦语言无味”；校长如果三日不思考，也会如此。思想贫乏，自然语言乏味；心灵干涸，自然面目可憎。

* * *　　* * *

优秀乃至卓越的校长（老师），要有一个“铁三角修炼”：行动力、思想力与学术力。

很多校长（教师）都说，“做”，我是不怕的，这就是有行动力；如果能够从“做”中发现价值，你的做才可以避免盲目，富有意义，这就是思想力；如果你能从行动与思想中构建起一套完整的道理及合理的技术，你的行动与思想就更有力，且能影响一大批人一起行动、一起思想，这就是学术力。因此，行动力、思想力、学术力是彼此关联的，共同构成一个优秀乃至卓越校长（教师）的“铁三角修炼”。

这样的校长（教师）不是纸上谈兵，不会做不好事、教不好书的，因为有行动力；不是只会做事却不知道为什么做这些、为什么这样做的，因为有思想力；不是仅凭着经验做、只凭着直觉天马行空的，而是能扎扎实实说明白、讲清楚行动与思想的道理的，因为有学术力。

没有行动，思想与学术就没来由，也没有去处；没有思想，行动与学术就缺少价值，没有意义；没有学术，行动与思想就缺少依据。行动力、思想力、学术力，此三者没有高下之分，而是相互支撑，构成优秀乃至卓越校长

（教师）的“铁三角修炼”。

行动，是做法；思想，是想法；学术，是说法。做法产生想法，证明说法；想法指引做法，供给说法；说法保证做法是对的，说明想法没错。“铁三角修炼”，一项也不能少，更不能相互打架。

* * *　* * *

努力成为行者、思者、学者“三位一体”的校长，所谓“三位一体”，就是行中有思有学，思中有行有学，学中有行有思。我们要的行者，不是蛮干乱来瞎做的，而是有思想含量、学理基础的；我们要的思者，不是空想瞎想乱想的，而是思想与行动对接、与学术相通的；我们要的学者，不是仅迷于书斋、总拘于成见的，而是在行动与思想之中不断创生地搞学术。

* * *　* * *

亲爱的校长，千万不要以为你的老师不行，其实很可能是你自己不行；不相信自己的老师，就是看不起自己的老师，一个看不起自己的老师的校长，不是一个好校长。

* * *　* * *

不能被问题捆住，不能让问题像水草一样把你缠住，不能因为一片问题而看不见问题之外大片大片的光亮，不能等着解决了所有问题再去追逐理想，这样做的结果是，到我们退休的时候，会发现问题丝毫没有减少，你面前依然困难重重。要坚定，要笃定，要淡定，去做那些必须做的事，在我们向着明亮那方前行的过程中，我们会发现有一些问题自然消失了，我想这可能是“发展是硬道理”的真谛：发展的问题，必然要经过发展来解决，在发展的过程中，很多问题被覆盖了。

* * *　　* * *

校长不能懈怠，校长懈怠了，下面懈怠一大群；校长不能躺平，校长躺平了，下面躺平一大片。校长的精气神不能丢了，校长的大思路不能错了，否则吃亏的是老师们，不幸的是孩子们。每每见到萎靡不振、满腹牢骚、思维混乱的校长，就很担心，担心他们误了这所学校、这群老师、这帮孩子。

* * *　　* * *

校长的金点子，其实是很多的；老师的好办法，其实是很多的；学生的好想法，也是很多的。问题是，这些散落的珍珠如何串成项链，这些零碎的想法如何构成思想。思想的溪流，不会自动汇成江海，思维方式的优化何等之重要。

* * *　　* * *

必须有低到尘埃的决心与意志，才能真正深切地理解课程与教学改革的艰难与不易，也才能发现变革的力量与希望；必须有低到尘埃的持久的、寂寞的耕耘，抬头看天的意义与价值才能真正彰显。如果从来没有深入过，也就无所谓“跳出来”。

***　***

一定要到前线去，才知道什么叫打仗，但是一个将军在前线看到的，不应该只是眼前的那场仗，而是整个的战争；一定要到课堂里，才知道什么叫教学，但是一个校长在课堂里看到的，不应该只是面前的那节课，而是整个的学校课程以及事关学生发展的全部问题。

***　***

校长领导力显性地体现在他的团队能够创造的教育现象上。这需要敏锐的思想、深厚的功力、坚强的意志、持续的行动。这样的教育现象，固然可以是学校波澜壮阔改革与发展的宏大叙事，但更多的是一些细小而敏感、持久而深刻的改变，而不是表面喧嚣的短时一现；这样的改变会深深地影响团队的根系与血脉：价值观念、思维方式以及由此而带来的行为方式。

***　***

学校里一定要努力地回避这样一种现象：老师们辛辛苦苦地付出，却没有智力激荡的感觉；孩子们辛辛苦苦地付出，却没有精神成长的感觉。一定要努力地帮助老师发现事情当中存在的理，发现辛勤劳作的理论色彩与精神意义，否则，总有一天，老师们会陷入职业倦怠。

* * *　　* * *

高入云端，才能看得明明白白；低到尘埃，才能做得清清楚楚。

没有高入云端的眼光，就难以看明白整体格局，难以看明白事物之间、事情之间、要素之间的相互关系，就会犯迷糊，就看不明白意义、价值、方向、路径；没有低到尘埃的耕耘，永远是虚无缥缈的，永远是似是而非的，永远是纸上谈兵，永远无法获得个体、团队、社会的真正进步。

从来没有低到尘埃过，是无法真做到高入云端的；从来没有高入云端过，也无法清楚低到尘埃的真实意义。

不是先高入云端，再低到尘埃；也不是先低到尘埃，再高入云端。高入云端的眼光，低到尘埃的耕耘，是同时的。少了高入云端的低到尘埃，就不知道自己究竟在忙些什么；少了低到尘埃的高入云端，自以为仿佛看得明白，却只是“何不食肉糜”式的无知。

* * *　　* * *

校长必须成为学校核心问题的主心骨。近期在区内外看到、听到不少学校试图寻求与专家的合作，这是一种思路，但也要警惕。首先是“心术”要正，与专家合作绝对不是一件沽名钓誉的事，一定要为提升学校内涵，实实在在地为了老师与学生，心术不正，什么也做不好。其次一定是“借助外力”而不是“外包”，学校怎么可以“外包”

给专家呢，必须以我为主，借助外力。最后要识别真假专家，特别是有一种专家，名头再大也没有用的——你想呀，如果有一种神药式的教学，那全国只要用那一种就行了，教育部为什么不在全国推呀。

* * *　　* * *

一个校长，提出一个教学主张或者教学思想，是一件危险的事情，万一弄错了，或者由于各种原因水土不服，那事情就大了。一个教学主张或者教学思想，在“这一所”学校是不是好，要去问这所学校的老师，甚至是学生（如果问学生，就不一定是简单的、直接的问法），如果他们听了说“对，对，对，我们是这样的”“好，好，好，我们就这么干”，那就是好的，前者说明这个主张与思想得到了真切认同，后者说明这个愿景与蓝图具有召唤性。而要问起外人来，其实是比较尴尬的事，但也不是全然不可以，对于外人来说，要乍一听，一个字“好”；细一想，一个字“对”，前者是第一联想，是直觉判断；后者是学理推敲，逻辑判断。既经得起直觉判断，又经得起学理推敲，大体上也是很好的。

* * *　　* * *

校长的领导力并不是随着一纸任命而与生俱来，校长领导力的核心应该是校长的思考力，乃至由思考力形成的“办学思想”。

办学思想是校长的“哥德巴赫猜想”，是校长职业生涯中皇冠上的明珠。

校长在此情此境的办学过程中形成办学思想，是一段冒险之旅，是一个充满挑战的刺激，是一个无限诱人的“会当凌绝顶，一览众山小”式的高峰体验。

它必须保持方向上的对头，方法上的对路，必须经由持之以恒的努力，必须通过团队深刻的行动，必须经过“小火慢炖”。

* * *　　* * *

“我们”，一个多好的词语。在表达一个观点或者描述一种现象的时候，用“我们”这个词语，会更容易引起共鸣。少用“老师们”“青年教师们”“老师们没有目标意识”“老师们不懂评价”“青年教师不关注学生”……每每读到这样的表达，总觉得表达者是居高临下或者站在老师的对立面说话的。其实，这些问题，更多的是共性，表达的时候，把自己放进去，会更合适：“我们常常缺少目标意识”“我们不知道评价何谓”“我们经常更关注自己的教而不关注学生的学”，把自己放在低处，人心更会聚起来。看似不同的表达，实质是不同的站位与格局。

* * *　　* * *

无论在日常交往中，还是在观点表达时，我们尽可能减少“硬词语”，减少以“管理者”自谓，减少使用“管理”“检查”“上交”等词语。我们必须从内心注意自己的“站姿”：与老师们站在一起，融在一起，而不是把老师们视为“你们”“他们”，因为“我们”本来就是“我们”，每个人都是“我们”中的一员。记得在汾湖实验小学工作时，我曾经与行政团队说过这个观点，那就是行政团队绝对不能自归为“我们”，把老师归为“你们”“他们”；把自己划为“管理者”，把老师们划为“被管理者”，这样的“管理”，一定不是好的管理，不是汇聚人心的管理。

＊＊＊　＊＊＊

办学思想是每一个校长都想要摘取的皇冠明珠，都想去解开的哥德巴赫猜想，是校长综合领导力的整体体现，是校长面对错综复杂学校情境的定风珠、压舱石。单靠饱读诗书，单靠埋首事务，单靠冥思苦想，单靠一种单一的路径都无法获得。这颗明珠，或表现为对教育本质的认识，或言说对出理想学校的愿景，或描摹成毕业生的形象，无论以何种角度表达，都将让一切敞亮起来。好的办学思想，必须有可依可靠的学理、契合学校的气质、质感动人的表达、体系逻辑的解释、知行合一的演绎以及与时俱进的持续更新。

＊＊＊　＊＊＊

保持清醒，保持谦卑，保持低调，越是被人肯定、夸奖，越要明白自己是谁。

＊＊＊　＊＊＊

我们需要这样的学校理念：对的，可依可靠的学理；

我的，契合学校的气质；亲的，质感动人的表达；全的，系统逻辑的诠释；做的，知行合一的演绎；活的，与时俱进的持续更新。

***　***

世间最无奈的事情是眼看着不合价值观的事情在我们眼皮子底下发生，而我们毫无能力去改变、不能有丝毫的影响；最要努力坚守的是基本的良知，不要让自己成为与自己的价值观相左的人，成为自己从骨子里看不起的人。

***　***

高利害评价是一件十分危险的事情，因为其功利性实在太强了，为了一种世俗意义上的公正，我们只能放弃常识性的、直觉性的、一看就明的、明明知道的判断，采取对照着条件与标准一条一条死抠的方式来评价，这种方式表面上看损害的是真正的高手，实质上的损害可能比这要大很多很多。因为真正的高手总是不在乎这些标准与条件的。按部就班地对照着条条框框进行所谓“公正”的评价，会让我们的行业、我们的社会、我们的国家失去很多——因为参与一项评价引发的感慨。

002 真正的哲学是从人生中领悟来的

每个人都不容易，所以人与人之间一定要相互支持，特别要相互理解。总书记的新年致辞中最我让动心的，是一句“每个人都不容易”，有朋友评论：“每个人都不容易！非常有温度的新年贺词，直抵每个微观个体的情感渴望。”这句评论也特别让我感动，非常精确地表达了我的感受：“直抵每个微观个体的情感渴望。”每个人的不容易，应该被看到，应该被理解，应该被记得。

* * *　　* * *

坚持是一种标志，是一种存在的标志。突然想起战争片里，为什么战旗一定不能倒下，就因为这是一种存在的标志。《积极生长者（旬刊）》，（2023 年）1 月 1 日出刊了，第 73 期了，2021 年元旦出的第一期，我们坚持 730 天了；《积极生长者（学报）》，（2023 年）1 月 1 日出刊了，第 46 期了，2021 年国庆出的第一期，我们坚持 460 天了。总是会有各种各样困难的，我们为什么要执拗地不落下一期？因为旗帜不能倒，也许它立着的时候你并不觉得有多重要，但一旦倒下了，就什么都没有了。

* * *　　* * *

容己是一种好品质，与自己和好、自我释然、不纠结于以往既成、宽以待己是一种好品质。与自然相处、与他人相处、与自己相处，是每个人必须学会的相处之道。这是一个过程，过程中我们可能与自然没有处好，与他人没有处好，与自己没有处好，不要紧，“放过”自己！怎样更好地与自然、与他人、与自己相处？关键都在一个字：和。过程中或有违和，没有关系，以“和”的方式、“和”的过程去求“和”的状态，就对了。“和”不是和稀泥，不是不求改进、不思进取，而是以“容”之怀求“渐”之变。既要容人，也要容己；容己方能容人，容人实则容己。如果我们的心连自己都安放不好，如何安放世界？

* * *　　* * *

活在当下，做好当下的事，就必须学会回头看与朝前看。回头五年看，回头十年看；朝前五年看，朝前十年看，当下才特别重要，特别有意义。虽然我们未必能看清前后的五年、十年，特别是很难看清朝前的五年、十年，因为变数太多了，但我们依然要这样去看，看与不看，你的当下生活、对当下的认知是不一样的，你的未来生活更是不一样的。在海阔天空中踏踏实实地生活，让自己的心足够大，足够大才能足够强。

*** ***

每一个人生阶段都应该是黄金时代，每一个人生阶段都可以是黄金时代。

*** ***

想法就是活法，别老想着你欠了谁，这样想活得心太累；别总觉得谁亏了你，这样想活得太消极。开阔地思考，实在地生活。

*** ***

我们要经常性地自省：我是不是很久很久没有听到过让我感觉不太舒服的话了？一个人，如果长期听不到别人不同的观点，长期没有别人提醒我们要注意些什么，我们就会有一种风险：不知不觉中进入了一条死胡同。

*** ***

人生真是有趣，做一个纯粹的人，真心诚意地以一颗纯粹的心，做一个纯粹的人，你会收获“人间最珍贵的东西”，而你当初全力以赴付出的时候，丝毫没有想要得到如此巨大的回报。或许，唯有超越功利的纯粹，才可能收获超越功利的回报。

*** ***

一个好的团队应该有健康的情感表达。

* * *　　* * *

经历，以及经历中的体验，对于价值观的形成，最是关键。一个人的价值观，逃脱不了他的经历以及他对这种经历的认知。

* * *　　* * *

越是在困难中，越是要求发展，用发展来解决发展中的问题，很多问题会被发展的大浪冲刷殆尽，因此，伟人才说“发展是硬道理”；如果一味地等待，要等这些问题都解决了再去求发展，那么，很可能等你退休了，问题仍在那里，而轻舟已过万重山了。不但如此，还会越积越多。学校不能“死在困难里”，哪所学校没有困难，哪个校长没有困惑，但千万不能因为局部的阴影而看不到全局的光明，因为暂时的困顿而看不到长远的愿景，因为个体的问题而看不到埋在团队深处的力量——看到这种力量，唤醒这种力量，扩大这种力量，这才是处于困顿之中的领导的要务，要不然，便会在整日奔忙中变得碌碌无为，而损失的是整个团队，老师们和孩子们。

* * *　　* * *

真实与真诚具有无限的力量。盛伏平的一句“不要怀疑真诚的力量”，引发了我深深的共鸣，当一个人的观念来自他的深刻体验且一次次地被证实，这个观念就会具有信仰的力量。也许，真实与真诚，有时候表面上会吃一点点亏，但是，只有真实与真诚才具有永恒的力量，无限的力量。

* * *　* * *

每个人，总是看到他想看到的，而难以看到他不想看到的。自己处于一成不变的停滞状态，总以为别人也是这样的，看出来总以为“大家都这样”。其实根本不是这么回事啊，当你停滞不前的时候，有太多的人正在往前走呢——老师与老师之间，学校与学校之间，区域与区域之间，距离之大可谓天壤之别。

* * *　* * *

别人如何帮助自己的，一定不能忘记；自己怎样帮过别人，不必记住。人的记忆力有限，这样分配比较好，常怀感恩之心，容易开心与满足，会更具幸福感。真的很奇怪，我真的会忘记很多自己帮助别人的事，如果不是人家提起，我可能永远都想不起来；于是我也一直提醒自己，绝对不能忘记那些帮助过自己的人，哪怕是一点点帮助，都不该忘记。

* * *　* * *

没有真实，就没有深刻的认知；没有真诚，就没有深刻的情感。平生最不喜欢的是“装”，无论是个人还是团队，甚或一个民族，最要命的就是“装”。

* * *　　* * *

自己躺平了，别以为别人都躺平了。每个人看到的世界，往往不是这个世界的本身，而是他想看到的那个世界。人总是会在潜意识中排除他不想看到的。当我们自己躺平了的时候，会看到大家好像都躺平了，好像就只有极少数的人在孤独地奋斗，于是我们可以心安理得地躺在这样的理由中。然而，世界并非真的如此。

* * *　　* * *

扩大一个人的积极面，可以缩小一个人的消极面——这是“积极生长者”基本信条之一。“积极生长者理论”承认并看到一个人的两面性，每一个人都有积极面与消极面，而教育，就是要把积极面尽可能地扩大，在扩大积极面的过程中，消极面自然就慢慢缩小了，有些甚至看不见了。

* * *　　* * *

真正的哲学是从人生中领悟来的。今天是父亲 6 周年忌日，6 年前的今天父亲永远地离开了我们。最近很忙，也没有想念父亲，昨天夜里父亲就慈祥地走进了我的梦里。父亲是个人生哲学家，想想他的人生格言真是让我非常受益。父亲说过，一个人来到世界上就是做一趟客人，都要客客气气；别人家不认识自己不要紧，要紧的是自己要认识自己；不识秤有饭吃的，不识人要没有饭吃的。父亲说的“小人几（孩子）么就要让他玩，玩的小人几聪明”，则表达了他的儿童教育观。

＊＊＊　＊＊＊

说服了自己，不一定能说服别人；只有先说服自己，才能说服别人；自己都说服不了，自己都认为“那不对的”“这不可能”，怎么可能说服别人呢？而自己在内心里说服了自己，认定必须这样，非此不可，想通了，想明白了，你就会有说服别人的强大力量，才有说服别人的可能，无论这人是你的同事还是领导。

我们自己不爱读书，却要说服别人去爱读书；我们自己不爱写作，却要说服别人去爱写作，这也太难了吧。“己所欲”要推销给别人，尚且很难；要把“己所不欲”推销给别人，就更难了。

＊＊＊　＊＊＊

平生最不喜欢“装”，最喜欢“不装”。做一个内心强大的人，从“不装”开始；或者曾经“装”过，从今天起“不装”，也依然是好的。

我在汾湖实验小学时出版过一本书《教了不等于学会了》，每次有人对这个书名表示欣赏的时候，我一定会说明：我哪里想得出这样的话来，这是崔老师说的呀。包括其他的，只要我想得起，也一定不会把崔老师的话说成是自己的。讲座交流，我常会说明一些观点的来历，这个是谁的观点，那个是谁的说法，哪些是我自己的想法，虽然这有点儿烦，但好像不说清楚，心里不踏实。“不装”，让自己特别坦然。“装”着，心里会觉得自己像个小偷那样。

* * *　　* * *

引用他人的观点应注明出处，无论在自己写的文稿中，还是在面对公众演讲时，这是我们必须养成的习惯，不管是人家已经发表在书籍报刊上的，还是在网络媒体上的，都该如此。否则，一方面，这对别人是一种损害，别人的好东西是别人“小火慢炖熬出来的”（沙培宁老师语），我们怎么可以随便拿来，说“这是我的”，或者不说这是谁的；另一方面，其实我们也会损害自己，我们不能这样损害自己！

用崔老师的观点，用杨院长的观点，用沙主编的观点，用丁总的说法……不管他们在不在场，不管我走到哪里，我都会郑重其事地说，这不是我的观点，这是谁谁的话，虽然有一些观点，甚至是在吃饭时说的，我如果引用，我如果记得，也要说明一下的。有时候的确会记不清谁说的，比如我，有时候想不起来是我自己想到的，还是苏霍姆林斯基说的，我也要说明一下。这是一个习惯，一个好习惯。

* * *　　* * *

所谓“顶层”，根在“底层”。真正的顶层设计，必须心系底层、洞察底层、理解底层、源自底层，为了底层，必须回到底层。无益于底层改进的所谓顶层设计，好一点儿也就是无济于事的空中楼阁；坏一点儿则是无端扰民，甚至会贻害无穷。

* * *　　* * *

你真了，世界就真了。峰华很兴奋，庆幸遇到了好多人的真。我说：你真了，世界就真了。不是吗？我们总是担心自己的真会吃亏，于是不敢真；而这样想的人越多，世界的真就少。其实，你真了，世界才会真；你真了，世界就真了。这是我们的信念，不是划算不划算的问题。

003 实践最神奇之处就在于会不断地催生思想

真正的思考是不能离开人间烟火的，教育学是显学而不是玄学。如果我们在进行教育学思考的时候，脑子里没有活生生的人物、活生生的场景，这样的思考多半是无聊的思辨游戏。

* * *　　* * *

真善美的基础是真，没有真，就没有真正的善，也没有真正的美。守住“真”，追求“善”和“美”，也许实在太难了；那，最起码的，不能抱着一个“假”。（2022 年）12 月 26 日至 27 日，中共中央政治局召开民主生活会，总书记要求我们的高级领导要营造环境、创造条件，鼓励基层干部群众讲真话、讲实话、讲心里话，当时新闻里听到这里，心头一震，感到很久没有听到这话了，这都讲到最高层的会议上了，想想，这有多难。

* * *　　* * *

啃硬骨头的方法有两种：一种是拿起硬骨头，硬啃，结果可能骨头啃了些，牙齿却也断了；还有一种是慢慢地磨，看起来好像不是很有杀伤力，但最后把骨头啃得干干净净。要相信柔的力量，韧的力量。

＊＊＊　＊＊＊

所有的研究都是面向问题的，不能面向问题的研究都是伪研究。发现问题需要教育学敏感，分析问题需要教育学理解，解决问题需要教育学智慧，反思问题提升整个的教育学素养。所有的研究起点都是发现问题，我们的问题是常常不知道何为问题，何为真正的、重要的、深刻的、核心的、具有撬动性的问题；也不能描述问题，问题的来龙去脉、内在结构、外部关联；也就理解不了问题的意义及问题解决的意义，研究也就会流于表面与肤浅，体会不到研究过程中思想的诞生、思考的力量，就会在问题的“金山”中徒手而返。

＊＊＊　＊＊＊

95 步都走下来了，为什么还有 5 步路不走完？因为这最后的 5 步路太难走了！但如果这 5 步路不走完，我们永远不知道什么叫风景绝佳处，什么叫会当凌绝顶。

每每看到太多的老师，为磨一节课，全力以赴地投入进去了，多少天的焦虑，多少人的支持，最后，上完了课，舒一口长气：这事儿，终于结束了。可是，忘记了，还有 5 步路没有走完：没有好好琢磨这 95 步是怎样走过来的！

永远缺这 5 步路，就从来没有走完过全程，从来没有体验过“全程”的意蕴。每一次走 95 步，每一次缺 5 步，每一次都构不成专业发展的完整叙事——缺 5 步，就是缺百步。我们不必“五十步笑百步”，因为两者相同的，都从来没有形成过“完整经验”。

* * *　　* * *

不是从实践中抽取的思想是假想，不能影响行动的思想是空想；当然，从实践中抽取思想需要理论眼光，思想对行动的影响也不是简单的线性影响。

* * *　　* * *

实践与情境，是我们拥有的宝藏，只是当我们拥有的时候，我们常常并不觉得，甚至将之视作累赘，抱怨它，嫌弃它。可是，如果我们离开了实践与情境，思想也就成为无源之水，短时可能还能滴下几滴，但是终将枯竭。

004 学校文化是刻骨铭心的存在

没有文化就没有情怀，就会缺失价值；没有课程就没有专业，就没有学校教育的基本特性了；没有师生发展就没有学校存在的意义，因为学校存在的目的，就是教师与学生的互动成长。文化是土壤，是指向；课程与教学是内涵，是基本；师生发展是目的，是旨归；此三者是一致的，师生在文化中，通过课程与教学获得成长。以上是（2023 年）1 月 5 日我们集团校务会时，关于集团发展思路，我的一个简单阐述，也是对我们集团“三个一”思路的进一步强调。

* * *　　* * *

深刻的情谊往往并不仅仅来自一起走过顺风顺水，一起看过晴空万里；更是一起面对困难，一起焦虑苦恼，一起“山重水复”，一起“柳暗花明”。学校遇到的困难，如果处理得好，就会成为凝聚力量的机会。凝聚力，往往是走过困境之后引发的巨大力量。

* * *　　* * *

为什么很多学校的办学理念师生会记不住？原因有很

多，首先是凝练不够，总想着要“万宝全书”，当然用一串词句不是不可以，但如果一串词句又缺少内在联系，怎么让人记得住？第二是不入人心，没有讲到大部分人的心里去，不能引发“对对对，这就是我们”“嗯嗯嗯，这就是我们要的”这样的共鸣，面对真实的眼神，校长或者专家们一直在“顾左右而言”，最好的词语都是别人家的呀；第三是没有“做”，理念是一套，是用来讲的，做的是另一套，讲的东西也不能说错，但是与每天的生活不相干，师生们自然不会惦记着。我相信，汾湖实验小学的一个“恒”字，吴江实验小学的一个“积极生长者”，没有人会“记不住”，没有人会觉得与我无关，没有人不能说出个一二三四。

* * *　　* * *

我特别喜欢季小峰局长用的“同事”一词，他在面对全区校长、学校行政人员的时候，总是用“各位同事”来称呼大家，今年来我校作党的二十大精神宣讲时，称我们党员与教师代表也是“各位同事”。2017 年我在吴江实验小学第一次行政见面会上，用了“共事”一说，当时解释这个“事”，既是一起做事的事，也是共同事业的事，五年多时间中，我认为我们做到了。“同事”也是兼具一起做事的人、拥有共同事业的人之意的。而且，这个词亲切、平和，同时包含着各自的责任、相互支持而又干干净净的关系。

* * *　　* * *

教育品牌不是打拳卖膏药，而是办学质量水平的皇冠明珠，是一所学校对教育规律深刻实践与理论创造的产物，违反基本规律、基本认知包装出来的“奇装异服”绝不是品牌，可能一时喧哗、博人眼球，却无法久长、无法推敲。“教—学—评一致性”实践，虽然今天已经是国家方案的倡导，但也算是我们的学术品牌，至少在一定范围内，人们说起“教—学—评一致性”，会联想到吴江实验小学；“积极生长者”探索，则是文化角度的品牌追求，至少在一定范围内，他们谈起吴江实验小学，会知道他们的育人目标是培养“积极生长者”。这些品牌追求，都不是离开了教育本质、教育规律去“寻找”“编造”一个新名词。追求品牌，创造品牌，是我们对优质教育的孜孜以求，没错；但想走捷径，通过一个虚张声势、不入人心的提法一夜暴火，就不对头。而且教育的品牌不是奢侈品，必须飞入寻常百姓家，能融进师生的日常生活。所以，我们主张，要“能做”“可传”“好记”。教育品牌，一般而言不能“小众化”，要体现“大同”——我很喜欢“大同小异”这个词，学校应该“大同小异”，“大同”是主流，所谓“共性要共”；“小异”是个妙处，所谓“个性要个”，否则，就会出现如杨九俊老师批评的那种“共性不共，个性不个，主要是共性不共”的现象。

***　　***

我们参访一所学校，总是会立马引发一些联想，我们不妨称之为“第一联想”。

学校给人的“第一联想”是什么，这是一个非常重要的、有趣的问题，有的学校可能没有能给人第一联想的东西，有的学校给人的第一联想则是杂碎凌乱，也有的学校则能清晰鲜明地给人第一印象——不仅仅是一个词、一句话、一个景的问题，而是这个词、这句话、这个景的内涵是否引起人们的共鸣，这个词、这句话、这个景背后能否看到学校的全部内涵。仅仅凭一个“恒”字，不足以代表汾湖实验小学；仅仅说一个“积极生长者”，不足以证明吴江实验小学；仅仅有一个“小小弄潮儿”，还不能联想起七都小学，当这一切，与一个个故事一次又一次勾连起来的时候，才可能成为“第一联想”。

学校给人的“第一联想”是什么，这既可以是长期的、自然的情形下形成的；也可以是在有理有据的策划与主动构建的过程中产生的。后者是一种文化自觉，是今天的办学者要着力思考与实践的。

造访了一所新学校，该校在极短的时间内明确提出了“理念系统”：办学目标（有爱、有心、有联结的一流现代化小学）、学生培养目标（健康、乐学、自主、合作、包容）、教师培养目标（厚生敏行的“四有”好教师）、德育理念（生活德育、真实德育、赋能德育）、教学理念（玩中学、学中思、思中创）、学校精神（秀慧、秀真、秀善、秀美）、管理理念（共生、共赢、共创）、教风（厚生、敏行、融合、创新）、学风（乐学、善思、互助、博采）、校风（海纳百川、顺势而为）、校训（秀外慧中，拥抱真善美），还有在交流中说到的其他种种“好词汇”。这么多的“理念”，谁能“记住”？各位可以对照自己的学校，是不是存在“理念肥大”的现象？我提出了“第一联想”的概念，我们这所学校，给人的“第一联想”是什么，或者说，我们希望它给人的“第一联想”是什么？根据大家讨论中提到的众多词句，我建议把学校的理念凝聚为 16 个字：水灵清秀，厚生敏行，太湖情怀，国际视野（我没有创造词语，只是词语的搭积木者），就 16 个字，足够了。

当然，这也只是我的一时之见，我是想演示一种如何寻找学校核心的思维方式，未必真能快速定论。一个理念的形成，哪有这么快，要讲到人们听了心里点头，这必须是生活在学校里的人一起去寻找，一起去创造，而不是仅仅靠外面几个无关痛痒的专家——专家的启迪固然重要，但也必须回到现场去才能真正成为一种力量。

***　***

结构化思考的核心是寻找“核心”，是寻找能够把信息、观点凝聚起来的那个“核心”。一所学校的那个“核心”，必须符合教育本质、国家意志、校本特点、百姓期盼等诸方要求，既具有比较鲜明的“这一个”的意味，又具有普遍性意义。而所谓的“这一个”，也不必过度强求“从来没有人说过”，更不必为求“新”而弄得怪异。在某地听到几位校长讲话，表达不完整、零散，不知道核心何在。而细细听了，其实这“核心”也就“远在天边，近在眼前”。

比如有一位，说学校的“儿童哲学课程”，说学校“心理健康教育”，两门校本课程用力很猛，马健生教授提出不要过于“技术化”，要关注到儿童的精神与心灵，我趁势建议学校可以考虑将“指向心灵的教育”作为学校的“核心”，哲学与心理课程作为重要支持，更重要的是，不只校本课程，而是学校的全部课程、全部教育均应指向心灵，围绕“指向心灵的教育”的教育哲学建立学校的意义，或者就找到了那个“核心”。

还有一位更有意思，将“让教育水到渠成”作为交流标题，但往下展开学生观、课程观、教育观一大串，却与“水到渠成”并不相关。这是“远在天边，近在眼前”的典型，我忍不住私下提强烈建议，把“让教育水到渠成”好好展开，这是多么好的教育，这是多么好的教育观啊，教育不能硬来，教育自有规律，教育的规律就是“水到渠成”，以此为核心，学校理念水落石出，关键的是，这样的理念容易被认同，且好记、可传、能做。校长都是聪明人，恍然大悟。

* * *　　* * *

沉下去，发现美好，然后努力扩大之——无论是教育本身，还是教育领域的领导，这，这都是一条正道。对于个体来说，教育就是帮助每一个人发现自身之好，然后努力扩大之，成为好的自己；对于群体来说，教育就是帮助其中的好，然后努力在群体中扩大之，成为好的文化。

“沉下去”，才能有发现。李强总理说，坐在办公室里全是问题，走下去都是办法，的确有道理。沉下去，沉到教育发生的最前沿，才能有所发现。

“发现美好”，我们当然要清醒地看到不好，但更要学会发现美好，哪怕是在最困难的环境中，也要发现美好之光，如果我们不能发现美好，教育将痛苦不堪，束手无策。

“努力扩大之”，放大美好，让美好的“场”越来越大，让“不好”的空间越缩越小，甚至最后消失。

不沉下去，就看不到美好；沉下去了，如果不能看到美好，或者发现了，但没有努力扩大之，也是白搭，“教育”就没有水到渠成地发生。

＊＊＊ ＊＊＊

学校必须有核心理念，核心理念必须指向普遍价值，把“共性”放在第一，否则就搞偏搞怪了；而核心理念的表达，必须具有学校个性，否则就不好玩了，这就是我常说的，好在大同，妙在小异；这个性的表达，又不能为了“个性化”而弄得别扭、刻意，如果说要刻意的话，那就是刻意到让人看不出刻意，感觉好像本该如此，很自然，似乎不需要经过太多研究就可以得出来的一样。核心理念一旦形成，在学校里必须“譬如北辰”，无论是墙壁上说的“话”，教室里的课堂，校区里的活动，校本课程建构，都必须遵守秩序，“众星拱之”，千万不能喧宾夺主，这样，学校才不会乱，人心才不会乱。

＊＊＊ ＊＊＊

每每看到校园里一墙一墙的文字，一墙一墙的喷绘，到处的花花绿绿，到处的低幼大画，我就头晕，这不是校园该有的样子！清华大学附属小学新校区的校园文化，完全符合我关于好校园的全部理解，且丰富了我的理解。

* * *　　* * *

我不喜欢嘈杂、过于张扬、乱涂乱画的校园。内涵的混乱，表达的嚣张，都是非常令人生厌的，让孩子生活在粗糙的环境中，是不宜的。

很多也许还根本称不上是理念，但是，它们也在墙上，在同一面墙上或者不同的墙上，甚至在地面上，它们总是以未经美学考量的喷绘、标语的方式粗糙地呈现，就像是一群人在高声说话，甚至有点儿张牙舞爪，但说的都是陈词滥调。

一说到校园的课程意义，就恨不得把所有的名人名言、所有的知识都布置到墙上去；一说到校本，就恨不得把所有的奖状证书都搬到人们的眼前来，就像一个并不富有的人家，恨不得把家里所有的家当都拿出来显摆；一说到“儿童立场”，就喷几个儿童的图片，就把小学的校园弄得像个儿童乐园，就简单地把“儿童喜欢”与高雅精致的美学熏陶对立起来。

作为苏州人，我们真要好好地向苏州园林学习，向苏州古城借鉴，这些以黑白灰为主色调的园林，这座以黑白灰为主色调的城市，有着多么高级的审美品位，有着多么丰富的文明内涵，在这样的环境中生活、长大的人，才是地道的苏州人。

一方水土养一方人，嘈杂、过于张扬、乱涂乱画的校园，会走出怎样的孩子？

* * *　　* * *

学校文化要避免的问题：太刻意，不自然，让人感觉很别扭；太纷杂，不纯粹，让人感觉心很乱；太概念，不内涵，让人感觉很空洞。

* * *　　* * *

理念要往高处站，往低处走。理念的表达一定要低，低到不能再低；姿态越低，品位越高，生命力越强，只有低到尘埃里，才能扎根，才能生长。一所幼儿园，从近二十年的民间游戏实践与研究中走来，著作都出版过三本，但苦于没有找到统领性的高大上理念，观察与思考之后，我提出一个建议：是不是用“玩得嗨”作为园训？玩就是游戏；幼儿的玩就是学习；玩得嗨就是学得嗨，首先是动之嗨，也是静之嗨；“玩得嗨”是幼儿教育的宣言，是儿童学习观的凝练，是幼儿园的价值取向，是游戏精神的集体体现，培育能玩得嗨的幼儿，就是培育会学习的幼儿。好的理念总是这样，乍一听，好；细一想，太好了。看到大家听了之后的兴奋样子，我感觉，这就是这所幼儿园想要的“理念”了。

* * *　　* * *

玩的第一要义是“好玩”，是谓游戏精神，游戏精神是精神性的，非功利性的，因为觉得好玩，所以沉得深，不怕累，不畏难，是谓“玩得嗨”；儿童沉浸在“嗨玩”的世界中会忘记一切，在不知不觉中获得经验重构，是谓“深度学习”。成人的学习，固然与儿童有相当大的不同，但学习的本质不会改变，哪怕是进入抽象的学术领域都是如此，如果不能享受非功利性的、忘我的、不断发现的、时有创造的、持续改进的学习过程，不觉得学术是好玩的，不觉得学习是好玩的，我们就无法享受到儿童式学习的高峰体验。乐高机器人背后的科学巨人、Scratch少儿编程之父米切尔·雷斯尼克著有一本书《终身幼儿园》，提出其他的学校应该更像幼儿园，甚至连人生其他部分也应如此。我想，至少，在学习的沉潜性这一点上，正该如此。

***　***

解释非常重要，因为解释就是认识。有人可能会认为，解释不就是换个说法吗？改变了什么吗？我说那改变大着呢，想法、说法改变做法，改变活法。好的解释因为直抵事物的深邃，所以直抵人心，让人心潮澎湃，必须相信解释的力量。这种力量一定不是强词夺理，强词夺理是最没有解释力的。

我们有一所小学，办学理念是“托起心中的太阳”，学校有自己的解释，我说很好，但认识需要不断丰富，我补充一种解释：提出“托起心中的太阳”，其实是有一个前提的，那就是我们相信在每个人的心里都有一个太阳，但是，这个太阳有时候会被遮蔽住，于是这个人就出问题了，而教育就是要帮助每一个人“托起心中的太阳”。他们认为我这个解释非常好。

参加一个教科协作区沙龙，主题是“育人导向的乡土资源开发与运用”，主题非常好，我提供了对这个主题的一种解释：“一方水土，一种童年”。“一方水土养一方人”是从童年开始的，“一方水土，一种童年”，是说“一方水土”对于童年的意义，因为这种意义，我们教育者必须重视“乡土资源”的开发与运用。孙莉华老师表扬我，说这个提法有感召力，一听就令人心动，也让我们产生教育的使命感。

一所幼儿园，以“童谣”为特色，园长都出版专著了。如何解释这个“童谣”的意义呢？我是很不喜欢用“谐音”的方式来表达想法的，但这次，我用了一下。我当天就说了这个想法，后来遇到这所园的一位老师，又全面地思考了一下，作出了这样的解释：首先是“谣响童年”，童年要把童谣唱响，没有童谣的童年是不完整的；第二是“谣享童年”，童年要享受童谣的全部意义；第三是“谣想童年”，当我们长大，听到了熟悉的童谣响起，谁都会想起遥远的童年，这是童谣对整个人生的价值回味。

***　　***

学校文化是冷暖自知的，很多年前我说过这话，今天我依然强调这个观点。这并不表示学校文化不需要“外人”的介入，因为有时候也的确“旁观者清”。只是一定要警惕“旁观者浑”，把事情搞乱了，特别要留意一些人不负责任地乱说一通，为了博人眼球，为了与众不同，一味想着好听或者晦涩的词句，在学校原本纷乱的文化中雪上加霜地添堵，甚至把学校原本的好东西弄坏、弄脏、弄丢；或者根本不了解学校，信口开河，从自己的“学问”出发，从“想当然”出发，与学校的气质根本不相匹配。我们校长要有定力，要有基本判断啊，学校是我们自己的学校，究竟什么是好东西，什么是直抵人心的，什么可以凝聚人心，你没有一个理性的直觉判断吗？如果没有，你问问大伙儿呀，毕竟，学校文化是冷暖自知的。

* * *　　* * *

如果认为学校文化只是一堆没有用处的好词好句，如果认为教育理论、课程原理于实践改进是没有意义的，那么可能，我们还不是成熟的校长，或者说我们还根本没有入门，还一直在门外徘徊。

* * *　　* * *

关注“大意义”，把我们手中所做的小微与国家重大事业联结起来；如此，小事才能不小。而衡量那些小事是否值得的标准，也是这些小事背后是否有大的意义；否则，小事只是小事。“推动摇篮的手，就是推动世界的手”“一个国家的强盛，是在小学教师的讲台上完成的”，都是在说小事背后的大意义。

* * *　　* * *

建设一种好的文化，是非常艰难的事，甚至需要一代代人的努力；破坏它，却十分容易。真正深刻的文化，会有一种“野火烧不尽，春风吹又生”的顽强与坚韧。

***　***

幸福写在表情上，格局就在话语中，状态真的装不出来，“意义”让日子充满力量。参加七都小学第 4 期行政沙龙“我们这半年”，为大家半年中的成长深深感动。那些一个个自谓“不会说话”的人，一个个说得那样自在坦然、妙语连珠；一个个自称为“差生”的人，一个个把“教—学—评一致性”的真谛说得明明白白，令人敬佩。半年的时间，日子没有什么翻天覆地的变化，但是大伙儿对自己的生活拥有了“意义感”，而一个人一旦拥有了“意义感”，表面上相似的人生其实已经发生了巨大的变化。

005 知识的掌握过程必须发展智慧与精神

目前的教育必须从过度知识教育转向全面素质教育，而且要强化素质教育新内涵，这个要强化的新内涵，就是健康生活方式与健康生活能力。这个健康生活方式与能力，必须强化：卫生习惯培养、身体素质培养、心理健康教育、劳动能力培养。

***　***

大概念是一种抽象的概念，因为抽象，所以适宜于新情境下迁移，回到具象。大概念的教学，不是记住抽象，而是从具象中来，到具象中去——只有经历这样的过程（具象—抽象—具象），大概念才能被理解——大概念是被用来理解的，因此威金斯才把其著作命名为“追求理解的教学设计”。完成大概念的理解，即形成一个完整的经验（也就是杜威说的“一个经验”），这个理解过程、“一个经验”形成的过程最起码要经过“单元”的教学，因为“单元”是课程的最小单位。

***　***

没有经历，就不可能有经验；但是经历不等于经验，你把自己经历的故事说上一遍，不等于说你已经拥有了经验，只有对经历进行反思，从经历中产生观点，才能拥有经验；把经验结构化起来，可以完整地运用与迁移，成为你整个经验世界的有机组织部分，才可能形成“一个经验”（杜威语）。

* * *　　* * *

在根本没有搞明白新概念的内涵究竟是什么之前，毫无理由地反对，或者毫无理由地拥抱，都是非常盲目的。比如有人反对“大观念”，原因只是：“为什么一定是大观念，小观念不好吗？”比如有人反对“单元教学”，原因只是：“难道单课教学不重要吗？”“难道单篇教学不重要吗？”我真是不清楚，当你反对它的时候，你真知道它是什么吗？你有没有想过，这些概念的核心要义是什么？

* * *　　* * *

少即是多，少即是多，少即是多——重要的事说三遍。课堂上，往往就是因为我们想要得到的东西太多，想要展示的东西太多，结果，就少了学生真实的学习过程，少了学生真切的体验机会，少了学生充分的分享与互动。

* * *　　* * *

1928 年鲁迅先生在杂文《拟豫言》中写道：“有革命文学家将马克思学说推翻，这只用一句，云：‘什么马克斯牛克斯。’全世界敬服，犹太人大惭。”此预言简直是长期有效，我们现在推翻别人观点的方法非常简单，反对“大单元”的，只要一句“什么大单元小单元的”就可以了；反对“大任务”的，只用一句“什么大任务小任务的”就行了；甚至更简单，只用“什么单元不单元的”“什么任务不任务的”就一下子推翻了。

***　***

专业化的学习要靠专业化的评价，没有专业化的评价很难有专业化的学习。学生的“学习”是专业化的学习，教学的作用就是帮助学生进行专业化学习，没有教学，学生不会学，学得不专业；依靠教学，学生会学了，会专业化地学了。在这个“教学”的过程中，原理性地要求应该也是“评价”的过程，没有专业化评价嵌入教学过程，学生的学习不会专业化。

在某地一所学校听到一节语文课，“印象鲁迅展”推进会，此处不论课本身的情况，单说“专业化的评价”。课程最主要的活动是，小组 1 交流鲁迅生平展，以时间轴介绍鲁迅的一生；小组 2 交流鲁迅笔下的经典人物，以群像画卷方式布展；小组 3 交流“他说”鲁迅，以书法结合音频的方式布展。

整个的教学过程中，教师以一张“评价表”来评价各组的作业。评价表分两项指标：布展设计（三个要点：主题鲜明、内容充实、形式得当）、讲解者（两个要点：讲解精彩、助于理解）。要求同学打星评价。评价表以导图方式呈现，乍看挺漂亮，但却只是一些概念，并不专业。

点评的时候，我分析了目标与评价，“鲁迅单元”的学习以“布展”任务去驱动，但目标不是学会布展，而是要更完整地学习鲁迅，评价要指向“认识鲁迅”，而不是“如何布展”。小组 1，评价要点要看是不是抓住了鲁迅生平的关键节点，有没有漏，有没有多；小组 2，评价要点要看是不是画了“经典人物”，画的人物是不是经典的，经典的人物是不是都选了；小组 3，要评价是不是选择了代表性的“他说”。根据这样的要求评起来，就可能会起争议，而一起争议，课就好玩了，现在的课一星二星三星，太平了，“专业化学习”没有发生。

＊＊＊　＊＊＊

逆向设计最接地气的，就是要预想学生的学习情况——当然不是具体到他们说的每一句话，而是要预想到他们该有的表现及质量水平，不断地思考、明白究竟希望他们能做什么、做到怎样，这个学习信息，其实就是评价信息，想好希望学生产生怎样的评价信息，再来设计评价任务，然后设计教学活动。如果你想不出学习信息（评价信息），那就没有办法设计教学。

＊＊＊　＊＊＊

教学设计必须摒弃什么都想要的思维，这是课程的本质特征决定的，课程本身就是筛选的产物，没有筛选就没有课程。具体到课堂，还要不断地精准化，这种精准化就是教学专业化，教学专业化要求我们开发评价要点，没有精准的评价要点，“囊”中就没有“计”，就无法交给学生“锦囊妙计”，那是非专业化的教与学。当然评价要点这个“锦囊妙计”不能直接地“交给”学生，而是要用让他们自己去发现的方式“交给”学生，让学生经历制作锦囊的过程，这样，他们才能对“锦囊妙计”的本质有深刻的认识，这个“锦囊”才能为他们所拥有，才能用这样的锦囊妙计去破解未知的难题。

***　***

有限性应该是课程的基本特征之一，课程思维一定是有限思维——课程的这一特征对于我们课堂教学改进十分重要。课堂不明不白、不清不楚，都与我们缺少这样的课程理解有关，我们不知道或者不遵循课程的有限特征，想着在一节课上学的东西越多越好，最后，学业质量不是靠合理的教学必然获得的，而是靠混出来的。

***　***

从学校课程规划，到学期课程纲要，到单元教学，到课时教学，到课时中的任务与活动，是一个把镜头不断拉近的过程；反之，是一个把镜头不断推向远方的过程。拉到最近处，我们看到的都是细节；推到极远处，我们看到的乃是全景。全景是由无数的细节构成的，细节必须构成全景才有意义。不拉近就做不出来，不推远就不知道自己在做什么。

* * *　　* * *

不是一定要告诉学生“我们要评价”了，才是评价；不是一定要呈现“任务一”“任务二”才叫“呈现评价任务”。甚至，我们或许要开展一场“评价任务”的去痕行动。“去痕”，不是不要，怎么可能不要呢？没有评价，课程与教学的质量就无法保证；“去痕”，就是要自然而然地做“评价”，真正地与教学合二为一。有课程意识的教师，一定会思考与设计“评分规则”或“评价要点”，但在教学中，并不一定要通过突然拿出一张表填几颗星来落实评价的，且不说这样的做法未必能落实，单是从形式上来看，也是过于生硬了——作为“初级阶段”的研究，可以理解，但还是要通过一定的去痕行动，进入“评价与教学相整合”的“高级阶段”。

* * *　　* * *

课堂评价任务研发的水平，是衡量一所学校课堂教学研究的关键指标；而评分规则或评价要点，是这个关键指标的“芯片”，学习质量集中体现在这个“芯片”上。

* * *　　* * *

教学要遵循知识的“来”与“去”。所谓知识的“来”，就是人类经过漫长的探索之后获得的概念、判断、结论，而这些结论就是学生的学习对象，学生就是要学习这些，这就是郭华老师所说的“倒过来”；所谓知识的

“去”，就是指学习不是把这些结论背下来、记住，而是以微缩的方式去经历知识形成的过程，这就是郭华老师所说的“转回去”——这一“来”一“去”，就把知识与能力、知识与方法、情感态度价值观包含在教学过程中了，就把教学与学习、知识与经验打通了。

* * *　　* * *

课程改革如果没有教学具体的落点，没有在微观世界中发生，没有低到尘埃里，只是在概念层面打转，就永远是虚幻的，所谓的成果必定是自欺欺人的。

* * *　　* * *

把一个完整的任务给学生，才能培养学生处理完整任务的能力；如果总是把一个完整的任务拆散了给学生，学生永远不知道如何完整地去面对一个任务。

* * *　　* * *

课程与教学的所有问题，最后可能只留下一个问题，那就是“学生学会了吗？”，这不是什么新奇问题，不是所谓高端问题，更不是刁难问题，而是常识之问，经典之问，永恒之问，根本之问，是绕不过的必答题。

* * *　　* * *

深度学习的本质特征应该“转化”——知识是否转化为经验，公共知识是否转化为个体经验，外在的知识与原有的经验是否发生了“化学反应”？这应该成为衡量是否实现深度学习的关键指标。深度学习发生后，很难分清哪些是新学到的、哪些是本来就有的，而是从整体上看思维水平是否实现了迭代。

* * *　　* * *

通过知识形成大观念，其实也是将公共知识转化（内化）为个体经验，这一过程需要深度学习；深度学习，即内化性学习，其主要方式是学科实践，学科实践是“自主、合作、探究”学习方式的升级；学科实践的主要载体是大任务；大任务需要在真实性情境中展开，真实性情境即拟真情境。学生在真实性情境中，运用知识，完成以大任务为主要载体的学科实践，形成大观念，经由反思，内化为个体经验——这一过程，听上去有些别扭，不过，核心素养的形成，可能就是这样的基本机制。

* * *　　* * *

事物虽然处于普遍联系之中，但也总是有边界的。思考事物之间的边界，是一件非常有价值与意义的事件，可以帮助我们明白很多事情，不把非核心的因素当作核心的因素，不在外围打转。我发现，自己最近一个阶段很武断地做过一些“边界判断”：怎样区分是课程思维还是活动思维，关键看是否有“目标与评价”；课程有没有完成，核心是能否证明学生“学会”；区分传统意义的“单元”还是本轮课改意义上的“单元”，内在特征是看有没有形成

“一个经验”，外在特征看有没有“单元组织者”（又名“单元统摄中心”）；区分一个教师上课有没有进入“专业化”，不是看教龄的长短，而是看有没有关注学习信息，菜鸟教师关注自己的教案、关注自己的教学，进入“专业化”的教师关注学生的学习、关注学习的信息、关注信息与目标的关系。内行看门道，外行看热闹，万事处于普遍联系之中，但凡事总有一个边界，完整地认识世界，既要看到内在联系，又要看到本质区别。

* * *　　* * *

评价要点是课程教学落地时的干货，没有干货就是在兜售水货；但是，我们也不能把干货直接拿出来交给学生，需要把它裹在任务里，放在情境中。

* * *　　* * *

课堂教学要结构其框架，生动其过程。好的课堂总是有这样的特点：教学的框架非常清晰，结构化极强，非常有逻辑感；但教学过程的展开绝不死板，充分扎实，有发展感，生动活泼，生成性强。框架的结构性，正是过程生动性的前提；结构很乱，课堂的生动就无处安放，就会变成碎片一堆。特别是最容易出现“模模糊糊一大堆”的语文教学，我们曾经提出过“追求清晰而丰富的语文教学”“追求生动而有逻辑的语文教学”，现在想来，应该都是对的。

* * *　　* * *

逻辑其思维，课堂要遵循目标、评价、教学一致性的逻辑来设计与实施；结构其框架，课堂教学大框架一定要明晰；生动其过程，教学过程则要生动活泼，不要“死板”；实证其成就，学习证据能证明学生的学业成就；独特其风格，在前述基础上，课堂教学可以创造不同的风格与特色，“风格即人格”，虽然说的是文学，也适合课堂，因为课堂是“生命在歌唱”，是师生精神的投入。

* * *　　* * *

课堂信息的收集不要用“钓鱼式”，零零碎碎地收集；而要学习“收网式”，把信息整体地收上来。这种习惯我们一定得下决心改改了：好端端一个完整的学习任务放下去了，等到“收起来”的时候，你说我说他说，一人说一个想法，没有一个人完整地回应了这一整个任务，收起来的，是“你”“我”“他”的信息拼盘。孩子们在当下生活抑或在未来生活中，一定是面对完整任务、面对完整问题的，但是在今天的课堂上，如果从来没有机会完整地呈现问题解决方案、完整地讨论任务完成情况，再怎么努力也不可能有“面对未来不确性问题解决的核心素养”从天而降呀。

* * *　　* * *

学习的过程，就是搞清楚知识来龙去脉的过程。知识从何处来？要通过探究，教师要提供探究的机会，创造探究的条件，但是探究这件事，必须学生自己去做，此为“学科实践 1”；知识到哪里去？要运用探究到的知识去解释新的现象、解决新的问题、完成新的任务，让知识有意义，此为“学科实践 2”。这个学习过程，简缩了人类对世界的认识过程：从事实中来，获得抽象的认识，再回到事实中去。知识如果不是探究出来的，而是被告知的，那么这个知识没有“来路”，不会生得牢固；经历了探索，但是没有把知识提取出来，可能是反思出了问题，这种没有结果的获得，不可能完成课程的目标，只是一笔糊涂账；获得了知识但不会回到新的情境中去运用，这样的知识没有“去路”，就会变成死知识。我们的教学设计，就是要帮助学生完成整个的来龙去脉。

***　***

以结构的力量把课上明白。

一节课的大结构，由三四项学习任务组成，任务一定要明白，比如《威尼斯的小艇》，画图理结构、朗读知“动”“静”、演说（“我”在威尼斯的一天生活）见风情，三项任务构起一节课，指向学会整理文章结构、通过朗读理解“动态描写”“静态描写”相结合的写法，通过演讲明晰威尼斯风情等学习目标，学习任务因指向学习目标，也称评价任务。

每一项评价任务的完成，由三个环节构成：（1）以直接出现、示范、样例、讨论、提供支架、形成评分规则/评价要点等方法呈现评价任务，来帮助学生理解评价任务的做法与要求；（2）在学生完成评价任务的过程中，收集、研判评价信息；（3）组织学生分享、交流、讨论、优化评价信息，以帮助学生达成学习目标。这是完成每一项评价任务的基本结构，遵循“评价任务嵌入教学活动中”的基本要求，但具体怎样“嵌入”，可以灵活处理。

在每一项评价任务完成的过程中，“评价要点”的清晰决定了课的清晰，评价要点要清晰反映学习目标的要求。“画图理结构”，可以评价学生对段落内容的概括是否准确、内容结构中的关系是否明确；“朗读知动静”，可以评价朗读是否读出了“动感”与“静美”；“演说见风情”，可以评价演说是否有序、有境、有情，是否见“风情”。

***　***

评价是一件专业的事，评价不是“你说得真好”，而是要明白“好在哪里”“何以证明学会了”，这个“好在哪里”“何以证明学会了”，事关我们对知识本质的理解，对儿童要学到怎样的理解，集中体现在“评价要点”上。

究竟怎样才算是学生学会了“用数对确定位置”？通过讨论，大家的共识是四条：（1）首先确定观察者；（2）先列后行；（3）从左到右；（4）从前到后。这四条太重要了，第一条是前提，学生之所以会犯糊涂，就是因为我们常常忽略了这一条，尤其是“教室里的数对”，以讲台前的教师为观察者用数对表示学生的位置，但是让学生来说的时候，学生又自然地把自己作为观察者，于是信息不对称（以教师为观察者，与以自己为观察者，说出来的数对当然不一样）. 不对称是好事情，我们要利用这个不对称，帮助学生认识到“首先确定观察者”对于“用数对确定位置”的重要性，后面的“左右”“前后”都建立在第一条的基础上；后三条都是说“有序”，这个“序”，是约定俗成的，因为如果没有这些约定俗成，就无法建立共同讨论平台，就乱套了。

搞清了“评价要点”，也就搞清了知识的本质，搞清了学生的思维，就能把课上明白，上透彻。

教学的过程，当然不是把评价要点简单地“给”学生，而是要:（1）组织学生通过材料与活动进行探究;（2）帮助学生获得结论;（3）用这个结论去解释新材料、开展新活动——还是那句话，让学生经历知识的来龙去脉，形成“一个经验”。

* * *　　* * *

专业化地评价一件事或者一个作品，总不能说“很好呀”“我喜欢”了事，总要建立一个共同话语，最起码的，总要明确从哪（些）方面去评。“评价要点”，就是专业化地回答“从哪（些）方面去评”的问题。明白了“从哪（些）方面去评”，就明白了从哪（些）地方去教与学，才能真正做到“明明白白”教学、学习与评价。从哪（些）方面去评，反映的是我们对学习质量的理解，对知识本质的理解，对学习“堵点”的理解，对学习目标的理解。在核心素养时代，我们还要特别考虑到评价要点的“系统性”，也就是这些评价要点加起来，是否能指向完整问题的解决。如何运用评价要点？那就要发挥好评价要点的导教、导学与导评的功能。具体地说，就是要将评价要点在课堂里走一个来回，经历评价要点的“来龙去脉”：第一步，通过学科实践活动探究评价要点的“来”；第二步，把评价要点放到新的情境中，回到新的学科实践活动中“去”。

* * *　　* * *

评价要点是学习目标的具体化，是衡量学习质量的关键指标，是对学习质量进行评价的主要、重要、扼要的方面。评价要点通常附着在评价任务之上，在教学过程中，可以是明确的呈现，也可以以隐形的、灵活的方式存在。评价要点一般不以直接告知的方式让学生知道，也不是靠记忆，而是通过学科实践的方式让学生理解，理解之后的评价要点可以进入新的学科实践中，实现知识的迁移。

* * *　　* * *

教师自身的学习经验，会深刻影响教师的学习观与教学观。我们自己是怎样学习的，一般而言，我们就会教学生怎样学习——根据自己的学习经验来教学生学习。如果我们善于从现象中获得大观念，那么我们就更可能也有能力帮助学生从事实性知识中生成大观念。教学改革的前提，是我们教师要改革自己的学习。要展开大观念教学，必先有我们教师的大观念学习；要展开深度教学，必先有我们教师的深度学习。

*** ***

教学的天平不能倾斜，在强调“学”的同时，绝对不能轻视“教”。处理好“教”和“学”的关系，是教育理论与实践的永恒课题，并不是简单地说一个谁为中心可以解释与解决的。没有好的教，就没有教学意义上的学。

*** ***

创造完整的信息，才是完整的学习。平面图形的面积复习课，先复习六种图形的面积，每个同学说一种；再复习六种图形平面公式的推导，每个同学说一种。“每个同学说一种”的思维方式，对应的是非完整的学习。要创造完整的信息，先是任务本身要完整，比如要求学生设计一张表格汇总学过的平面图形的面积公式及推导过程，这样学生就创造了完整的信息；然后是要完整地呈现出来，不能回到“每个同学说一种”的老路去；再是要求学生面对完整的信息进行思考，发现规律——可以用合作的方式，最后形成几条完整的规律性认识，再进行交流。

*** ***

理性的具体，不是专门用来说教师的，而是指人类思维层级的提升，也必须用于教学中。将平行四边形转化为长方形，推导其面积公式，我们看到的是“感性的具体”；从若干平面图形面积公式推导中，我们得出“从已知推导未知，将未知转化为已知”的认识，我们获得了“抽象的理性”；我们在教学中，从丰富的感性具体中抽取抽象的理性，又从抽象的理性回到丰富的具体中，打通“抽象”与“具体”之间的隔阂，大概就进入了“理性的具体”的思维层级，所谓“专家思维”，应该也是这个样子吧。

006 思维方式的根子是价值取向

把事情做精致，就要有末端思维与陌生视角。末端思维，就是对最后情形的预想，这是逆向思考的起点，从末端开始想，才能把事情做精致。陌生视角也非常重要，只有想象一个陌生人进入现场时之所见，才能把事情做精致，举个例子来说，报告厅某角落里一直堆放了些东西，这其实很难看，但是你不会觉得有什么不舒服，因为大家已经熟视无睹，而如果用陌生视角去看，就会发现这种凌乱。

***　***

既要能几分钟讲明白，又要会几小时讲生动；卷起来就几句话，展开来是一本书。因为通透，所以能几句话讲明白；因为丰富，所以会几小时讲生动。说的背后就是做，以及对“做”的理解。不做，不可能有浩瀚丰富的内涵，就讲不生动；不理解，不可能有一语中的的通透，就讲不明白。

***　***

从思考教育出发改善管理，这是我们应循之理。学校管理者是客观存在的，但作为学校管理者自身而言，我建议要慎重自称“学校管理者”，要慎提、少提“学校管理”，年轻的学校管理者尤其要注意。的确，我们应该负有“管理职责”，也是具有“管理者身份”，但是，这职责、这身份，我们自己心里记得使命、行动挑起担当就行，不必张口闭口“管理”“管理者”——不是不提，而是慎提、少提，以不引起不必要的反感为宜。对于学校、对于教师、对于学生，作为学校管理者的我们始终应抱有谦卑之心。作为“管理者”应更多地考虑“教育”、教育之应然、教育之可为，遵循教育之道去改进管理之法，让学校成为好教育发生之地，让老师成为教育同道人，与老师成为真正的“同事”，而不是谁管谁的关系。说到底，我其实不是反对“管理”“管理者”的称呼（事实上学校必须“管理”，也必然有“管理者”），而是反对一种端着架子的“官腔”，在学校管理中，践行教育之道，千万不能打起令人生厌的“官腔”，只有无能者才靠官腔过日子。教育家办学的现实含义，我以为就是“像教育家那样办学”，就是根据教育该有的样子办学，就是依据教育该循的道理办学。一批“像教育家那样办学”的校长，才能带出一批“像教育家那样做教育”的老师，而不是一批管人的人与被管的人。

* * *　　* * *

人生真是充满辩证法，那些不可一世的人，往往是因为内心的虚弱；真正眼界高的人，姿态一定是低的；见识多的人总是很谦卑，因为看得多，所以充满敬畏，因为敬畏，所以谦卑；刚入门的人追求别人听不懂的深刻，后来追求的是明白与通透。只要我们仔细观察，好好想想，人生真是充满有趣的辩证法。

* * *　* * *

真正的行动哲学，是思考者的行动哲学。杜威在他90岁生日宴会后的第二天，在公寓接受了《纽约时报》一位记者的采访。当记者问到杜威的名言“从做中学”时，杜威纠正说：“我不相信人们仅仅通过做来学习。重要的是一个人在他的做中所投入的思想。”做，当然是重要的，不做，人生空洞无物，思考无所寄托；但做与“思”是须臾不可分离的，离开了思考的做，甚至是危险的。我们很多老师常说“我只知道做”，并为此自豪；行动者是值得自豪的，但必须是思考着的行动者。

* * *　* * *

叙事方式即理解方式。叙事方式，包括叙事内容与叙事方法，即讲什么与怎么讲。讲这些而不讲那些，这样讲而不是那样讲，取决于理解，反映了理解。

* * *　* * *

从理论到理论，从书本到书本，对于我们来说，意义不大。“日知录”试图培养的是我们对于实践的思考能力，从实践中提取观点的能力。如果思想的背后没有实践的基础，这样的思想空洞乏味，也自然不会有打动人的力量；观点之所以有力，直击人心，是因为它来自人心，来自实践。

* * *　　* * *

个性化特征与普适性意义的统一，应该成为我们做任何事情的思维方式。为了与众不同，刻意地追求新奇古怪，违背了基本的价值取向与逻辑思考，这样的所谓“个性”必须摒弃，个性是不能从共性中剥离出来独立存在的；但是，共性规律、普适意义如果不是通过鲜活的个性来揭示，只是几句干巴巴的教条，那就只是令人生厌的“正确的废话”。

* * *　　* * *

我们真不缺少指出问题的专家，而是缺少发现经验的专家，更缺少帮助教师学会发现经验的专家。一天到晚的问题，一年到头的问题，铺天盖地的问题，我们生活在问题之中，生活在问题的困扰之中，忘记了我们还有经验，还有大把大把的经验，我们常常身在宝山，空手而返。

* * *　　* * *

从概念出发，还是从实践出发，这是一个问题。概念、理论、理念、书本，是前人经验的总结，把今天的实践建立在此基础上，理论上也是讲得通的。但是，前人经验终究是前人的，而人性总是更欣喜于自己的发现，别人的东西再好也是别人的。实践、现场、现实以及“自己的经验”，在此基础上淬炼自己的观点、发现自己的思想、形成“新的经验”，在淬炼、发现与形成的过程中，当然也需要概念、理论、理念的观照，但这与“被告知”“被给”的心理体验是完全不同的。从概念出发去实践，遵循的是演绎法；从实践出发形成自己的经验，遵循的是归纳法。两种都是合理的方法，不必偏废。但总体上来说，前者多用于高校专家的研究，而后者多用于中小学老师的研究。

* * *　　* * *

专注于自己的同时，一定要学会关注别人，在关注别人的过程中，才能学会更好地关注自己。关注别人的东西，卷入关于别人家东西的讨论，表面上看是“吃亏”了，花精力了，费时间了，实际上，是占大便宜了。只盯着自己的东西，是永远做不好自己的。我喜欢把外面给我的“任务”抛给大家一起来讨论，就是想从大家那里寻求启发，但并非仅仅如此，我更是想请大家学会关注别人的东西，别人的课题，别人的主张，别人的方案。当我们真的学会用专业的眼光去看别人的东西，专业化地点评别人的东西，甚至尝试着建构别人的东西的时候，你的功力其实就长几层了，你再来看自己的东西、想自己的东西、做自己的东西，就一定会明白很多。

* * *　　* * *

常识在没有成为大家的常识之前，就不是常识。你再怎么说地球是圆的，他都没有办法想象，他都没有相信，他都在心里无数次嚷嚷：这怎么可能？

* * *　　* * *

师生发展必须超越过度功利的理解，教育不应该成为残酷的名利场！

早上，荣伟博士发来《重申“教师是人类灵魂的工程师”》一文，颇有感触。我的感言：“‘教师是人类灵魂的工程师’，在当下重申之，具有特别重要的意义；‘精致利己主义’横行，何以抑制？”荣伟博士说：“可能，最终，根本，还在于老师，教师教育，任重道远！”我其实并不完全认同这个观点，回答说：“评优，评先，评特，评名，职称，评奖，诱惑实在太多，五色令人目盲，让一些人失去了初心。”荣伟回复：“确实，外驱力太强大，太可怕！严重破坏教师的职业认同和职业信念。”很多手段，开始作为一种工具的存在，想借以达到目标，这本身并没有错，但一旦把工具错视为目的了，就会有违初衷。

* * *　　* * *

的确要警惕：以为可以通过外在的繁华掩饰内在的贫乏，以为可以通过形式的新奇替代内容的陈腐，以为可以通过外在的追逐实现内心的丰盈。在办学过程中，这是非常可怕的事情，如果这样的做法居然还得到了错误的普遍好评，那简直是一种灾难。

我们自当坚持“内涵为王”的理念去追求学校发展与个人修炼。这样说，并非反对与漠视形式的意义，而是要明确谁主谁辅的关系，只有咬定内涵，外在“装修”才有价值，才能让学校拥有品质、让个人彰显气质。

很多人以为自己是“不会表达”，其实并非如此，其实很可能是缺乏内涵。情感枯萎，曲调如何生动；思想苍白，语言自然贫乏；内涵空洞，表达怎么深刻；如果专注于在外围打转，不愿意进入教育教学发生地长期地去做最艰难也最有价值的耕耘，那么贴满了金箔依然是一尊泥像。

我们当然知道“内”与“外”的相互依托、辩证关系，我们当然向往“文质彬彬，然后君子”，但我们必须清醒地看到，在当下，稀缺的是静修内力、专注品质的风气与勇气。试看：像我们这样愿意横下心来，决意千日日知的人有多少？像我们这样愿意沉下身去，低到尘埃去追求“一线学术”的人有多少？当我们抵达思想与学术的深刻与高度时，我们真的担心自己“不会说话”吗？

* * *　　* * *

要听得懂人家的好处，也要看得透人家的问题，关键是要吃得准，这就是批判性思维。读懂别人，就是读懂自己。

* * *　　* * *

当你置身于一个现场，拼命地想，却产生不出让自己心里一动的想法，这是非常糟糕的事情，说明我们的大脑缺少了与外界的对话能力。

* * *　　* * *

人的直觉感知与理性思考能力同样重要，相互交织，相互促进。让人的大脑皮层兴奋起来的，首先是直觉感知，这一方面与这个引起兴奋的“源”相关（某事、某物、某人、某词、某句或者某想法，等等），另一方面与我们的兴奋能力相关（为什么同样听一节课看一所学校，有的人会兴奋有的人兴奋不起来），所以，当我们很久没有过兴奋的时候，就要检讨一下自己是不是失去了感知世界的敏锐性，通过不断接触新的事物、人物（包括儿童）、思想，重返自然、艺术、文学，也许能唤起这种敏锐。同时，直觉感知与理性思考也高度相关，理性修养能够帮助我们的直觉感知走向深刻与透彻，所谓“一眼看透”，就是一种以高度理性为基础的直觉感知，各个领域的高手均如此，到达这种境界，很难说是一种直觉能力还是理性能力——只有理性思考，很难“一眼”；只有直觉感知，无法“看透”。

* * *　　* * *

人的价值感与情感紧密相连，动情的事情会让人产生意义感；而看不到价值的事情，难以让人动情。理智则是一种调和，人有一种理智调和能力，既不因为价值而飞蛾扑火，也不因为情感而不可抑制，它能调和价值崇拜与情感冲动，使之成为合价值的情感，有情感的价值。这种调和的结果，依然呈现出各种不同的结果，有的更显价值意味，有的更见理智特征，有的更见情感色彩。

* * *　　* * *

辩证思维能够帮助我们避免走极端，或者说能够帮助我们从极端中寻找合理、从片面中寻找平衡，“叩其两端而竭焉”，从而更好地接近本质。满喜对“小学”的“小”很有追求，那是因为她看到了“小”中的“大”，只有站在“大”的高度来认识“小”，我们做出来的“小”才会凸显价值，如果只看到“小”，止于“小”，那就真把小学做“小”了。杨嘉墀是著名科学家，他的学校在设计的时候提出要弘扬科学家精神，这当然是对的，但是我以为要警惕一个极端，那就是不能办成一所“科学学校”，如果这样，就偏离基础教育的本质了，因此，我特别佩服杨嘉墀先生女儿的辩证思维，因为她特地关照学校也要注意学生人文精神的培养。

007 高级生活方式 就是每天在生活中思考

日知，是为了更有质量地日行，更有质量地生活。日知录绝对不是轻飘飘地炮制几个格言，真正的金句总能引发人们的深刻共鸣，因为它从汗水中甚至泪水中来。透过那些抽象的观点，人们能感受到抽象背后的生动具象，扑面而来的泥土气息，会因为内心里发出的“对对对，正是这样”而怦然心动。

* * *　　* * *

生长是一种生活。编定《日知者旬刊》《积极生长者学报》《积极生长者旬刊》三个旬刊都是集体智慧的结晶，我只是起了一些微薄的作用。但让我引以为傲的是我们的“坚持”，“不轻易开启，不轻言放弃”，我们真的做到了。前两刊我们以电子刊的方式发布，恰逢重要节假日准时发布的时候，总会得到一些师友的点赞，今天也是，一位老领导说：“年三十不忘生长！”我说：“生长是一种生活。”是生活，每天都得过。把每一个平凡的日子过得不平庸，就要把每一个平凡的日子当节日过，又把每一个节日当平凡的日子来过。

* * *　　* * *

事儿，就是一个矿。事儿中充满了思想。思想就在事儿中。脱离了思想的事儿，凌乱而浅薄，总是抵达不了意义层面；脱离了事儿的思想，空虚缥缈不知所云，只能关起门来自我陶醉，或者是弄点莫名其妙的新奇概念唬弄别人。而你，在事儿中，在思考着做，做事与思考既是同时同在，又是良性互动，构成推动你不断前行的不竭动力。

* * *　　* * *

“活法”与“想法”、观念与行动的相互作用，是共时的，是无时不在的，在诸多的观念中，根子里的观念是我们的人生观，你想过怎样的人生，你如何理解人生——理解自己的人生而不是概念意义的人生，你就会按照这样的想法去过日子。当然，你之所以会有这样的想法，也取决于你的活法，怎样人生就会形成怎样的人生观。活法决定想法，想法反过来深刻地影响活法。石中英教授在点评李洪波校长讲述的“诸观”之后，建议要加上关于“人生观”的表达，的确很有道理。在等车的时候，我跟石教授说，我们“校长沙龙”的第一场，就是聚焦“校长的人生哲学”，因为我们以为校长的人生哲学，不是个人私藏，而是会对学校产生重大影响，石教授深表赞同。

* * *　　* * *

如果我们在课堂产生不了源源不断的想法，说明我们的任督二脉还没有打通，我们必须继续！不要急，但必须咬紧牙关，不能有丝毫懈怠。“三十而立”，从30个10天开始，我们“奔四”了，“四十”才可能“不惑”，但是“四十而不惑”并不是到了四十就自然不惑了，而是要持续地修炼，坚信“滴水之功”的力量，这种力量已经把我们带远，一定会把我们带得更远。

* * *　　* * *

如果在说一个道理的时候，脑海里没有同时浮起丰富的现象；或者在说一个现象的时候，心里没有即时地唤起一些鲜明的道理，那么，我们很难说拥有了“理性的具体”。前者最多是抽象的理性，后者只是感性的具体；感性的具体与抽象的理性，都没有打通具象与抽象的关系，都没有进入高级的思维层。

我们应该用这样两个准则来考量每一天的日知录。

* * *　　* * *

实践的场域，考验着也培育着思考的能力；当我们进入了高级的思维层级后，面对实践的复杂性时，新鲜的思想，就会像刚从地里拔出来的蔬菜一样，散发着泥土的芬芳，而绝非陈腐之气。一个“日知者”的第一愿景，或者说“滴水之功”的第一要义，就是要培育自己在看似平淡无奇的、貌似凌乱纷繁的实践中凝练思想的能力，这个能力一旦拥有，你就会发现这个现实世界让人欲罢不能的迷人之处。

* * *　　* * *

一定要将他人的理论转化为自己的常识，我们才能游刃有余地表达与创造。很多人总觉得有些想法讲不清楚，其实，这不只是“讲不清楚”，而且很可能我们还没有真正地拥有“想法”；很多人总觉得我想是想明白了，就是做不出来，其实，这很可能是我们并没有真正地“想明白”。理论成为自己的常识，我们就会像是城市里的居民，对这座城市的熟悉程度可以达到能够明白给人指路；而如果我们还没有拥有这座城市，那么，当问路的人问几个我们从来没有想过的问题的时候，就会怎么也讲不清楚了——其实不是讲不清楚，而是我们还没有拥有这个城市，就像我们没有真正拥有某些理论，没有让理论成为自己的常识一样。

* * *　　* * *

“日知录”要取得决定性成功，一是要保持鲜活的思想，要保证每天的“日知”具有珍珠般的意义；二是要学会结构化思考，珍珠要串成项链；三是要不断地沉下去，要学会在课堂的现场思考理论问题，实践才是“日知诞生地”。这样，才能有真正深刻的高度。

* * *　　* * *

我们经常会认为，谁谁谁讲得很好，如果他能够把讲的东西写下来，就会是一篇好文章，这其实是一种误解，

“写”所要求达到的理解上的精确度、逻辑化、系统性，比“讲”要高很多，正因为如此，写作的价值更不可低估，因为它可以帮助我们更精确、更逻辑、更系统地理解一个主题。

＊＊＊　＊＊＊

论文的写作，不仅仅是把一些已经在脑子里的东西变成文字搬到纸上，更多的思维漏洞正是在写作的过程中发现的，更多的思想正是在写作过程中产生、形成、完善的，在写作之前，没有发现这么多的问题，也没有那么丰富而完整的思考。因此，把这样的写作称为“创作”是十分适宜的，写作是一种非常艰辛的创造性劳动，写作不仅仅是一种表达方式，更是一种创造的方式。

＊＊＊　＊＊＊

我们已经习惯于用外在的“证据”来证明，可是，一个人真正的强大是内心的强大，真正内心强大的人真不需要热衷于这些证明（不是不需要，是不需要热衷）——本来，那些外在的“证据”是一个内心强大的人必然会显现出来的，问题是，太多太多的人直接奔着这些“证据”而去，舍弃了内心的安静，忘记了事情的初衷，将教育异化成名利场。工作室以一种近乎不可思议的方式修炼内在品质，这种安安静静练“内功”的手法获得的最大成果只有投入其中的人自己才是最清楚的，最清楚自己的生命中究竟发生了什么。当一个人眼看着自己的认知不断突破，胸襟不断打开，看事、看人不断清醒，“做法”“想法”“说法”联动精进，眼睁睁地看着自己成长，看着自己不断地超越昨天的那个我，这是人生多么神奇的高峰体验啊！内功修炼抵达一定火候，功夫下足，外显的“证据”终究会如约而来，但此时，或许我们最为看重的又未必是这个了。到了居里夫人那里，皇家学会的金质奖章也只是她小女儿的玩具而已，专注于事物本身，这是多么简单而丰富的人生啊，虽不能至，心向往之。

***　***

要相信积极暗示的力量，有一些阶段性的负能量信息，蒙在鼓里也许是一件幸运的事情，因为过早地知道，可能我们也会因此而放弃很多的努力，放弃很多的可能性。人生难得是糊涂，过于清醒有时候可能会失去很多乐趣。

今天是多么值得一记的日子，我们的“日知录”走过了整整一年。365 天，且不说这 365 则日知录在我们的生命中究竟意味着什么，单说实现了这种可能性，就值得自豪，就有一种符号性的意义。

但我想说的是，我真的没预料到这一年走得那么不容易，特别是启动后的一个阶段，或多或少，绝大部分伙伴都怀疑过，与其说是怀疑过这种坚持的可能性，还不如说怀疑这样做的价值——这能给我们带来什么呢？带不来项目，带不来课题，带不来论文，带不来荣誉，带不来实惠。

365 天之后，我们每个人都知道这给自己带来了什么，但想当初有的是抱有深刻的怀疑，有的是半信半疑的——我其时并不十分清楚大家的状态，特别是我真不知道在大家的心里其实认为“写三年日知录”是根本不可能也是毫无必要的事情，大家并不是抱着在工作室里过上三年“高级的专业生活”这样的想法，我只是知道大家会在不同的阶段遇上不同的困难，我只是专心于怎样帮助团队经过这不同阶段的困难，但“三年日知录是否可能”这样的问题，我想也没有想过，从来都没有怀疑过，也从来没有想过要怀疑一下，因为我一直看到大家的积极状态，或者说大家在群里始终显现出一种积极的状态，这种积极状态始终在激励着我，激发着我思考如何一步一步地向前面走、往深处行，心无旁骛，信心满满。

感恩遇见，感恩相伴。第二个 365 天，我们一定会走得更好！让我们不离不弃，在一起，携手行！

＊＊＊　＊＊＊

不要给自己的人生设限，因为没有人知道自己能走多远。当然，走远需要“基本功”，我们的“基本功”就是“三力”：行动力、思想力与学术力；这“三力”就是“三法”：做法、想法与说法，“三力”也好，“三法”也好，并不是孤立的，而是相互支撑的“铁三角”，在不忘出发路时的“走远”中，我们需要思想性的行动力，结构化的思想力，实践性的学术力。

＊＊＊　＊＊＊

越是忙碌越要思考，一方面是因为在忙碌中不进行思考是很危险的，所谓忙中易出错，不思考之故也；另一方面是因为忙碌本身就是诞生思想的沃土，这就是我说的“不要浪费了你的忙”。

* * *　　* * *

认识自己是一件非常不容易的事。“日知者行动”已经390多天了，当我静下来，想对工作室的做法与效应做一些梳理的时候，发现这是一项十分艰巨的任务。扑进“日知者”，就像扑进一个浩瀚的思想的海洋，很快，就淹没在其中，不知东南西北了。如何回首自己走过的路，是一件十分重要的事情，否则，我们就无法更好地走下去。我们的工作室是这样，我们的学校，也是这样，一个学期忙碌下来，我们能做一些梳理吗？如果不能，我们又怎样去设计未来的路呢？我们自己也是如此——2022年暑假在北京参加明远书院的研修活动，专家们请大家提困惑，我提的是“认不清自己”，可能有人觉得这算什么问题，可是我觉得这是一个大问题。后来，大家用了半天时间讨论这个问题——这场讨论是沙培宁老师主持的，她也认为我提的这个困惑太重要了。

* * *　　* * *

“日知者行动”其实就是“共煮石头汤”，我可能就是那个把锅子支起来，然后说“我们一起煮汤吧”，又不断地夸“这汤呀，真鲜！”的人。

008 千万不要损害孩子的精神世界

千万千万不要损害孩子的学习积极性，于家长而言，这得不偿失；于教师而言，这害人不浅。越是年幼的孩子，越是要保护好，如果孩子的眼睛因为我们的教学、作业、评价而失去了兴趣、信心等积极的光芒，我们就必须反思自己！教师是一个十分崇高的职业，让人性高扬起积极的旗帜；教师也是一个十分危险的职业，一不小心就会损伤到孩子脆弱的心灵。教师对于自己的行为必须充满敬畏，千万千万不要损害孩子的学习积极性！

* * *　　* * *

要相信孩子做的是对的！这个“对”不是价值判断上的对，不是绝对结论上的对，而是他自身逻辑意义上的“对”，也就是说，不要认为孩子在瞎想，他是有他的道理的、有他的逻辑的。我们一定要理解他的道理、他的逻辑，顺着他的思路，让他自己去想，或者让同学与他去辩论，让他去发生认知冲突（内在的、自我的冲突，而不只是与他人的冲突），让他自己想着想着、说着说着、争着争着，发现原来自己可能是不对的。

* * *　　* * *

我们真的懂孩子的懂与不懂吗？关于教学的设计与实施，有两种思路，一种是我们假设自己知道学生不懂什么，我们教他，用灌输式或者别的什么方式来教他，他说得出答案了，我们认为他懂了；另一种是我们假设自己并不知道学生究竟懂什么、不懂什么，让他们试学，学的过程中会有种种表现，我们研究他们的种种表现，深入他们的思维方式中，然后去教，看着他们慢慢地从不懂到真懂。

* * *　　* * *

要相信孩子的错一定是有道理的，我们必须循着他的思路，去理解他，让他把他的道理讲明白，然后可能讲啊讲啊，他就会发现，不对了，珍贵的“喔效应”就会发生。理解孩子的“道理”，这是教学成功的秘籍。

* * *　　* * *

不要把孩子的所有时间都安排得满满的、死死的。在兄弟学校督导，午后从食堂出来回会议室，路过教室，林红校长的脸色有些凝重，她跟我嘀咕：“在这个时间呀，刚刚吃过饭，所有的学生全部在班级里。”从一大早来学校，到晚延时结束，我们是不是把全部的时间都给学生安排得满满的、死死的？我们真该好好检讨一下，一直在呼吁，要让孩子们有发呆的时候，要让孩子们有三三两两自由聊天的时间，要让孩子们有“无所事事”的时候！但我们真的做到了吗？把孩子的所有时间都安排得满满的、死死的，让他们在一个“实心”的时间里生存（恕我只能用“生存”这个词而不敢用“生活”这个词），这样的童年太可怕了！

＊＊＊　＊＊＊

最幸福的、最正常的人生，莫过于在什么时候做什么事儿，“时哉时哉”。让儿童成为儿童的样子，是整个成人社会最起码的责任与良知，之所以在前面加一个“让”，是因为儿童不能成为儿童的样子，不是儿童不想成为他的样子，而是成人“不让”，以各种名义、各种理由、各种方式不让儿童成为儿童的样子。没有人会说，因为儿童终将走向成人，所以必须现在就过像成人的生活；但是一种做法却甚嚣尘上，就是用高考的思维来要求小学生，说你今天不这样做有什么用，最后不都要高考的吗？这种说法实在太过离奇了，按照这样的逻辑，每个人最后都将走向生命的结束，难不成因为反正人都要死，一出生就该死吗？人生不是一个相同的结局，而该享受一段丰富的过程啊。春夏秋冬，是自然的节律；童年、少年、青年、壮年、老年，是幸福而正常的人生，是人生四季，让儿童成为儿童的样子，才是正常的社会、正常的家庭、正常的学校应秉持的正常价值观。

＊＊＊　＊＊＊

保护，首先就是不要去破坏。

* * *　　* * *

所谓“学霸”，都是反思出来的，没有反思的题量叠加只会培养“学呆”，不会造就“学霸”的；举凡“专家”，也是反思出来的，没有反思的“做”，不是“做中学”，而是“做中不学”“做中学不到”。

* * *　　* * *

必须给孩子思考的时间，千万不要用“题目”把孩子的时间填满，让孩子根本没有反刍的时间，没有思考的时间！——我的一个基本而坚定的观点：谁把孩子的时间填满，谁就在伤害孩子的童年，谁就在残忍地剥夺孩子智力发展与精神成长的机会！——我们校长必须理直气壮地宣扬这样的观点。

从一年级开始，就要开放足够的时间，让学生把用于“多做”的时间解放出来，用于“多想”，要坚定地相信“少即是多”“慢即是快”的道理，这个道理，就是要帮助学生用这些“少”与“慢”去学习如何反思。

绝对不能在学生还没有想通的情况下拼命地要往前赶！这太可怕了。

作业太多，造成的严重后果就是孩子们没有时间思考，没有时间“元认知”，没有时间咀嚼。教师要做的，不是布置越来越多的作业，而是要提供反思的技术、支架与机会，培养孩子的思考能力，比多做题目重要一万倍都不止！

教学管理要做的事情太多了，作业管理是其中极为重要的一件。作业管理最重要的使命是“减负”，作业量上做加法是最简单、野蛮、粗暴的做法，与之作斗争，可以说是管理者的良知所要求的。

吴江区以前大力倡导作业管理的“五有五必”：有练必选、有发必收、有收必改、有练必评、有错必纠，这是重要的原则，在学校管理中，必须去坚持，坚决制止有违“五有五必”的做法，不要被“好的分数”蒙住眼睛，分数当然要，但必须看这分数是从何而来的！

学生作业负担过重，重到没有时间好好咀嚼的主要原因之一，就是这些作业教师并没有一一批改，而是发个答案让学生／家长去核查，这样，势必导致作业量过大；如果你把布置的作业一道一道去批改呢，你还会把作业布置得多到孩子们没有时间去咀嚼吗？

＊＊＊　　＊＊＊

特别不喜欢有人说“生源”，虽然我知道学生与学生的不同是肯定的，研究学情也是必要的，但是校长们与教师们在说“生源”一词的时候，往往并不是在研究学情，而是一种标签化、概念化的成见表达，更严重的，是带有一种非友好的、轻视的态度。校长与老师怎么可以看不起自己的学生呢？这真是太奇怪了，但又太普遍了，普遍到人们在谈论的时候丝毫都没有感觉到不妥；而我，每每听到，总会非常反感。

009 无关价值的教育科研是伪科研

教育科研是一种方法，而做教育科研一定是做内容，是用科学的方法做科学的内容。没有对科学内容的深度耕耘，只想着外面有一个高人给自己的糊涂做法包装一下成为一项“成果”，这个想法不对头。

* * *　　* * *

作为一种思维方式，研究是无处不在的。无论是在哪儿，我敢说，我是重视教育科研的校长。但是，很有意思的是，无论是汾湖实验小学的工作计划，还是吴江实验小学的工作思路，我们都没有单独的“教科工作”那么一块，原因是什么？“哪里不要研究”，就是我们的理念，在我们看来，学校的一切工作都是需要研究的。记得在离开汾湖实验小学的时候，我曾经把在此期间个人发表的文章归类编成两册，其中有一类就是“哪里不要研究”。一个校长、一位老师，是不是习惯于研究、是不是把研究作为一种思维方式、工作方式，是从方法论意义上是不是成熟的重要标志。

* * *　　* * *

很不认同一种人：不做，而写得花言巧语，这样的写作亵渎了教育写作的“名声”。没有经过跌打滚爬的探索，写出来的东西其实是看得出来的，虚张声势但骨子里萎靡不振，振振有词而内里心虚不已。

* * *　　* * *

亲爱的校长，如果你认为学校的教育科研只是一个条线工作，只要几个人去应对一下就可以了，那么，这所学校不可能具有学术的味道与思想的气息；如果你认为广大的教师并不需要“一线学术”的追求、不需要教育教学的思想，那么你可能看低了自己的老师，看低了我们每天的教育教学，也看低了自己。

* * *　　* * *

在教师专业发展中，没有阅读万万不能，但是阅读也不是万能的；教师专业发展的不二法门仍然是“做中学”——在教育教学的实践中学习。

看到很多学校过度依赖“读书”，好像从书中看来的搬到现场就会创造一种现象似的，我就有些着急。“做中学”的道理，既适合学生，也适合教师。金连平先生有一个说法非常有趣，他说教育上的“读书”好像医生的“白开水”一样，好像可以治百病的（大意）。我当然不反对读书，我们每年买太多的书；工作室也是希望源源不断地买书，专家费我们用得很少，我觉得买点书来翻翻，胜过很多的专家讲座。但这不等于我们认为读书可以治百病，教育教学改革，读不出来的，要去“做”才行。

＊＊＊　＊＊＊

教育科研需要“做中学”。在汾湖实验小学的时候，我们的课题要结题，我说就是理论这一块我们没有做（大意），崔教授说：“我们一直在做理论呀。”理论不是用来记住的，不是用来背诵的，是用来“做”的。有一次，我忽然想给各校区教科室主任们配几本科研工具书，包括“如何做课题”的书，想来想去想不好，就去问周文叶博士，周博士说真想不起来，建议我问问雷浩；我就问雷博士，结果他说“关于做课题研究的书籍我没有看过呢”“我们主要是从做的过程中来学习的呢”。

＊＊＊　＊＊＊

有一个老词，很有道理，叫做“群众性”。没有群众性体育运动，竞技体育是没有价值的；没有群众性乒乓球运动，也不可能有中国乒乓球在全球持续的独领风骚。我想说的是，没有群众性教育科研作为底子，没有广大教师通过教育科研提升教育教学质量，没有一种切身体会到的广泛价值认同，幻想着通过几个精英夺取一些奖项，可能性不大，而且即使“成功”了，也意义不大。

* * *　　* * *

教育科研必须“做中学”——当然，与其说是学习如何做教育科研，不如说是学习如何做教育、如何做文化、如何做课程与教学，而教育科研的价值，正是在做教育、做文化、做课程、做教学的过程中发挥出来的。要到学校去，要到教室里，要到课堂上，要到学生中去，要到教师中去，去做，把我们对教育的理解做出来，或者说，在做的过程中更好地理解教育。比如说，我们今天说如何做“大单元教学”，寄希望于看几本关于大单元教学的书、听几场关于大单元教学的报告，而不去在教室里把大单元教学全程做出来，那是不可能理解大单元究竟是什么的。教育是一种实践，是做出来的，必须依靠“做中学”，而不能寄希望于“看中学”“读中学”“听中学”。需要“看”，需要“读”，需要“听”，但如果没有了“做”，永远都学不会。

* * *　　* * *

中小学教师科研要从实践出发，在实践的场域思考理论问题。

滕珺教授提出了一个问题：中小学教师究竟需要怎样的科研？因为没有时间讨论，只是作为一个问题的提出。后来，她单独问我对于这个问题怎样看，因为她看到一线教师写起论文来，都好像是研究生写的一样，看不到学校的实践。

我说，根据我的交往与观察，高校与中小学现在是走得越来越近了，这是非常喜人的；理论与实践的融合度，也是越来越高，这也是非常可喜的。但是，无论是研究内容还是研究方式，整个的思路，从一般意义上说，高校与中小学还是有所不同的：高校一般从概念出发，持的是演绎思维；中小学一般从实践出发，持的是归纳思维。这种不同很正常，而且也符合各自的特点。而现在的问题是，中小学教师没有学会从实践出发来做科研，于是，就模仿高校的方式，从并不理解的概念出发，理论来理论去，结果就出现了滕珺教授讲的一线教师写出来的论文有点儿像研究生的文章，看不到背后生动的现场。

对于教师来说，难就难在我们在实践现场，置身于现象世界，却看不到实践的理论意义，看不到现象的学术含量。我跟滕教授说：中小学教师的科研，需要在实践的场域思考理论问题。

* * *　　* * *

打通实践与理论的隔阂，就是打通一个人的任督二脉。我们直接面对现场，直接置身现场，但是，如果我们环顾四周，只看到现场，只看到眼前之物、眼前之事，而没有从丰富生动的现场中看到闪烁着的理论光彩，那么再多的现场都不会成为思想的源泉，再多的事都不会成为理论的源头活水。

***　***

如果我们把理论当作教条，一条一条对照着做，结果发现“太难了”“这怎么做呀”“我做不到啊”，那不是理论的错，那是我们的错，因为理论本来就不是教条，实践千万不能认死扣儿。理论描述的是一种应循的逻辑，而不是一步一步绝对的操作。举个例子说，理论逻辑是必须先设计学习目标，才能设计匹配的评价任务；必须先设计评价任务，才能设计嵌入评价任务的教学活动。但是我们一操作，就会发现不一定了（理论往往告诉我们“一定”，实践常常告诉我们“不一定”），我们首先想到了一个教学活动，然后想这个活动指向的目标，再来想活动中的学习任务必须匹配目标，不可以吗？当然可以，等你设计好了，又没有人看得出你是哪个先哪个后设计的。这就是实践逻辑。那么实践逻辑与理论逻辑矛盾吗？其实也没有，不管你从哪里开始操作，最后必须遵循的是：学习目标、评价任务与教学活动三者是一致的，不一致不行——理论是一种“说法”，负责“解释”；实践是一种“做法”，负责“创造”，“创造”出能够被科学理论解释的“做法”。

***　***

理论是一种“说法”，实践是一种“做法”；理论负责解释世界，实践负责改变世界。——这个“说法”其实源于马克思经典名篇《关于费尔巴哈的提纲》中一句经典名言的启发：“哲学家们只是用不同的方式解释世界，而问题在于改变世界。”这句话后来与“全世界无产者联合起来”一起，刻在马克思的墓碑上。

与“说法”统一的“做法”，才是科学的实践；与“做法”统一的“说法”，才是科学的理论。如果“说法”与“做法”之间打架了，那么就有两种可能：要么是“说法”错了，要么是“做法”错了。说法错了，理论创新的机会到了；做法错了，实践改进的机会来了。举个例子，如果“教—学—评一致性”不能解释俞正强、薛法根的课堂，那么，要么“教—学—评一致性”这个理论不对，要么是俞正强、薛法根的课堂不对——当然，或者还有一种可能，那就是我们自己对他们课的实践或者对“教—学—评一致性”理论的理解不对。

* * *　　* * *

不思考“为什么”，不明白“为什么”，就永远不知道“做什么”与“怎么做”。我真诚地私下问一位在教科室主任岗位上耕耘了近二十年的老师：那么多年的教科室主任做下来，你最大的体会是什么？她很犹豫，似乎不好意思说真话，然后说了一个字：“难！”我继续看着她，她又犹豫了一阵子，最后说：“刚才不好意思说，其实我想说的是‘空’！”我怔了一下，说：“你说得真好！”感谢这位主任，她说了真话，而且非常深刻，“难”关乎方法，“空”关乎价值；教育科研如果无关价值，不能指向价值，不能为了价值，不能显现价值，就没有任何意义。

＊＊＊　＊＊＊

经典具有穿越时空的价值，所以越是面对各种纷乱，越是要回到经典。与沙培宁老师讨论，我说我反复阅读苏霍姆林斯基的时候，经常会有这样的感觉：感到一种心惊肉跳的惭愧，因为他所批评的太多的细节与现象，好像就是在说我们。被很多理论与概念迷惑的时候，我会回到苏霍姆林斯基，从中寻找教育的真正含义。沙老师说："经典让我们找到巨变、乱变中的'不变'，心，一下子就定下来了。"

＊＊＊　＊＊＊

读完一本书，我们究竟得到了什么？一位老师跟我说，《学习的本质》这本书她已经读过好几遍了。我说好，那这本书对你有什么影响呢？她说了一番话，但我发现她那些话，即使不读这本书也是可以说得出来的。我又问：这样吧，你能不能说出这本书的一个重要概念？她想了一下，说：我记不起来了，我记性不好。我呵呵一笑，说：不是你记性不好，是你没有理解。那位老师突然开窍，说：张主任您点中了，对的，其实我没有理解！一会儿，她把我说的意思记在手机里；又过了一会儿，她说，您刚才说的这句话对我来说太重要了。

＊＊＊　＊＊＊

大脑需要刺激才会兴奋，需要环境的刺激、问题的刺激、新鲜的刺激、任务的刺激……只有不断地被刺激，大脑皮层才会兴奋，一个人才会思如潮涌；但是大脑也需要休息，不能无休无止地刺激，无休无止的刺激会使大脑疲惫不堪，索性“躺平”，最终失去敏感。爱护自己的大脑，既不能让它长久停用，也不能滥用。

* * *　　* * *

课题研究的最大好处，是能够为老师们建立一个专业领地，从浪漫期步入精确期。一个好的课题可以把一个老师带到专业发展的高地，但是，从选题到研究到总结，要正确地、真实地走过。首先，选择好课题至关重要，课题选得不好，还在那里下死功夫，是非常危险的事情；第二，用合适的方法，方法不对课题是做不好的，做课题的方法还会影响到我们的价值判断，用不着地的方法结题了，还以为研究本来就是假的、空的；第三，持之以恒地努力，完整地经历课题研究的全过程，不求速成，不能开题、结题两头轰，当中过程全脱空，这样，是不可能建立自己的专业领地的。

* * *　　* * *

一线教师的研究不可能是纯粹的理论研究，基本规律是从实践出发，通过理论审辨，将理论与实践交融，创造新的实践；而关注实践的理论工作者的理想研究线路是从理论出发，经由实践，产生新的理论。但是理论工作者有时候可以是纯粹的理论思辨，可以“从理论到理论”“从概念到概念”，从理论出发，经过理论思辨与考证，产生新的理论；一线教师却不能“从实践到实践”，一定得经过理论的考量，才能创造新水平的实践。

＊＊＊　　＊＊＊

中小学老师研究课堂教学，就是创造教室里的课程与教学论，就是在课堂的现场把课程与教学的基本原理做出来；就是从教学的实践中把课程与教学的基本原理悟出来，使得我们的教学符合科学的原理，使得科学的原理创造生动的现象。我们有必要先期学习课程与教学的基本原理，学习前人的研究成果，然后把它“做出来”；我们要坚持实践第一，但是“实践”不是“纯做”，而是“反思着做”，揣摩“做”中蕴含的道道，把道道“悟出来”。这个“做”与“悟”是对流的。课程与教学的基本原理，没有那么复杂，但是我们在申报课题的时候，偏偏要去寻找冷僻的、复杂的、一般人读不懂的理论概念，去迎合“专家”的口味，于是我们做的课题常常自己都搞不明白、也不知道为什么要去搞明白、越搞越不明白，最后自己都感到恶心，却还不得不去立项申报、中期汇报、结题鉴定、“成果”发布，我们终于通过课题研究成了一个让自己讨厌的人。

＊＊＊　　＊＊＊

真正好的理论可以“救人”，把被实践问题纠缠得无法厘清的人解救出来；而坏的理论、装模作样的理论可以“杀人”，把好端端大家明白的事情说得没有人能够明白。

*** ***

课题是对某一问题的聚焦式研究，所以课题研究是有边界的、有范围的，课题研究要把领地先圈好，再耕耘，而不是泛化的什么都拉进来。“概念的界定”中的“界”，应该就是“边界”的意思，要说明课题研究的外延；而“定”则是定义，说明的是课题研究的内涵。明晰的课题、明晰的概念首先是“划界”而不是“跨界”。

*** ***

课题方案、开题报告、中期成果、结题报告，从技术层面来说，就是要做到“一致性”，诸因素要保持一致性，而“源头”是核心概念，诸要素之所以能保持一致性，是因为都围绕核心概念展开。在核心概念之下，首先是研究目标，研究目标与课题要解决的问题相关；研究目标要具体落到研究内容，通过对哪些内容的研究达成研究目标；研究方法要结合研究内容来说，什么方法研究什么内容；研究成果，与研究内容要一致，体现研究目标的达成。再强调一遍：这一切，都围绕着课题名称特别是核心概念展开，所以才会有“做课题就是做概念”一说。

010 没有人知道自己能走多远

2022 年年底，日知录 218 天，我们中的每一个人把每天的思考分门别类，汇集起来，“日知录文丛”第 1 辑，13 本小册子，构成了一道思想的风景。我将自己那本命名为《越是忙碌 越要思考》，置于案头，时不时地翻阅，咀嚼那些用心酿制的思想，回放思想酿制的场景，时不时地被自己感动，陶醉于自己一天天累积起来的智力生活与精神世界的丰富性。是的，我自审不是一个自恋者，但是，这每一天文字构起的思想世界，让自己陶醉。虽然，这只是一种敝帚自珍，这只是一次次的孤芳自赏。

所有的表达都需要受众——听者、观者或者读者，不需要多，但对方要懂你，或者并不是一开始就懂你，但是慢慢慢慢地能懂你，越来越懂你，愿意听你的声音，这多幸福，我有时候会觉得，这种超越功利的生活纯粹得有点儿恍如隔世；但又那么真实可触地存在于每一个充满烟火气息的日子，每一个甜酸苦辣喜怒哀乐的寻常日子。我确定，“日知者”是在演绎一个“共煮石头汤”的美好传奇。而我很庆幸，我就是那个把锅子架起来的人。我们每个人都应该庆幸，庆幸我们的每一次表达都拥有倾心的读者，庆幸我们煮汤的过程中不断有人在点头轻语：“这汤呀，鲜美！”从某种意义上说，是读者帮助我们驱走远行的孤独，让我们的思想源源不断。这再次实证了“一群人才能走远”这个温馨而有力的断言。

转眼又是半年了，2023 年 1 月 1 日至 6 月 30 日，181 天，半年时光。我提议我们再次结集，开始第 2 辑“日知者文丛”。以后，我们每半年结集一次，等到我们工作室期满，每个人都会有 6 本小册子，那是一片怎样浩瀚的思想的海洋啊！

“没有人知道自己能走多远”，是“日知者”周年沙龙的主题。我把它作为我的第二本小册子的书名，重要的不是碎片思想累积的 4 万文字，而是让我们活得令自己更满意，对自己更敬佩，因为，我们常常会发现，自己所走的，已经超过了一开始想走的。

张菊荣 / 著

教育日知录

· 下册 ·

天津出版传媒集团

天津教育出版社
TIANJIN EDUCATION PRESS

图书在版编目（CIP）数据

教育日知录．下册 / 张菊荣著．-- 天津：天津教育出版社，2025. 7（2025.9 重印）．-- ISBN 978-7-5309-9675-1

Ⅰ．G4-53

中国国家版本馆 CIP 数据核字第 2025BB2250 号

教育日知录·下册

JIAOYU RIZHILU XIACE

出版人　黄　沛

作　　者　张菊荣
选题策划　李勃洋
责任编辑　谢　芳
特约编辑　袁　玲
装帧设计　编悦文化

出版发行　天津出版传媒集团
天津教育出版社
天津市和平区西康路 35 号　邮政编码　300051
http://www.tjeph.com.cn

经　　销　新华书店
印　　刷　天津市宏博盛达印刷有限公司
版　　次　2025 年 7 月第 1 版
印　　次　2025 年 9 月第 2 次印刷
规　　格　32 开（880 毫米 ×1230 毫米）
字　　数　150 千字
插　　页　2
印　　张　7.25

定　　价　88.00 元（上下册）

目录

第三辑　对事情本身感兴趣

第四辑　让思想回家

教育日知录·下册

JIAOYU RIZHILU

江苏省吴江实验小
爱德校区 吴天翔同

第 三 辑

·对事情本身感兴趣·

江苏省吴江实验小学苏州湾校区 李可馨同学绘

001 对事情本身感兴趣

对事情本身感兴趣，这应该成为我们的信念。

获奖，是一个意外；这个意外让我坚信：对事情本身感兴趣，这，应该成为我们的信念。

在古代希腊，面对罗马军人的闯入，阿基米德只说了一句："不要踩坏了我的圆！"

阿基米德只对这个"圆"感兴趣；在中国古代，"一箪食，一瓢饮，在陋巷，人不堪其忧，回也不改其乐"，颜回是对"学"本身感兴趣；我们敬爱的大先生顾明远老师，90 多岁依然思想敏锐，因为他对"教育""教育学"本身有强烈兴趣。

当我们想的东西太多，盯着的东西太多，围绕的东西、外面的东西太多，心里可能就会有些乱；当我们对事情本身感兴趣，我们才会安静下来。

2009 年，创办新校，新建学校的文化开关在哪里，这是我的一个"圆"；2017 年，担任集团总校长，大学校如何办"精"，老学校怎样办"新"，困难中的学校如何重焕生机，是我的"圆"。

2009 年，跟随崔允漷老师研究"教—学—评一致性"，成为我一生的学术旨趣；2017 年，探索教室里的课程与教学论，造就新时代的积极生长者，我们心无旁骛；2022 年，成立名校长工作室，所有成员以“日知录”的方式在实践中创生思想，把思想回到实践，迄今 575 天“日不间断”的思考，都把自己吓一跳，没有人知道自己能走多远。

在这样做的时候，真不知道，从身边的人开始，一圈一圈，一圈一圈，居然也影响了不少的人；真难以想象，居然获得了明远教育奖，这让我更加坚定：对事情本身感兴趣，这应该成为我们纯粹的信念。（2023 年 12 月 23 日，在明远教育奖颁奖典礼上的感言）

002 离开情境无文化

学校文化是一种强情境性而弱概念化的存在，离开了情境就没有文化。可是，我们常常误解，以为学校文化就是概念化的存在，就是挖空心思想好词好句。学校文化有其自身规律，这些规律可以归纳、提炼、抽象，但是一定在具体情境中“复活”才有意义。抽象了的、概念化的文化规律，很难说是对的还是错的。学校文化发展的自身规律，还表现在它是“这一所”学校的，要根据“这一所”学校的自身逻辑去改进。文化绝对有好坏之分、优劣之别、先进与落后之差，当我们进入一种好的文化中，我们要做的是融入它，在好的文化中成为更好的自己；当我们进入一种不好的文化中，我们要做的是改变它，如果不能改变它，那么我们很可能跌落染缸，成为“不好”的一部分。

***　　***

情感是学校这方池塘里的水。夏丐尊先生名句云：“教育没有情感，没有爱，如同池塘没有水一样。没有水，就不能称其为池塘；没有情感。没有爱，也就没有教育。”陶行知先生在《整个的校长》一文中说：“要用整个的心去做整个的校长。”用情，用心，说明仅仅依靠简单的所谓“行政思维”是解决不了专业育人问题的，方法与目的不一致是不行的，造房子不能寄希望于箍桶技术。做教育必须真心相待，陶行知说，“真教育是心心相印的活动。唯独从心里发出来的，才能达到心的深处”。想要通过硬邦邦的几条指令、冷冰冰的几个文件就解决复杂的“心”的问题，是不可能“心心相印”的；而不能“心心相印”的表面听从，是不可能有好的教育、好的学校、好的生活与好的生命状态的。如果发一个通知就可以坐等收获，办学也太容易了，真正想要做好一件重要的事，都需要用情用心用智慧以敬畏之心投入进去才行，就像勤华在（2023 年）7 月 1 日的日知录中讲的，逼过之后还要帮。事关教育的所有工作，说到底都是关于“人”的工作，而“人”有多么复杂呀，人具有高价值性、高意义感、高情感度，因此目中无人等于没有工作。无论是校长还是老师，在作为专业教育人的素养结构中，专业情怀可能真该排名第一，这也就是沙培宁老师反复强调的“情怀比智慧更重要”。

***　***

情境，能抑制人的思想，也能催生人的思想。我们一直在强调情境的意义，但是，比情境更重要的是人，特别是人的思维方式；相同的情境，人不同，意义不同。水能载舟，也能覆舟，水也是情境。

***　***

向前走，发展，是解决系统性困顿的唯一出路；纠缠于无解的问题，结果就是无解的。当年在松陵第二中心小学，我们就提出了“发展是发展中学校的唯一出路”的思想，把当年度确定为“教师发展年”，逐步把老师凝聚到专业研究；后来到吴江实验小学，困难重重，困惑多多，我们一头扎进学校文化、课程教学中去探索，心无旁骛做教育，走出了集团化办学之路。很多问题，也许永远也解决不了，所以我们不能等这些问题都解决了再谋发展，而是要建立愿景向前走，在发展的过程中，去负弘正，路是走出来的。

* * *　　* * *

我的学校问题太多了，我要先处理好这些问题，再来“想理念”；我的学校发展得很好了，还要去“想理念”吗？我们一所小学校，想什么理念？我们这么大一所学校，事情太多了，想理念？没有必要吧？……好像理念是闲着没事干的时候想出来说着玩的——如果这是你关于“理念”的理念的话，那么，不好意思，你的理念真没用！

* * *　　* * *

学校文化首先是冷暖自知的，是满足学校内需的，但是学校文化客观上具有更为广阔的社会性。这个“内需”，应该是合法、合理、合情的。合法，即符合政策导向；合理，即符合学理，这个学理并不仅仅是理论，也包括实践理性；合情，即要满足师生的情感需求。

***　　***

问题在哪里，答案就在哪里，创造就在哪里，经验就在哪里。没有人喜欢问题，但问题总会光临，当问题像一个不速之客一样光临的时候，推也推不掉，躲也躲不开，只能迎着上。好在，答案总在问题中，没有问题，也就无所谓答案，或者说，当我们能够把问题琢磨清楚，一半的答案也就蕴藏在其中了。我们遇到的问题总是情境性的而不是概念性的，情境性的问题，需要创造性地解决，书上没有标准答案。而这种情境中的创造也不是可以所谓“率性而为”的，必须遵循基本的规律，将基本的规律运于问题的情境，让自己处于反思性工作的状态，经验也就诞生了——经验的诞生总是极不容易的，因为不容易，所以特别珍贵。这没有办法，校长应当在问题中享受到一种高峰体验，但你在享受高峰体验的同时，必须痛苦地去面对种种问题，没有一种事情可以如此便宜：能享受职业的高峰体验，又不需要经过问题的煎熬。

***　　***

真正的创造总是意想不到的，如果一切都在预计当中，那还能叫创造吗？当我们说我要创造什么的时候，可能我们做出来的已经不是创造了。创造的欢乐在于我们自己都想不到我们居然能做成这样，能做出这些，这种结果远高于想象的创造，会让人兴奋不已；让人兴奋不已的，给我们巨大精神愉悦的，不仅仅是我们创造出来的成果，还是这个成果超越了我们自己的想象。

* * *　　* * *

校长的办学思想，教师的教学主张，是看世界的一个视角；选择的是一个视角，要看的是全部的世界。

* * *　　* * *

很多校长在介绍学校的时候，围绕着“我们做了什么”充分展开，说得很多，说得很累，当然也可能自己觉得很兴奋，但是，却并不能让听者的大脑与情感也兴奋起来。究其原因，至关重要的，是其中缺少一种打动人的力量。打动人的力量并不来自你的“做”，而是来自你做了什么、为什么做、怎样做的、做得怎样，来自做的价值；最能打动人的力量，是价值的力量。校长介绍学校，绝对不仅仅是“介绍学校”，而是在阐释一种价值，做的那些事，像磁粉那样吸附在磁石之上；学校做了那么多的事，也不仅仅是把这些事都做了，而是在实现一种价值。当一个校长具备了价值力量，这个校长身上才会散发出一个真正的教育者的气质，才能成为一个真正成熟的校长。

* * *　　* * *

顺势而为是一种我们需要追求的高级智慧。“无势就作”的乱作为，逆势强作的硬作为，或者势已至而不作为，做得不到位或者过头了，所谓“不及”与“过”，都是缺少智慧的表现。

***　　***

一个校长最大的幸福，是心无旁骛地投入学术，不计得失地低到尘埃，并因他人成长而欣喜不已，继而被他人视为成长中的榜样，把学校建设成为智力生活和精神世界不断丰富之地。

***　　***

一个好的团队必须热情地拥抱批评，而不是寻找一些解说轻描淡写地飘过，特别是那些自己没有感觉到的问题，或者是虽然感觉到但没有自觉到其严重性的问题，唯其如此，每一次深刻的批评，才能转化为新突破的机会。

***　　***

一个好的团队必须在表扬与批评中保持清醒与审慎，不怕表扬，不怕批评，不在表扬与批评中迷失方向，不断地思考基本问题、根本问题，回到基本问题、根本问题，寻求基本问题、根本问题上不断深刻的认识。因为所有表现出来的问题，都是基本问题、根本问题的现实反映。

***　　***

学校文化的最终成就不可能是个人作品，不可能是个人演出；学校文化的终极体现，一定是一种集体创作，一场团队合奏；学校文化不是个人英雄主义者的游乐场，更不是精致利己主义者的小天地。

但是，在学校文化的宏大叙事中，个人不应该被淹没，不应该被忽略，学校文化应该是每个人的施展平台、表演舞台，应该能看见每一张不同的面孔、听到每一个不同的声音。每一个人都应该被重视，当然，也应该以独特的姿态来“给出”，将个人的风采汇入文化的洪流。

而那个人，依然是至关重要的，他让这部作品拥有灵魂，让这支队伍拥有核心，让一部曲子拥有主旋律，让一次演出变成蓬勃生长的欢乐颂。没有他，只可能有一些各自为政的人，不可能成为一个团队；而没有团队，就没有文化；没有文化，就反过来影响到生活在其中的每一个人。

* * *　* * *

教育理念的丰富性，是一件好事，说明思想的多姿多态，说明我们理解世界的丰富性，这些丰富的理念，在一定的情境中产生，也在一定的情境中运用。学校就是这样的“情境”，这所学校与那所学校所持核心理念不同，并不会相互排斥，因为从抽象意义上来说，这些理念都是“对”的（错误的理念当然要排除）。但是在不同的学校、一所学校不同的发展阶段，那些“对”的理念拿来的时候，却未必是适合的。用理念办学校，不是把所有我们知道的理念拿过来指导学校，如果这样学校理念就会凌乱，不加选择地把别人的理念“拿来”，或者选择了太多的理念移到一所校园中来，都是不适宜的。一所学校，一个阶段，总是要根据学校发展的自身规律，持有一个核心理念，用核心理念去理解其他的各种理念。这样，主题鲜明了，学校理念才会纯粹而又丰富。学校的校长、教务主任、德育主任、教师、学生、家长，才不会“一家人说两家话”，人心才能凝聚起来。

***　***

叩问教育本质：什么是教育？关于“什么是教育”或者“什么是好的教育”的叩问，是一项永恒的工作。杜威说“教育即生长”，陶行知说“生活即教育”，苏霍姆林斯基说“教育是让儿童在精神上不断丰富的过程”“真正的教育是自我教育”，可以说，一个教育家就有若干关于什么是教育的定义或隐喻。一个校长、一所学校，要不断地叩问这个问题，并作出自己的选择或回答。无论你是选择还是回答，都一定是基于学校的，因为只有基于学校，才能回到学校中。2017 年我调任江苏省吴江实验小学校长，面临学校精神重构的问题，我通过广泛访谈、对话历史、重读经典、深度思考，基于当时情况，对“什么是教育”作出回答：“教育的目的在于丰富儿童的精神世界”（《江苏教育报》2018 年 1 月 10 日第一版刊出同名文章），这个理念，在学校走出困境、迈向高度、“心无旁骛做教育”的过程中起到了关键作用。

***　***

学校文化的发展是有规律的，那是一个从学校实践中来、到学校实践中去的循环，校长的智慧，就是要把握好这个循环。今天造访了震泽初级中学、盛泽实验初级中学、坛丘小学、南麻中学。南麻中学正值学校原地重扩建，当此之时，学校一定会考虑学校文化，特别是校园文化。说得直接一些，就是新校园里要哪些字的问题——至少对于很多校长来说，一开始就是这样考虑的，而一旦进入思考，只要考虑的路子是正的，就会因为学校文化的系统思考而纠结或迷恋，或者在纠结中迷恋。他们已经有了一个非常好的想法，就是从“气象站”想到“气象万千”。显然，他们又觉得仅有这个词还不够，所以，希望进行分解，气何谓，象何谓，气象何谓——这样的“分解思维”未尝不可，但要非常审慎，因为很可能一不小心，我们就把一个整体性的、有着无穷张力与丰富意蕴的好东西狭窄化了、搞死了。从项目到理念、从具体到抽象，这是我们对学校文化认识的一大飞跃，接着要做的，不是分割性地把一个整体性理念去拆分，而是如何回到“具体”，照亮课堂、照亮教室、照亮校园、照亮学生、照亮老师，照亮一切，把“气象万千”在所有层面上做出来，最终在一个气象万千的校园里，走出一批批具有万千气象的人！

***　　***

向敢于上课（这里特指“开课”）的老师致敬，特别是“小有成就者”“人到中年者”“不为什么者”。“人到中年者”，不学习很快就会落伍，学习则需要克服难以挥去的老经验，难度该有多大呀；“小有成就者”，不上课可能还不露馅，上起来有种种可能，而且有时候，越想上好越上不好，“小有成就者”往往也是“人到中年者”，上课是最有“风险”的，不像小年轻，输得起呢，所以很多学校一有上课“机会”就“让”给小年轻了，可是这样，“小有成就者”可能只能停在“小有”上了；所谓“不为什么者”，纯粹是为了尝试、探索、研究、改进，几乎没有什么功利色彩——当然正常的功利追求也是可以理解的，但这种“不为什么者”却要冒着失败的风险去开课，更令人敬佩。向敢于上课者致敬，这是我们的一个基本态度，前提性态度，在这个态度之下，我们才可以好好地讨论学术问题。

＊＊＊　＊＊＊

有核心的丰富，叫丰富；没有核心的丰富，叫杂乱。一个人的思想，需要“主心骨”作为支柱，否则，“见花篮买花篮”，最终也不知道自己究竟是谁。

就如我们工作室，有几位校长，已经完成了“学校理念”“代表性思想”的初步梳理，这是要祝贺的，比如满喜的“小学不学”、建平的“务本”新解、伏平的“有我”之见、峰华的“弄潮”系统、卫强的“美学”系列等，但这决不能“收工”，决不能“告一段落”，甚至也不能“暂停”，更不宜另起炉灶，东一榔头西一棒子，打一枪换一个地方，这样永远建立不起自己的思想阵地来。

要乘胜追击，这些基本主题的意蕴是不可能被一篇文章或稍加思考就穷尽了的，所以一定要不断深入，不断丰富，不断创造，在学校里、在教师身上、在学生身上做出来。如果只是因为写过一篇文章，就把这个观点束之高阁了，或者又想寻找别的什么“新观点”了，这样的话，我们之前的梳理就白做了。

学校理念、校长思想，就是要形成并不断丰富自己的核心理念、基本概念。

我有些担心。我担心大家以为这个自己已经“说过了”或者“写过了”，就不再去思考了。——我好像也很久没有看到这些思想在“日知录”里不断回旋，这是一个需要不断回旋的主题，所谓螺旋式上升、波浪式前进，就是这个道理。

一个思想，如果表达之后（比如发表），就不再发展了，这个思想就是死思想；而要它活下去的唯一方法，就是让思想回到实践、回到学校、回到教师、回到学生身上去，如此，你一定会产生新的认识，这才是真正的思想的源源不断。

这是一个重要的问题，与伙伴们共同警惕之。而还没有建立自己“基本概念”的小伙伴，继续寻寻觅觅，基本概念不必去求新奇夺目，但一定是在基本问题上有自己的见解。

比如志华，如果建立一个“小学不小”的思想，那么就把它建成基地，思想的基地，其他的一切，都建立在这个思想的基地上；而阅读、听讲，更重要的实践，都与之相关。这样，思想与实践才能打通，我们才能通透起来，所谓“辨识度”“个性化”，那是水到渠成的事，不用刻意为之。

不要小看“小学不小”“小学姓小”“美学人格”“有我”……每一个概念都是一个宏大叙事，甚至，可以做一生。这些“概念”，在我们的思想中，绝对不能止于概念，那是我们理解教育的一把钥匙、观察世界的一个窗口！

包括看别人的书，听他人的报告，也是用来丰富、改进、优化自己的思想的。“我注六经”，“六经”也“注我”。如果我们看了别人的书、听了别人的报告、进入了别人的现场，只是赞叹几句别人的好，而没有用以优化自己的思想，没有产生思想上的“化学反应”，那就不是真正的学习。

***　***

教育的过程、教学的过程即“融”的过程，应该依托课程与教学及丰富的校园活动，不断呈现出“融成”的新经验；学校文化，特别是小学的学校文化，应该呈现出一种“放大了的家”的文化；学校的样态，不应该是相互抱怨的，而是各种矛盾协调统一的“和”的样态。这样，从教育教学、学校文化及学校整体样态上，北门小学是不是已经把“融教育”“家文化”“和学校”作为学校追求的三重意蕴了？

***　***

学校理念的表达不拘一格，可以是学术的、严肃的方式，也可以是文艺的、生动的方式；可以是高大上的、洋气的，也可以是质朴的、土气的，但不管怎样表达，实质都应该是形而上的。今天与孙莉华老师一起走访了两所幼儿园，两园有相同的困惑，就是做了很多的事情，不知道“核心”在哪里，“魂”在何处。上午在八都幼儿园，由

“五色课程”、三个“微笑”，我们提出“十六字理念”：“五色课程，八面来风，优哉游哉，其乐融融”，十六字的核心是“其乐融融”，“其乐融融”四个字可以作为学校的核心。下午在震泽幼儿园，他们的“蚕桑文化”做到极致，但仍然困惑重重，我在赞叹这种极致之余，建议他们不要把幼儿园变成“桑蚕文化展览馆”，更要避免“作茧自缚”，而要从育人的角度来形成核心的理念，从墙上“立足本真的教育，培育幸福的儿童”两句话，我建议把“从今天起，做一个幸福的儿童”作为文化核心。开始，大家觉得这句话是对儿童而言的，后来，孙老师突然发现，这句话也适合老师，继而，大家发现可以适合所有人，谁到了这里，都可以说一句：“从今天起，（我要）做一个幸福的儿童。”

* * *　　* * *

“自己的思想”，屠广越老师的几句话引起了我们的深思，她说，“许多校长在体制内丢失了（或根本没有形成）思想的能力，缺少自我思想的意识，形成执行命令和唯一思维模式”“所以我更看重‘日知录’中校长们‘自己的思想’”。“自己的思想”，这是多么宝贵的东西：校长们“自己的思想”，是区域教育的最大财富；教师们“自己的思想”，是学校教育的最大财富。一所学校真正的活力，是内在的思想活力，特别是教师团队的思想活力，而不仅仅指外在的活动——如果这种活动没有思想的含量，只会令人生厌，不会达成精神的丰富。而“思想的活力”“思想的含量”，都是“自己的思想”，首先是这片土地上的人面对这片土地时的真实思想，是置身现场的人自己“在实践的场域思考和处理理论问题”——所有深刻的思想首先来自真实，丢弃了真实就不可能有深刻；当然也需要在真实中走向深刻，从表面的真实走向规律性的真实。“自己的思想”，其结论其判断很可能与“别人的思想”是相同或者类似的，而不是什么“白里透红与众不同”，这没有关系，你的思想过程、思想逻辑必须是“自己的”，经过这样的过程，这个结论这个判断才是真正的“自己的思想”。

＊＊＊　＊＊＊

顺着学校发展的内在逻辑而有所作为。沙主编跟我说的这个“案例”实在太过经典，都过去这么多年了，我还记忆犹新——一位校长履新，几个月后，沙主编遇到，问曰:“顺了吧? ”答:“顺了。”“这么快? 什么时候顺的? ”答:“第一天就顺了。”“哦? 怎么会的呀? ”“我顺了。”这真是一个经典故事：你顺了，学校就顺了。这个所谓“顺”，就是顺着学校发展的内在逻辑，而不是过于强调、急于张扬、固执于校长的个人意志。这个“顺”，其实就是顺着规律。这个“顺”，既不是“不为”，更不是“乱为”，而是“顺势而为”的前奏与序曲，不明学校发展的自身逻辑，逆着学校发展的内在肌理，吃力不讨好。想想当年我到汾湖实验小学，提炼“老实小精神”，提出“新时代愿景”，应该可以算是顺着学校发展内在逻辑的有所作为，通过“顺势而为”，我们走过了一段艰难的日子，走出了一片新天地。

* * *　　* * *

教育的德性是发展人性的良善与高贵，而不是支持人性的暗面。这是学校管理、教育教学的基本态度，这两种态度会深刻地影响我们的太多做法，影响我们对“什么是好方法”的理解。人性总是有亮面与暗面，我们满足的是哪一面？教育该滋养亮面，而不是满足暗面——这是一个基本观点，这并不是要求每一个人成为圣人，更不是要求每一个人都不食人间烟火，不是要求大家不拿工资奖金，都不是。但是，学校依然可以倡导发扬人性的良善与高贵，管理不能为了学校外在的喧嚣而满足“精致利己者”的需要。教育更是如此，我为什么用“更”字，因为教育面对的是未成年人，人的精神生而高贵，童年的高贵精神不应被污染。一定要慎重地用物质性奖励的方式来刺激学习，精巧地创造外在诱惑性，慎重慎重！这是一把双刃剑，一下子能见效的东西，未必都是好东西，趋利而学的孩子长大了很可怕，“聪明人”太多的世界会很可怕。引导孩子对学习本身感兴趣、享受学习本身的智力尊严与精神满足，这才是教育的正道。

* * *　　* * *

管理其实是一件非常专业也非常学术的事，从专业或者学术的角度来看，“评价”其实就是一种管理，或者说，“评价”是一种非常专业也非常学术的管理：教学评价是一种专业的教学管理，课堂评价是一种专业的课堂管理，对于学习任务的评价就是一种专业的任务管理，对于知识掌握的评价就是一种专业的知识管理。

* * *　　* * *

管理即鼓劲！年轻人特别需要鼓劲，狠狠鼓劲，他们就有用不完的劲头，就有源源不断的智慧。下午在吴中区，有一位年轻老师的《水浒传》导读课让人特别兴奋！前些时候，我们曾经讨论过他的教学主张，“为学习需要而教”。今天，他的课建立在一个课前问卷的基础上，梳理出学生视角的“学习需要”，即学生想要学习的内容；他用金圣叹评《水浒》的几句话串起整部书的导读，梳理了教师视角（课程视角）的“学习需要”，两个视角融合起来，构成完整的基于“学习需要”的教学。我大大地赞赏了他，赞赏他的举重若轻，赞赏他教学过程中把心思全用到学生身上，赞赏他抓住本质问题的创新。当我们总觉得自己身边没有人的时候，我们真要想一想，会不会是我们自己的问题？

* * *　　* * *

毕业生形象，是育人目标的校本化、形象化表达；凝练毕业生形象，是一件艰难而又充满魅力的事。我上午在广州八十九中听了天河区五位校长关于课程规划的讲述，非常感动也十分敬佩。主持编制学校课程实施规划，是校长专业化的重要内涵。近三年来，天河区在崔允漷老师团队的支持下作出了非凡的业绩。课程实施规划中要给出学校毕业生形象，这五所学校对毕业生形象的描摹堪称经典：

汇景实验学校“有理想、会学习、勇担当、敢创新的成功少年”，五山小学“做人温暖、做事聪慧的仁智少年”，先烈东小学“身心向阳、品行向美、学习向上的红棉少年”，前进小学“守礼、有爱、能学、会玩的精艺少年”，天府路小学“具有追梦人、创学者、和雅君气质的和美少年”。

***　　***

教育理解不能固执己见，任何时候都不要相信自己绝对正确——这怎么可能呢？一个“胆敢教书的人”，一个胆敢成为校长的人，必须对自己的工作充满敬畏，时时叩问。因为在大方向上，我们不能出大错，否则，越努力越糟糕。时不时地听到一点儿让自己感觉不舒服的声音，绝对是好事情，必须清醒；长久地听不到让自己不舒服的声音时，我们自己要感觉不舒服：我们真的都做对了吗？

***　　***

大脑皮层是个奇怪的东西，它一旦兴奋起来，就会有智慧迸发；而它不兴奋的时候，你再怎么想还是平庸得自己都感到失望。

***　　***

兴奋是个好东西，如果我们很久没有兴奋了，就要警惕我们的大脑是否正在面临衰退的危险；如果我们看到动人的事情、美好的事物竟然无动于衷，那就更要警惕了，警惕我们的心灵正在失去对动人事情、美好事物的敏感与兴奋。虽然内心的兴奋并不需要时时处处地表现出来，但是，长期缺乏内在的兴奋，一定会导致智力的迟钝、思想的平庸；而一个人的品质，取决于他（她）为什么而兴奋，因此我们甚至可以说，兴奋的背后是价值观，不同的价值观为不同的事物而兴奋。兴奋是大脑与心灵的同频共振，是敏锐理智与深刻情感一起的触动。成人成事走远走好，兴奋不是万能的，没有兴奋是万万不能的。

* * *　　* * *

一位领导，一个校长，或者一个老师，都要努力成为“自燃”的人，不是等着被人点燃，也不是抱怨怎么没有人来点燃自己，更不是抱怨没有人给自己持续不断地提供能量，而是要自己把自己的热情燃起，用自己的热情去点燃别人，发出自己的能量来，并以自己足足的能量带给他人、带给世界以能量。“能量守恒定律”，就是你发出的能量越多，你获得的能量也就越多。“日知者”的不断续能，就是在共建一个理想与激情、理性与智慧相互供能的能量场。

* * *　　* * *

校长带领老师思考“毕业生形象”，这件事情的价值怎么说都不为过，不去深入思考“学校里走出怎样的人”这个元问题，我们就会目中无人。目中无人的教育才会满是“差生”“基础不好”“三流生源”。每每听到校长、教师说“生源太差”的时候，我总是心有一股无名之火，心里会愤愤地责问：“究竟是孩子不行还是你自己不行？”“育人”这两个字重如千钧，当我们真正明白学校的使命是“育人”的时候，你就不会用“分数”来区分“差生”与“优生”，“基础不好”与“基础好”，“一流生源”与“三流生源”了，你面对的是一个个活生生的人，一个个渴望成长、需要在学校健康成长的人。

* * *　　* * *

格局高的人“抓大放小”，格局低的人“抓小放大”。此中的“大”与“小”，不是事情的“大小”，而是重要性的“大小”。抓不住重点，尽做些不是最重要的，累死累活，却做不出价值来。而所谓重要的事情，总是本质的事情、核心的事情、牵一发而动全身的事情，当然，这样的事情，不会是轻而易举的事情，尤其之难，是需要不断地突破“自我局限”这一关的。

* * *　　* * *

2023 年，最值得自豪的是，认认真真地品味过每一个日子。参照古代西哲的名言说一句：未经品味过的日子不值得一过。更自豪的是，有一个甚至是两个团队，走在一起，认认真真地完整地品味过每一个日子，让每一个日子拥有意义！

* * *　　* * *

“思想回家”，这是思想的根本性价值，这是思想的完整性价值。思想的家在哪里？在课堂，在教学，在学生那里。如果思想不能在课堂里、在教学中、在学生身上显现出来，要这思想干什么？思想应该来自课堂，来自教学，来自学生，否则，思想就是“来路不正”——理论学习当然重要，但那应该是为思想的来路提供帮助、进行推敲与纠正；思想还必须“去路正”，必须“回家”，回到课堂、回到教学、回到学生那里，不能“回家”的思想，没有意义。

003 一切选择因价值

回到“人”的思想，才是真正的思想。

思想为什么能回到人？与思想的来源有关，思想从现场中来，从情境中来，凭空而来的思想是回不到人身上去的。这一步，太重要了，这一步，让我们成为“实践的思想者”。但仅有这一步还不够，这只是完整思想的第一步。

第二步，“倒回去”，回到现场，回到情境，回到课堂，回到校园，最终回到学生，回到人，如果最终不能回到人，不能从人身上、从师生身上，特别是不能从学生身上体现出来，那么这样的思想只完成了一半，完成了一半的思想是没有意义的，我们还要成为“思想的实践者”。

实践的思想者，思想的实践者，最终一定要打通思与行的“任督二脉”。思想回到现场，要在课堂上突破，从课堂上来的价值观、现象学、方法论与境界说，都要回到课堂上去，用课堂上师生的变化来实证，继而推进思想两次发展的生动循环。

这不是一个人的事业，而是一群人的事业，依靠一个人，完成不了思想的全过程，更不可能实现思想完整过程的螺旋上升。

* * *　　* * *

兴奋是一个很神奇的现象，让有的人兴奋不已的事，可能从另外一个人脸上只看到一片漠然。

* * *　　* * *

如果价值有问题，“坚持”就是危险品。很多人都敬佩我们的坚持，其实我一直想说，这只是一个表象，“坚持”是个中性词。人之为人，是因为人具有高价值性、高意义感。我们能够坚持的首要原因，是看到了价值与意义。如果价值偏差、意义缺失，硬要“坚持”，那么，坚持就变成一件危险品了。

* * *　　* * *

时间花在哪里，成就就在哪里。

* * *　　* * *

让自己生活在思想中。与峰华一起去昆明参加《中小学管理》杂志社举办的“名校长工作室领航能力工作坊”活动，晚上谢建华老师请我们用工作餐，同桌还有一位来自大连的专家，听说我们工作室的故事，惊讶不已，提了很多有价值的问题，比如说“究竟为什么要这样做”，我的回答是，“日知者”行动的初衷是“让自己生活在思想中”。而峰华讲的在北京旅游期间，坚持不提前准备“日知录”，以让自己每天思考的故事，这种把自己“逼到死角”

（这是我说他的）做法，正好阐释了何谓“让自己生活在思想中”。

* * *　　* * *

一个人之所以不能坚持做一件事，不仅仅是缺乏意志，更是因为没有看到价值。

* * *　　* * *

凡事只有问清楚了“为什么”，才能真正地明白“怎么做”。面对一件事情时，我们常常喜欢“直接”地思考“怎么做”，其实只有明白“为什么”，才能明白“怎样做”。

很多年前我在一次座谈会上提出问题，这个问题后来我也公开在网络上，供更多的朋友思考：我们为什么要做校长？在我看来，如果我们不知道自己究竟为什么要做校长，我们是永远做不好校长的。

一年之前，教育局希望我能够成立一个名校长工作室，为吴江教育校长队伍建设助一臂之力。接到这个任务，我不断思考的问题是，为什么要成立这个工作室？成立这个工作室的意义是什么？这个工作室的使命是什么？在我看来，如果我们不知道为什么要成立工作室，也是做不好工作室的事情的。

* * *　　* * *

如果把一个人各方面的品质分解开来去理解，就无法解释很多现象；“整个的人”“整全人”，类似的概念应该都主张人的完整性、不可分割性。

听了我们工作室的故事之后，很多人对我们的“坚持”表达了敬佩。可是，某地的一位日不间断地坚持写了1983天读书摘记的校长突然发现不对劲了，给我发消息居然自称是“不思考的老师”；一位知名校长、工作室主持人则当场表示，以前以为自己已经做得非常好了，今天被“重击”了；一位在当地已经很有成就的年轻校长则公开表示“今天很伤感”，他说他才发现自己做了那么多、得到了那么多，却从来没有思考过究竟为什么做校长、为什么带工作室。屠广越老师（教育部中小学校长国培专家、大连市政府督学）极其敏锐而深刻地说：只看到坚持远远不够，关键不是坚持。屠老师又说到“情怀”，她说，只有情怀也不行，在全国有情怀的校长与老师太多了。

坚持是必需的，但是仅有坚持是不够的；没有情怀是不行的，但是情怀并不能替代智慧。一个人获得的成长，很难说某个单一方面的成长，这大概就是人的完整性吧；一个人对另一个人的影响，很难说哪一个方面的影响，这大概就是沙培宁主编说的“整一个人影响别的整一个人”吧。

＊＊＊　＊＊＊

课程的经典概念，应该是目标的概念，目标达成，课程完成，从这个意义上来看，课程是一个闭环。但是，如果用这样的思维去衡量创新拔尖人才，恐怕会很讨厌，因为真正的创新思想经常在闭环之外发生。课程的首要特征，就是要指定一个我们要去的地方，但是，根据未来学家的名言，未来不是我们要去的地方，而是我们要创造的地方。如何用知识去创造，如何将创造纳入目标，也许是一个理论与实践的重大问题，还是一个重大的政策问题。引申到管理上来思考：我们用常规的指标去衡量一个人、一个单位，这种太平无事的管理方法，不知道会扼杀多少的创造；不然呢？又定然会滋生躺平者。如何平衡此两者，这考验着领导者的眼光、胸襟、胆识，以及至关重要的价值观。

***　　***

无意于也不应该把两者对立起来，但我还是认为这的确是个重要的问题：我们究竟是对教育真实发生的情境感兴趣，还是直到获得证书奖杯称号荣誉才兴奋？对于包括课堂、教室、学生活动、师生对话、教学研究等在内的教育现场，对于蕴含着教师的、学生的精神世界的生动细节与真切故事充满兴致呢，还是只有看到那些证书才提起兴致？我以为，如果只对后者感兴趣，只为后者而兴奋，那么，一定不是一个真正的教育者，如果这样，无论是教育理解，还是教育情怀，都本末倒置了。

***　　***

人与人的关系，如果只剩下“事”相接，没有“情”相通，就了无生趣。事中有情，情在事中。

***　　***

一个人之所以听不到不同意见，骨子里是因为我们听不进不同意见，可怕的是，久而久之，我们会对自己产生误判。

***　　***

财富谁不爱，但是君子爱财，取之有道；分数谁不要，但是好的学校、好的老师，爱“分”也当取之有道，因为爱“分”，损害了孩子的身体与心理，这样的分，宁可不要。学期初全区校长会上陈炳亮校长说的“这样的分数宁可不要”，这种特定场景斩钉截铁的常识性表达，特别振聋发聩，相信会引起校长们的深思，相信这本来也是校长们的心里话，只是很多人不敢说，不愿说，不想给自己的做法断了后路。学校不是育“分”之地，学校乃是育人之地，学校也爱“分”，取之需有道，无道之分，邪道也。

***　　***

师者即思者。思想让一个教师拥有智力上的尊严、精神上的高贵，一个没有思想的老师会成为一个空洞无力的说教者、表情漠然的搬运工，一个有思想的老师会像人类第一次发现真理一样，在惊奇和惊喜中，与学生一起，将事实凝练成知识，将知识转化为信念。

*** ***

曾经以为，一个人，能做到低调与谦逊就很好了；后来发现，内心的谦卑才更为重要。最近又在想，清醒与审慎，比谦卑更重要，尤其是在受到表扬或者批评的时候。真正的清醒与审慎一定是谦卑的，但不是为了谦卑而谦卑，而是绝对真实的、绝对自发的、绝对自觉的因为清醒与审慎带来的谦卑。

*** ***

因为重要，所以重视。核心问题是关于“何为重要”的认识不同，所以每一个人重视的事情、事物也不同，人的格局也就不同。因此，不断扪心自问“真的非常重要吗”，是一件非常重要的事。

*** ***

高价值取向的人性特征，决定了这样：一切的选择，都是价值的选择；一切的放弃，都是价值的放弃；一切的坚持，都是价值的坚持。当我们看不见价值何在的时候，就一定会疲惫，就一定会无法坚持、最终放弃。而价值，有时候会像在原石中藏得很深很深的玉一样，不经过精心耐心用心的切磋琢磨，无法显现出来，如果你中途放弃了，就永远以为它只是一块粗糙的石头。不但如此，你还可能不相信里面藏着如此瑰丽的玉。除非有一天，你看到有人把玉打磨了出来！

* * * * * *

理念之所以没有用，主要是两个原因：一个是来路不正，没有按照理念诞生的路径诞生；一个是去路不对，没有遵守理念回到实践、回到人的应循逻辑。

* * * * * *

教育的良心首先是呵护学生的学习兴趣，底线是绝不伤害学生的学习积极性与智力的尊严。顾明远先生的那句“要有教育的良心”，不时地在我耳边响起，那是一个正直、善良、专业教育老人的泣血呼吁！在我们责怪教育环境这也不是那也不对的同时，我们真的做好了吗？我们真的守住教育的底线了吗？扪心自问：我们有教育的良心吗？

不用讲太多大道理，对于今天来说，一个教师的“教育的良心”，集中在每一天的作业问题上，为什么我们一直在强调“五有五必”，这个朴素的“五有五必”蕴含着太多的道理，其中之一，你能做到布置的作业全都批改吗？——学生作业过多的问题，关键在于我们的老师是不一一批改的，反正不批，布置起来手就硬，如果一本一本都要批呢，要从批改中发现学生的典型错误、分析学生的思维方式，你还能布置那么多吗？——这些作业，对于会的同学，要用大量的时间去重复；对于不会的同学，在没有人指导下只能乱答一气。

我是一直心疼孩子们的时间与精力的，一个小学生，整天整天地坐在书桌前，低着头，一遍一遍地重复性做作业，一天又一天，我们能说我们守住了“教育的良心”吗?

“内卷”绝对是一个贬义词，我们千万不能不以此为耻，反以为荣。当我们拿着学生的全部高分欣喜不已的时候，一定得问一下：那些孩子的付出真的值得吗? 我们的高分真的是“良心高分”吗?

“内卷”与“躺平”，过犹不及。不要以为“内卷”总比“躺平”好，内卷的特征是伤人！伤人的教育，怎么可能是好的呢? 伤人教育的实施者，怎么可以声称“我是为你好”呢?

“内卷”与“努力”，不相关。“努力”是积极行为，“内卷”则阴得很，内卷的目的是把人家比下去，内卷的特征是不择手段、不计成本，是以违背规律性常识为前提的。内卷是一种变态做法，与“努力”无关。

我们必须旗帜鲜明地在教师中反对内卷，不能犹抱琵琶半遮面式地反对，更不能暗中支持、内心欢喜。

内卷与躺平，都要反对。重点在哪里，要看学校的情况，“卷”的时候，我们的主要精力要反内卷；“躺”的时候，我们的主要精力要反躺平。

反内卷这件事情，名师名校要带好头，做好示范；学校校长要理直气壮，把鲜明的观点清晰地传递给所有的老师与家长。

这是“教育的良心”的要求。

＊＊＊　＊＊＊

基础教育的第一特征是基础性，听说读写算的基础，为学、做事、为人的基础，思维、精神、审美的基础性，基础不牢，地动山摇；基础稳固，天地无限。

＊＊＊　＊＊＊

不思考为什么，永远不知道做什么与怎么做。“为什么”与“做什么、怎么做”，一定是一个人同时去思考的，不可能存在这样的一种情况：专家负责回答“为什么”；我们专门负责去做。这种在一个人身上把“为什么”与“做什么、怎么做”分裂开来的思维方式，一定是做不好的。其实这种情况到了学生那里也是这样的，学生在不思考、不需要思考“为什么”的情况下，跟着老师的指令去“做”，那只是无意识的做，是培养不出会思考的人来的，也培养不出真正会“做”的人，因为真正会“做”的人，是同时知道为什么做、做什么、怎么做的。

＊＊＊　＊＊＊

教育中有太多的双刃剑，用得好破解难题，用得不好伤己害人。比如说“常识”，我们常常说，回到常识就行了，大道至简，世间事没有这么复杂，回到常识就是了，但是，这也有危险，常识，就一定是对的吗？不对的常识，当“误识”成为“常识”，习惯性的常识就很危险。比如说“评价”，没有评价肯定不行，一笔糊涂账，但是过度评价，把复杂的人评得支离破碎，也是非常危险的；比如说“知识”，今天的专家在说“知识”的时候，总是带有一种轻视的口吻，这也是要警惕的，“知识”不好吗，“知识是个百宝箱”呢，只是要看我们怎样去获得知识，不适当的方式害人，适当的方式成就人。

* * *　　* * *

回到核心与本质问题的思考，然后行之，这是很重要的。李雯教授说的“方向不明胆子大，思路不清点子多”，的确有些可怕。

* * *　　* * *

我们所倡导的，并不等于我们已经完全拥有的，而是我们想要拥有的，是我们不断走向的。学校发展通常会显现出这样一种情形：在问题中产生思想，用行动去诠释思想，在思想与行动合二为一中不断前行。但这个前行并非一马平川，而是迂回曲折，需要太多的清醒与坚定；谁能把握这种迂回曲折，谁就在享受思想，享受人生。

004 沉到课堂最低处

教师具有教练的性质，教练是不能亲自上场的，教练上场是违反比赛规则的，教师上场是违反教学规律的。

* * *　　* * *

课堂上，老师放下固化与执念，倾听学生的想法与思路，真切地与学生展开对话，会很有刺激感。唐娟红老师上《蜘蛛开店》一课时，设计了一个思维图，学生把“词卡”放在其中合适的位置，梳理“卖什么”“卖给谁”“织多久”三个关键信息，有学生拿着“脖子长”的词卡无处安放，学生认为这是重要信息。唐老师很受“刺激”，当场表示要增加一个关键信息：“特征”——事后我与唐老师聊过，当老师放下固化与执念，就可以在与学生愉快的烧脑中常有所获。

* * *　　* * *

评价要点可以在微观层面解决课程教学的重大问题，是一项低到尘埃里去的事业。课程与教学改革如果最后不能落到微观层面，不能进入操作层面，玩再多的概念不过多些杂念，要最多的手段反而乱了阵脚。

* * *　　* * *

掌声？“给他掌声！”“掌声在哪里？”为了鼓励学生的良好表现，我们喜欢在课堂上指挥学生鼓掌。但我一直觉得，这里面包含着教师的绝对权威。教师一定是有权威的，但是绝对权威不好，绝对权威很容易影响学生的独立思考。一个学生发表了观点，还没有经过同学的判断与思考，老师立即兴奋起来，号召大家“给他掌声”，把自己的判断瞬间给予学生，这种方法不可取。（熟视冷思）

* * *　　* * *

碎片化？蔑视课堂碎片化信息的想法，既无礼，又不必。课堂上怎么会没有碎片化信息呢？学生怎么可能天生就是结构化思考者呢？比静态的结构化了的知识被接受更重要的，是动态的知识结构化的过程。结构化的过程从何而来？从“加工”碎片化而来。没有碎片化，何来结构化？所谓深度学习，恰好就是帮助学生把碎片化信息进行结构化的过程。（熟视冷思）

* * *　　* * *

一人说一点，每人都有份？对一个问题怎样理解，我们习惯于请多位同学，你说一点，我说一点，最后造成一种“智力激荡”的景象，但是这种景象往往是点对点的景象，是一种虚假繁荣的假象。其背后真实的情况是，没有一个同学完整地思考过这个问题。我们之所以这样做，理由是把机会给更多的同学；造就的现实是所有的同学失去了完整思考与表达的机会——想要每人都有份，结果谁都没有份。（熟视冷思）

* * *　　* * *

谁来“帮助”他？在一位同学遇到问题的时候，因为课上时间有限，我们习惯于这样处理：“谁来帮助他？”帮助？这当然是需要的，但是，如果我们的帮助只是让别的同学代替教师把正确的解答告知一遍，却未必是真的帮了，而且很可能是帮了倒忙——这样一来，那个遇到问题的同学就不用去思考了。这时候，老师要对这个问题的价值有一个判断，如果有必要的话，最好采取“挑战对质”等方法，帮助遇到问题的同学去思考，最后出现“喔效应”。（熟视冷思）

* * *　　* * *

无巧不成书，无错不成课。一节没有学生合理错误的课是不正常的。

* * *　　* * *

教师进行课程教学的第一基本功，应该是学会叙写学习目标；教研组开展教研活动要做的第一件事，应该是研究学习目标怎么写。

＊＊＊　＊＊＊

导航仪导航应该在一定程度上体现出了一种典型的专家思维：专家思维需要知识基础，地图就是最基本的知识基础；这个知识是动态变化的，需要不断更新，通过互联网与可能有变化的地图的关联，今天的导航越来越精准；地图本身不是零散的地名，而是通过道路将各地勾连起来，没有这种结构化，也无法导航；导航的过程需要收集信息，这个信息十分复杂，处于变化之中，需要“专家”进行分析与决策，最终抵达目标。结构化且动态更新的知识，复杂性且变化莫测的情境，考验着专家思维。

＊＊＊　＊＊＊

有归纳式学习，有演绎式学习，对于小学生的学习而言，我的基本观点是，在学习新知识的时候，采用先归纳再演绎的方法，经历知识的来龙去脉。在归纳式学习中经历知识的“来”，获得知识的认识，完成“上位学习”；再将这个认识置于新的情境，去解释新现象，去创造新案例，经历知识的“去”，完成“下位学习”。经历这个完整的过程，才会如苏霍姆林斯基所说的，知识成为信念。

＊＊＊　＊＊＊

听课不能专注于品味调料而忘记了食材，没有调料当然做不好菜，可是总不能把调料当菜吃呀。

* * *　　* * *

从思考最终学会什么开始设计教学，是谓“以终为始的逆向设计”；这个“最终”是指“单元”这一基本的课程单位结束，从“单元结束后学生将学会什么”开始设计教学，就是单元逆向设计。反复地思考“单元结束后学生将学会些什么”，会做什么事，会拿出怎样的方案，会作一个什么报告，会形成什么样的作品……反复地思考“终”的问题，太重要了，这是学习的“终”，正是设计的“始”。

* * *　　* * *

如果每一天的教学不能通往“培养什么人”的问题，那么我们就是整天搬砖的人，而不是心里想着“我在建造美丽的宫殿”的那个人。从育人目标到课时教学，保持一致何等重要。比如育人目标是“能工巧匠”，“会打一房家具”就像是某个学期目标，“打一张床”就是单元目标，“雕花”就是课时目标。

* * *　　* * *

专家们想的是如何做“大”，教师们要的是怎样做“小”，那些大思想大道理如何落到课堂微观层面，这才是一个最最要命的事。不能在课堂教学微观层面落实的大道理，无论怎样热闹与新潮，不管是发表了多少成果或者获得了多大的奖，终究是空道理而已。

* * *　　* * *

警惕"假性评价"，警惕没有任何意义甚至有负面意义的评价！"开发"了庞大的评价量表，但不可能也没有必要去对照，对照了也没有用，都是概念化存在；一星二星三星吧，也只是表面上评一评，孩子们的表情则一片漠然，没有什么驱动性。评价十分重要，但不必将评价过度理解，太多的"硬评价"；在学习中已经经历了隐藏的评价，却一定要拎出来再评一评；简单化的套路评价……其实，评价本身就是双刃剑，使用不当，问题就大了。

* * *　　* * *

简单地说教学要坚持某一中心，也许并不合理，如果"中心"就是指地球围绕太阳转的话。《人是如何学习的》提出"四个中心"（其实是四种视角）的学习环境是有道理的，学习者中心、知识中心、评价中心、共同体中心，以及极为重要的四者的一致性、互动性。"学习者中心"自不必说了，现在好像不说这个就很不好意思似的；而陶行知主张的是教的法子根据学的法子，学的法子根据做的法子，那不是"做"为中心吗？记得美国著名学者帕克·帕尔默描述过一群人围着篝火的情景，这堆篝火就是伟大的事物，那是不是"知识中心"呢？是围绕着学习者转，是大家一起围绕着知识转，是围绕评价转，还是共同体才是中心呢？也许并不是谁围绕着谁的问题，而是由"四个中心"协同起来，才能构成"人是如何学习的"这种真实情境。

* * *　　* * *

学校与教师最主要的工作是耕耘，是低头走路，而不是什么整天地“跳出教育看教育”，整天开阔视野；这些固然是重要的，可是最重要的，需倾注主要精力的，仍然是弄清这些大道理之后每天的精细耕耘；就像一个医生，在医生天职的指引下，在生命理解的大观念下，主要还是出好每一天的门诊，做好每一台手术，看好每一天的病人。仰望天空当然是需要的，把课放在单元里，把单元放在学期中，把学期放在学段里，心心念念毕业生形象，否则我们每日的劳作就失去了意义；但必须把主要的精力用于每一节课、每一本作业、每一个孩子上，而不是用于仰望，课程与教学的改革，学校文化的宏大叙事，为党育人、为国育才的国家要求，都要在教育的微观层面实现，微观层面是教育的前沿阵地，守住它才守住了教育。

* * *　　* * *

备课的过程与上课的过程正好相反，备课需要提炼，上课需要展开；上课需要展开的正是备课所提炼的，备课没有提炼，上课就会纷乱；上课不去展开，就会变成灌输。

* * *　　* * *

倡导与探索开学之前的“大教研”，对于一学期的教学十分重要，开学前是校长们最为忙碌的时间，但越是忙碌越要思考，打算好一学期，与急匆匆地“做好眼前事”，如何取得协调，依然考验着我们的智慧与取舍，没有对“今后”的打算，永远忙碌在“今天”，这是挺可怕的事情。开学之前的“大教研”宜在“大”字上做把握，“大”到一个什么程度，我以为落在帮助老师整体把握“一学期”上下功夫。2021 年，我们在“期初大教研”组织大家琢磨所有单元的“统摄中心”，寻找单元教学突破点；2022 年的“期初大教研”用于编制“学期课程纲要”，我们用了一学年的时间，基本完成所有学科上、下学期的全部课程纲要；2023 年秋季，我们着力于所有单元的“单元简谱”编制，都是帮助大家在“整一学期”“整册课本”上做文章——据勤华、伟英他们说，研究场面十分可喜，可惜“大教研”当天我因为去山东讲学没有在场。备开学初上的几节课，或者安排一个教学进度表，不能算是“大教研”；请一个人作一个讲座听一些理念，这固然可以，但这称不上是“大教研”，只有以教师为主体进入“整一学期”“整册课本”层面的思考才是“大教研”。“大教研”的实质就是整体上把握这一学期的教学。

* * *　　* * *

当生动的现象与抽象的概念真切对接的时候，人类会因为认知的迭代、认识的彻悟而兴奋。我们大孙子船船小时候看到门就会兴奋，一定要指着门，兴奋地、反复地、大声地告诉你这是“门”。你想，这个抽象的“门”，居然可以呈现出那么多不同的样子，出现在各种不同的地方，太神奇了，我们的大脑怎能不为之兴奋！而当这个概念没有与生动的门关联的时候，或者这个具体的门没有与“门”这个概念融为一体的时候，“概念门”与“具体门”，一边是冷冰冰的概念，一边是孤零零的具体，就都没有这么大的意义，孩子也不会有这么大的兴奋。

＊＊＊　＊＊＊

教学究竟应该是从儿童出发，还是从知识出发，这是一个问题。事实上我们需要的是，既要考虑儿童的经验，又要考虑人类的经验（课程的知识），虽然要做到“既”与“又”，的确是个难题，但是，在真实的思考与实践中，的确无法区分究竟是从儿童出发，还是从知识出发了，两者的确不可分离：我们在想着知识的时候，总是同时会想到这是儿童在学知识；我们在想着儿童的时候，总是想着儿童要学的知识。

＊＊＊　＊＊＊

永远不可能什么都教，必须有所舍弃，舍弃是为了聚焦，聚焦到几个少而重要的问题上来。教学上最困难的事情，是判断哪些是“少而重要的问题”。“少而重要的问题”，一方面在于我们对知识本质的理解与把握；另一方面在于我们对孩子学习情况、学习规律的认识，他们的已知、他们是怎么想的，这样的问题太重要了。

＊＊＊　＊＊＊

必须建立实践者正确的理论底气。课堂教学的底气从何而来？不应该只是来源于有没有评到什么奖项，而是要来源于我们的理论底气；前者是外部评价，后者是内在评价，最理想的是两者统一，统一不了取后者。

所谓“理论底气”，当然不是指几个书上抄来的理论概念，而是我们有没有雄辩的“说法”，这个“说法”，首先必须说服自己，然后也能说服别人。徐栋跟我说：“当初2019年督导，他们没看到实验小学特质的课，现在，我可以有底气地说，拉几个老师出来，都能上好……都是代表实验小学研究思想的课例。”我说：“对，这是我最得意的事情。”他说：“让我们的课越上越明白，越来越简单，而且有底气。”暑假里我请他去外面上课，他的课非常从容，我就说他已经有了“理论底气”。

可能也有人会说：“仅有理论底气就满足了吗？关键还是要看实践好不好！”这是自然的，没有实证，仅仅通过一些假设性概念之间的推想，是不可能有“理论底气”的。但是，如果实践经不起理论的推敲，也是要引起高度警惕的；经不起理论推敲的实践，可能隐藏着巨大的危机。

* * *　　* * *

一味地追求理论上的完整性，有时会阻碍改革的启动与展开。在现实中，抓住影响实践改进的牛鼻子，选择我们能做的又直接关系到核心、本质的那些“撬动性”的事，可能要比纠缠于理论的完美性靠谱得多。过度苛求理论的完美性、完整性，很可能等了一年又一年，人家轻舟已过万重山了，你还停在原地。这样说，绝不是对理论的漠视。

一方面，在实践启动的时候，我们也并非不关注理论，而是在充分琢磨理论的基础上，作了一种合理的行动选择，也可以说“大方向”不会错，但又并不把理论当教条；另一方面，在实践的过程中，在“做起来”的过程中，我们依然要不断地与理论进行对话与对质；再者，实践也会不断地倒逼理论的创新与修正，因为毕竟，归根到底，实践才是检验真理的唯一标准，而不是反过来。

* * *　　* * *

一切从实际出发，从符合原理的、好上手的改变开始，慢慢走向理论完整。

（2023 年）8 月 24 日下午，回实验小学跟老师们细谈“单元简谱”的编制，想暂时性放下完整性追求，从“单元组织者—分解落实—概括性活动设计”三层，聚焦于“能做”，在开学之前，初步设计所有的学科每个单元的教学框架；开学前的现场教研（8 月 30 日），我没有时间参加，勤华、伟英等都给我发过来现场研讨的照片，智力活动场面喜人，大家通过这样的活动，把握了单元，更把握了全册课本（这是真正的“大教研”，期初对本学期有一个全局性思考）。

9 月 12 日下午，回实验小学参加老师们展示部分单元、部分学期的“单元简谱”，这些展示都很好，有一些已经很有水平。我又提出这三层（无以名之，姑且称为 A、B、C 三层）的深化研究：A 层，单元组织者，关于“大观念”“大任务”“大问题”，要专门学习与讨论；B 层，单元组织者分解为子观念、子问题，或落实到子任务，要进一步思考“关系”，与单元组织者的关系、相互之间的关系；C层，概括性活动设计，要体现“学科实践活动”的特征。之后，陆续收到沈伟英发过来的一个数学单元的简谱（13日）、勤华发来的一个英语单元的简谱（16日），以及徐栋发过来的所有单册的单元简谱（17日）。很是兴奋。

9月18日下午，在东太湖实验小学接受苏州教育台采访，有一个围坐教研的镜头。正好用这个间隙与春喜、陆丽萍、倪婷他们讲这个“单元简谱”的好处与前景。等到目前三层做得比较成熟，我们还要继续往前走：一是A层单元组织者下，要写明单元目标与评价方法；二是B层的每一个分解下，要写明目标；三是C层每一个活动，要极凝练地体现情境与任务，并配套“评价要点”。

一口吃不成胖子，改革不是埋怨老师与指责老师，而是循着教师改革的特点走。郭华老师讲得好，一定得坚持教师是改革的主体。怎么坚持？不是任其自然，而是因势利导地发展。

***　　***

备课的时候，“评价”是个名词，是附着评分规则或评价要点的学习任务；上课的时候，“评价”是个动词，是评价信息的收集与处理。

* * *　　* * *

评价要点，是教学、学习与评价的关键指引，是学习目标的具体化。评价要点根据学习目标表现为各种层次：有教育层面的，有课程层面的，有学科层面的，有具体内容层面的。比如要求“倾听同学的发言，说出在本节课上从同学那里得到的启发，至少三条”，是教育层面的；比如“说出今天学习的新收获，至少三条，说明白新在何处”，是课程层面的；比如薛法根上《王戎不取道旁李》时，提出抄写要做到“快”“对”“美”，是学科层面的，是语文学科层面的；具体内容层面的，则要“往下走”，根据教学内容量身定制，比如用线段图表示题目的意思，要根据三个评价要点来评：是否画出了条件、是否画出了问题、是否画出了数量关系。

评价要点的提出，要根据实际情况而定。有一些评价要点十分明白，无可争议，可以直接告知，不必转弯抹角；有的评价要点，通过前期的学习经验已经形成共识，可以通过复习重温；但是总的来说，评价要点不宜“给”，而要经过大量材料的接触，要经过琢磨与探究，获取评价要点的过程本身就是一个学习的过程。

评价要点的运用，有时候可以立竿见影，有时候则要长期才能见效。评价要点转化成学习的知识与认识，有时候可以本节课内完成，有时候则在本节课上凝练出来即可，运用则要到下一节课进行，甚至还要在别的课上反复进行，这种情况下，我们就不必为了追求“学习的完整性”而匆匆忙忙地赶时间，一赶时间，学习就会浮于表面。

***　***

是“教—学—评”还是“学—教—评”，或者“学—评—教”，并不那么重要，重要的是“一致性”。有人为了强调“学为中心”，提出“教—学—评一致性”不如“学—教—评一致性”，我觉得意义不大。“教—学—评一致性”要说的不是谁是中心的问题，也不是谁先谁后的问题，而是教学、学习与评价三者的相互匹配，强调的是“一致性”。如果一定要有一个“中心”的话，目标才是中心，所以，“教—学—评一致性”的完整表达是目标—教学—学习—评价的一致性，或者是“目标统领的教—学—评一致性”。

***　***

我们每天遇到的都是现象，现象的背后都是原理。如果我们不能从现象背后看到原理，现象与原理就永远是两个互不相关的世界，一边是火热而纷乱的现象，一边是整齐而冷冰的原理，那么，我们就没有办法真正地研究课程与教学。把原理做成现象，在现象中抽取出原理，这样的教育学循环，应该成为我们研究课程与教学遵循的基本原则。

***　***

无限地扩大“评价”的使用范围，是有害的。评价主要是课程话语，课程具有一定的规定性，是人类智慧的结晶，是千百年来无数的事实证明过的正确经验，理解它、传承它，用它来构成现代人的基本素养，这是教育走向课程之后的伟大进步。课程的第一标志就是目标，设计一门课程，首先就要确定课程的目标；继而是与目标匹配的内容、实施与评价，评价是课程目标是否达成的“守门员”，没有评价无法知道目标是否达成，所以，没有评价也就没有课程；没有评价，课程只能是一个文案，而无法证明目标已经从应然转化为实然了。

但如果过界了，以为评价可以解决所有问题，变成“评价主义”，就是有害的。除了课程世界，我们还有很多不确定的知识、未知的领域、预设外的现象，探索这些“不确定”“未知”与“预设外”，用预设的评价规则无法解释，这时候再一味强调以评价规则为标志的评价，评价就会成为阻碍人类进步的绊脚石，因为人类总是在突破以往的认知中获得突破性进步的，而这没有办法用以往的条条框框去评价——好的评价成就人，坏的评价扼杀人；好的评价推动人类进步，坏的评价阻碍人类前进。

* * *　　* * *

做好课堂评价，必须思考三个问题：评什么、用什么评、怎么评？

评什么？评学习信息，所谓评价就是对学习信息的判断与处理，这个学习信息就是课堂上学生的表现，作业、作品，说的话、做的事，因此，课堂首先需要帮助学生创造信息，信息出不来，评价就无从着手、无从谈起。

用什么评？评分规则或评价要点。对学习信息的评价，总不能说“说得真好”“给他掌声”就好了，这样就是外行的评价；专业的评价需要依据评分规则或评价要点。所以教学设计时要开发评价要点，课堂教学中要形成评价要点，且运用评价要点指导教学、学习与评价。评价要点要下沉，往下走，不能泛泛而谈，停留在理念层面，要量身定制，具有“不可复制性”。

怎么评？不是套用概念进行标签化评价，而是要在“评什么”与“用什么评”之间建立关联，即进行“评价信息”与“评价要点”的互释，在这种互释中打通“具体”与“抽象”的隔阂。

***　　***

警惕过度评价。评价是必需的，过度评价应警惕，不能因为跑步是健康的运动方式，就从早晨一直跑到晚上。关于评价，日前星磊说到一个现象，应该引起大家的警惕。她说：“开发评价要点要适量，最近听了几节语文课，都有评价意识了，问题是老师提炼了过多的评价要点，过多=没有，学生顾此失彼。”硬评价、乱评价、泛评价、碎评价、过度评价，“过犹不及”，课堂会乱的。过度评价也是评价领域的专业性不够之故。过度评价一般表现在几个方面：一是评价过多，在并不需要评价的地方也不断地、拼命地评价；二是评价过繁，评价工具过于复杂，评价过程过于繁琐，特别是没有实质性意义的所谓量表，很多时候根本就无济于事；三是评价要点过多，“要点”的关键是“要”，即主要、扼要、重要，否则就不叫“要点”了。

* * *　　* * *

倾听的重要性不言而喻，对于学生来说，会听才会学，无论是听老师，还是听同学；对于教师来说，会听才会教，不会听学生的话，就无法理解学生的想法，也就无法进行真正的教学。

* * *　　* * *

“单元”不应该是一个完整课程故事的唯一单位，一个课程故事是否完整，不应该从课时数量来划分，而是要看是否形成了杜威的“一个经验”思想。我更赞同杨九俊老师在阐述杜威“一个经验”思想时的观点：“‘一个经验’包含大单元又超越大单元。它可以是教材意义上一课（一节）的，如围绕核心知识的学习，构成从情境体验到探究建构到知识应用，一课（一节）也可以构成一个经验。它也可以是一个单元的，大单元学习围绕核心任务的完成展开，在课（节）当中整体融通，没有空隙，这样一个单元的学习就构成一个经验。它也是可以超越大单元的。不少单元之间关联性较强，可以跨单元学习；有时还可根据学习任务的要求，跨知识板块，如语文跨任务群学习，这样的一个经验更加完满。”（杨九俊《一个经验：培育核心素养的路径选择》，《教育发展研究》2022 年第 24 期）。

* * *　　* * *

没有意义的碎问，占据了宝贵的课堂时间，影响了真正重要问题的讨论。比如我们研究《慈母情深》中母亲的同事“旁边一个女人”说的话，我们要讨论的是为什么要写“那个女人”的话，这是一个重要的问题。那么，其他的没有意义的问题，就不要再假模假样去问了。比如老师问：“女人说了几段话？”学生说：“两段。”老师问：“第一段是对谁说的？”学生说：“母亲。”请大家读，读之后，又问：“第二段话是对谁说的？”学生说：“对我说的。”这样的问题就完全不用问，就应当清晰地告诉学生：那个女人说了两段话，第一段是对母亲说的，读这段话、学习；然后“第二段是对我说的”，读这段话、学习——大家不要小看这个改变，好像并不重要，好像有点儿小题大做了，其实不然，正是这每一个看来都不占时间、精力的问题，构成了浩浩荡荡的“碎片化教学”，蚕食着宝贵的课堂时间。没有意义的问题、可以秒答的问题，一个也用不到。

* * *　　* * *

尽量让学生明白学习的意图，而不是蒙在鼓里，被牵来牵去却不知道究竟为什么。我们习惯于给指令，要学生做这做那，老师自然是有做这做那的意图的，但这意图学生却常常是不知道的，学生在不知道意图的情况下学习，思维是被动的，学习是无指向的。比如说，我们要做一个实验，探究一个问题，那么这个“问题”就是一个意图，学生应该要明确我们的实验是为了探究这个问题，他们做实验的时候才是“有意识”的，否则，教师说一步学生做一步，看起来实验好像做完了，结论也出来了，但对于学生来说，却是“无意识”的情况下进行的。

＊＊＊　＊＊＊

教学要“闻过则喜”——看到学生有问题、做错了，心里窃喜：一次澄清本质的机会来了！

＊＊＊　＊＊＊

理论绝对不是紧箍咒，绝对不是实践发展的羁绊。听到大家评课，是这样评的：“不对呀，你这不是大单元啊？”“你这节课，算不算大单元的课呢？”“你的情境好像还不大”……我就担心，不能这样“套概念”评课的呀，就拿“大单元”来说，大单元是为了解放“生产力”、释放师生活力的，而不是一顶可以把人扣死的帽子。学习不是为了“大单元”，“大单元”是为了更好地学习，咱不能本末倒置。

＊＊＊　＊＊＊

课堂首先要千方百计地释放学生的学习信息，没有学生释放的信息，就没有办法进行教学；但我们希望的是“定向释放”，这个“向”，就是目标。学生释放的信息会与目标信息（注意：目标信息绝对不等于“标准答案”）有差距、有差异，这非常正常，这正证明教学的必要性，教师的责任就是助力于信息的优化——这个“优化”是多重含义的，其中之一，就是“向着目标”，就是“定向”。课堂上，学生的精彩固然是重要的，学生“定向释放”的信息固然是重要的；但教师的精彩也同样是重要的，当学生的信息释放出来之后，教师在学生无法抵达之处的直接点拨，四两拨千斤式的点拨，那些让学生们恍然大悟的点拨，胜过多少没有意义的低层次“小组讨论”啊。

* * *　　* * *

“讲明白”是教师的第一基本功。在所有“教学法”当中，“讲解法”“讲授法”是底色，一个教师如果不会“讲课”，没有“讲功”，讲不清楚，说不明白，甚至“你不说我倒还明白，你越说我越糊涂了”，那么，任何一种高级的教学法都无法展开。课程与教学的改革走得越远，我们越要警惕，丢弃了最基本的教学法，是不可能取得课程改革的胜利的；一个教师，如果不能把一个知识点“讲明白”，他有可能把一个单元、一个学期教明白吗？特别敬佩我读师范时遇到的几位老师，像班主任蒋光球老师，他讲解物理知识，太清楚了；像教我们中共党史的老师陈辛培，每一节课都是通篇讲，我们总是听得意犹未尽，以至于有一段时间特别喜欢读中共党史的材料。我不是说现在的教学再回到“讲授法”一统天下，而是想说，“讲功”是教师的“第一基本功”，这功夫绝不简单，除了必要的“讲解技术”之外，更需要我们对知识本身的通透理解，没有这样的高度，任凭如簧巧舌，也是讲不清楚的。

* * *　　* * *

要吃透新概念的意义，不要被新概念捆住手脚。比如“大单元”，大单元的设计是为了破解碎片化困境，通过大观念、大任务、大问题的集聚，指向核心素养，但所有的一切，总是要在一节一节课上去完成，可是，我们有时候为了“大单元”而“大单元”，一天到晚在想“我的课怎样才是大单元的课”，弄到后来原来上得好好的课都不会上了，被“大单元”捆住了手脚；再如“评价”，我们对评价的关注很不够，所以引进了西方评价理论，包括评分规则、量规设计等，可是因为没有对评价本质的理解，一味地“评”，好端端地在学习，突然拿了一个表出来“评”，让人觉得怪怪的，而且，误以为评分规则出来了，学生就自动学会了，自动地知道自己是学到哪一个层次了，具体的课堂学习哪有这么简单呀，这是被“评价”捆住了手脚。再如语文中的“人文主题”与“写作要素”，本来多好的事，让我们单元的学习有一个重要借鉴，可是，我们不能因为这个“人文主题”“写作要素”，把课文的学习变成了“教人文主题”“教写作要素”，而忘记了文章本身的脉络与血肉，这是被“主题”“要素”捆住了手脚。

* * *　　* * *

别怕“讲”——之前，我们有一个“心魔”：一定要“让学生说出来”！于是，有一些学生是怎么也不可能说出来的，也千方百计地诱导学生说，一点儿一点儿地抠，半填空一样地暗示，其实已经毫无思考价值了，我们还是“坚持”最后一个词一定要让学生说出来，好像不这样就无法证明“启发式”，好像一“告诉”就是观念落后的表现。其实真的不然，有一些靠学生无法说出来的，认认真真、明明白白、清清楚楚讲给学生听，关键是要讲得明白，让学生听懂，学生如果听懂了，就能在后面做出来。与其为了逼出一个词语来煞费苦心，还不如好好想想怎样讲才能透彻而明白。

* * *　　* * *

坚定一个信念：教学永远是学校的中心工作。离开了这个中心工作去专营于其他的“好看”，哪怕得到再多的荣耀，在良心上终究是过不去的。教学工作需要全力以赴地耕耘。在学校一定有太多的烦恼与纠结，但要相信，我们与老师的心、与家长的心、与学生的心在“以教学工作为中心”这一点上，是完全可以也应该一致的，而在如何才能专业化地提升教学质量上有一定的分歧，分歧的解决之道，就是要进行专业探索，以专业的力量解决专业的问题。

* * *　　* * *

没有一种方法可以包打天下，没有一种方案可以包治百病，我们在强调一种方法、一种方案的时候，要警惕轻易地丢掉了原本的好东西、好经验。比如我们看到被动学习的弊端，就等待着学生的所有主动，可是很有可能，再过一年他也不会主动，这时，教师主动一些又何妨呢；然后我们要强调教师主动一些的好处了，又一味地强调教师的主动，明明可以由学生主动的，也不让。比如我们说教师不能多讲，于是我们就不讲，巴不得每一句话都让学生来讲，哪有这种教学的呀，该教师讲就得理直气壮讲啊，别在那里磨蹭时间了；那就讲吧，又变成了全是讲，明明靠讲解决不了问题的，也在那里拼命地讲。比如我们说要重视评价，就从开始评到结束；我们说要情境，没有情境好像就什么都不能学了；我们说要做中学，好像就要杜绝“听中学”了。其实所有的经典方法中，都有着合理性，也有着相当大的问题，不能轻易地“打倒一切”，也不能固执地固守陈见。

＊＊＊　＊＊＊

课堂不能太快，不要太赶，不能给人“流程感”，为了高强度，为了大容量，让太多的孩子来不及思考，来不及琢磨，看上去这种课很过瘾，但过瘾之余更让人担心，担心更多的孩子只是看着别人匆匆忙忙走过而已。

＊＊＊　＊＊＊

与看上去训练有素的学生程式化发表观点、回答问题相比，我更喜欢他们自由舒展地讨论与对话。

＊＊＊　＊＊＊

“一个经验”加“一个经验”，不等于“两个经验”；“一个经验”加“一个经验”，应该等于“一个经验”，这个加起来之后的“一个经验”，不是前面两个经验的累加，而是一个新的经验，这里的“加”，不是物理意义量上的“加”，而是化学反应的“加”；不是表面性质的“叠加”，而是深度学习的“加工”，这个过程用一个字来形容，就是“融”，“融”成一个新经验，这个新经验是“我的经验”。

***　***

评价要点的丰富性，在于学习目标的丰富性。从性质上看，有指向方法性目标的方法性评价要点，有指向知识性目标的知识性评价要点；从内容上看，有通用性的评价要点，也有定制式的评价要点；从范围来看，有通盘适用的“大评价”，也有细节适用的“小评价”；从呈现方法来看，有给定的评价要点，也有协商的、形成性的评价要点。

***　***

最底层或者说最深层的教学习惯不改变，无论是大单元、大任务还是大情境的教学，都没有办法实现。建立支持核心素养的教学新习惯，是课程改革成败的基础，这种新习惯的主要特征是“整体”。“整体性教学”是一个宏观概念，我想把它用到微观层面去，一定要在微观层面建立整体性教学的习惯。具体地说，就是在一节课的一个环节上，要：（1）设计整体性的任务或问题；（2）收集整体性的学习信息；（3）对学习信息进行整体性的处理。那种教师说一半、学生猜一半的“半填空式问答”，那种答案相当唯一而封闭的问题，那种你说我说他说而又没有最后把

“你说”“我说”“他说”进行整体处理的做法，那种碎片得课堂没有“基本单位感”的低层次互动，一定得升级，一定得升级为“集成电路”，没有一片片的集成电路，是不可能做出一部完整的手机、电脑来的。

***　　***

也许，所有好的教育教学变革，都是对经典理论的时代致敬，都是对教育常识的学术致敬！在教育领域，真有那么多的“新理念”“新办法”“新路径”“新体系”吗？可能更多的所谓“新”，就是在新的时代情境中把经典理论做出来，把教育常识拾起来，把“应然”变成“实然”。

***　　***

“教—学—评一致性”，是一个贯通课程宏大叙事与细枝末节的经典理论、教学常识，也是贯通“单元设计”与“课堂教学”的基本原理，因为如果教学、学习与评价是“三张皮”，相当于“三驾马车”朝三个方向奔去，课程怎么可能转化成学生的素养？

***　　***

备课的过程是提炼的过程，上课的过程是把提炼出来的东西充分释放展开的过程。备课不能模糊，备课要清晰；上课时要将备课中提炼的东西释放出来，形成生动的教学现场。

***　　***

情境如果不能引起思考，为了要有一个情境而挖空心思地“设计”一个情境，那就没有意义了。改革的目的是追求更有意义，否则就变成了空洞的概念化。我们一直在说要“真实情境”“真实性情境”，好像是强调了“真实”“真实性”，其实不然，其实是要强调“复杂性”。强调“真实性”，其实就是强调与书本上过滤后的情境不同，书本上过滤后的情境是良构情境，而真实情境是劣构情境，劣构情境的真实特点是复杂性。从这个意义上说，情境的设计要“挖坑”，没有“坑”的情境，没有思考价值，没有课程意义。

***　　***

要教得明白，前提是要明白什么是“不明白”的，包括：什么是老师不明白的，在备课的过程中搞明白的；什么是学生不明白的，要在教师的帮助下搞明白的。我们不知道什么是原本不明白的，也就不存在“教明白”，所谓“教明白”，就是把不明白的变成明白的。

005 做法说法与活法

论文写作，是给做法一个说法的过程，所以，“做”是前提，没有“做”就无法说。但是就那么做了，却不知道为何而做、做得如何，这样的做意味着什么，“做”就不能转化为经验，做要成为经验，需要我们对这些“做法”进行思考与推敲，形成说法。这样的说法具有价值意义，解决普遍问题；这样的说法具有学理意义，揭示教育规律；这样的说法，就成了我们的“想法”。带着这个想法去做，这时候的做，才会更有品质。这可能是论文写作何以成人成事的秘密所在吧。

＊＊＊　＊＊＊

做法，说法，想法，最后影响的是活法。写作就是琢磨自己的做法。写一段文字，写一篇文章，写一本书，都是对自己的所做进行琢磨。每天的日知录，每旬的回顾［《日知者（旬刊）》《积极生长者（旬刊）》］，每半年编著（“日知者文丛”），都是在琢磨自己的所做。昨晚与广东华阳小学讨论几篇论文时，我说了一下我关于“论文”的理解：“我们怎样写论文：从做法到说法”，我的基本观点就是，论文的写作过程就是琢磨自己做法的过程，从而形成说法，因为这个说法是从自己所做中产生的，所以就变成了自己的想法，这个想法就会影响接下来的做法，我们就在这样的专业循环中螺旋上升。华阳小学校长陈丽霞感慨地说：我们看到了张校长的活法！这挺有意思，“高级专业生活”是一种活法，2013 年沙培宁老师在《教师博览》上写过一篇关于我与当年汾湖实验小学的文章，题目叫“幸福的‘活法’”(《教师博览》原创版 2013 年第 9 期，后收入沙培宁《情与思 一个媒体人的教育言说》一书)；同年年底，丁昌桂、王丽老师采写了长篇报道《“成长的感觉真好！”》(《江苏教育报》2013 年 12 月 6 日、11 日)，在编者按中说：“原来学校还可以这样办，校长也可以这样做，教师还可以这样活。”做法，说法，想法，活法，一以贯之，便会有好玩而笃定的人生旨趣。

***　***

教学主张是一个教师看教学的一个视角，一个属于他的视角，但是通过这个视角，要看到整个的教学，不能看偏了。

***　***

话风即作风，一所学校的话语风格，也是一所学校对文化的理解。

昨天早上摘录了大家前天的“日知录”，十分兴奋，感慨了一下：

随手拈来，都是打动人心的道理；随口道来，已然不再是“普通话”，而是自己的悟得！行家一出手，就知有没有。也许在外人看来，这只是话语的变化，但这只是话语变化吗？为小伙伴的思想力骄傲！这似乎没有给我们、给学校、给老师、给孩子们直接地带来什么一下子就看得见的影响，但一定是已经带来了或者将要带来深刻的、内在的影响。

如果我们开教师会的时候，跟教师沟通的时候，用这样生动、朴实、在理的话语，是不是会有一种非常接地气的高级感？是不是要比官话十足的“正确的废话”更能提升团队的认知？

一所学校的话语水平是多么重要，一所学校未经掩饰的话语水平代表了一所学校的认知水平，而校长，应该是一个引领者。

* * *　　* * *

介绍学校，其实就是阐释理念。我们总以为介绍学校就是介绍学校，多少教师，多少学生，多少占地，多少历史，多少奖牌——这些，都可以讲，但是，我们更要想明白，为什么要介绍这些，在这些“事实性知识”的背后蕴藏着怎样的理念，怎样的价值观，怎样的方法论，怎样的情怀，怎样的智慧，怎样的追求，怎样的主张，怎样的态度——这些，才是真正能让听者兴奋的。但是，绝不是用几个硬生生的概念，几条干巴巴的经验，而是通过生动的“事实性知识”。

* * *　　* * *

作一个分享（报告），一定要建立一个站位，一开始就要建立站位，把听者卷入思考。所以，怎样开始一场报告，不管是几个小时的大报告，还是一二十分钟的小报告，开头的几句话怎样说，的确应该有所思考。一开始就让人不想听，后面再好的内容都可能白讲了。比如我在昆明“名校长工作室领航能力提升工作坊”的分享，一开始就提出了“凡事只有问清为什么，才能真正明白怎么做”的观点，随后马上切入正题。要回答工作室怎样做的问题，先要问两个问题：我们为什么要做校长？我们为什么要成立工作室？（大意）——正是这两个问题，引起了当地一位很有建树的年轻校长的“伤感”，他说他为自己伤感，因为他竟然从来没有考虑过这两个问题。

* * *　　* * *

演讲需要真诚的低调，要摒弃“教育腔”，更不能有“教训腔”。别以为人家都没有水平，哪怕在整体上不如你的听者，也一定会在某些地方比你强。再说了，哪怕是真有人什么都比不过你，也应该心怀谦卑——一个人的谦卑，是一种内心里的真诚，是一种高贵的修养。你把自己放低，人家就会高看你——这是事实，但我们还是要再强调：谦卑本来就是自己的事，不是为了让别人高看。

＊＊＊　＊＊＊

短报告，尽可能不要加水分，把干货说明白；长报告，则要加一点儿“水”，别让听者太累了。短报告的水分，一定要说得从容，不能急吼吼，不能只顾着自己的说，不想着人家的听；长报告的“水分”，一定要有节制，因为毕竟干货才是最重要的。很反感有的专家，一开头拉升情感的开场白就搞了几十分钟，中间都是“因为时间关系，就不展开了”。

＊＊＊　＊＊＊

知识与实践的关系是如此紧密，但并不等同：知道不等于做到，知道了不等于做得到；知识可以由别人来告知，但实践必须自己去经历，而且，真正的知识，一定要靠自己去做，感觉、感受、感动，都无法让别人来告诉，绝知此事须躬行。怎样做课题、如何写论文，靠听讲座是听不来的，讨论课题与论文，也只有把课题与论文的初稿拿出来讨论，否则几乎无从谈起。

＊＊＊　＊＊＊

规模大的活动，适合于分享；讨论与琢磨，只能是小范围进行，且要深度、反复、持续进行。小范围讨论的成果，可以拿到规模较大的范围内分享。大活动在时间、精力、智力上的大成本，大家都看得见；小活动的时间、精力、智力的巨大成本，常常不被看见。小活动为大活动提供内涵与品质；大活动可以驱动（倒逼）小活动，为小活动的成果提供梳理的机会、输出的平台与听到不同意见的渠道。

***　***

策划活动，核心是策划“主题”，好的活动策划是“主题—框架—内容—细节”缺一不可的精致化，每一个都要思考价值与效果，都要有料，都要耐人寻味。

明远教育思想者研修项目团队来吴江搞活动，我取了一个名称叫“吴江行”，思考三个半天怎样安排。一个主题：“思想者”，之前明远团队的活动我总觉得缺少这种味道，听课也是听的，但与思想无关；每次都是专家报告，我觉得也没有必要，互动比报告更重要。然后是框架，安排了四个活动：个人案例、课堂案例、团队案例、“吴江共识”，这样就建立了活动的框架。往下就是每一块的内容，要有料，内涵要丰富而有品质；再往下就是细节，重要的细节，这方面实验小学的团队做得非常好，当然细节不等于简单的细致，而是要凸显细节的价值含量。

组织一次有意义的活动不容易，但也锻炼人、锻炼团队。我们可能有时候会想，我们在农村学校，没有人给我们安排这样的活动呀。不能只等着，我们可以自己策划的。就像我们这次活动，如果等着别人策划，肯定不是这样的框架，我是早早地提出了我们的框架，导师们一点儿也没有改动，这样就把我们“推”了出去。

* * *　　* * *

写好一段话，说清一个观点，这太重要了，这是一项滴水功夫。我们之所以在写作一篇完整文章的时候，常常觉得无从把握，主要是两个原因，一个是搭框架，一个是写段落。这两个都重要，也都难，但是相对来说，前者还可以有人帮忙——当然这个忙帮得也是够大的，相当于造房子帮你筑好了框架；而后者砌墙的事情，却只能靠自己。如果后者也是靠别人，那么这篇文章就完全是别人的了。“日知者”倡导“1+1”的写法，一个观点+一段说明，从写作的角度就是要锤炼这种基本功，之所以称之为“滴水功”，不仅仅指要长期修炼才能获得，也是指这种功夫一旦获得就具有穿透力。你想呀，如果我们能够很好地用一段话表达一个观点，用两段话表达两个观点，用几段话表达几个观点，而这些观点又处于一个好的结构之中，那么，用一个文章表达一个完整的观点，从技术层面来看就游刃有余了。

* * *　　* * *

写作一定要有对象感。这一点，私人性写作的时候我们都做得到，都知道是写给谁看的，能不能看懂，最典型的就是写信，“见信如晤”啊；特定范围的公开化写作，我们也做得到，都知道读者是谁，比如说在我们“日知者”群里的表达，谁都看得懂。但是，如果我们要拿出去发表，就一定要顾及一下读者。我们往往只顾着自己说话，忘记了人家是否能听懂你的话。

* * *　　* * *

学校可以通过一些项目深入地推进一些工作，或者进行一些开创性的探索，选择与设计项目要注意几点：一是承认有限性，项目是学校工作的一部分，但不是学校工作的全部，甚至有的项目还不是学校的主要工作，我们要有清醒的认识，多少人、花多少精力，取决于这个项目的重要程度、对全局性工作的影响程度；二是关注前瞻性，适当回应“热点”，一般不宜过于冷门，即使是看似“冷门”的项目，也要与时代的热点有深刻关联；三是考虑可见性，要有能见度，“项目”不是理念，不是课题，不是认识，要看得见、做得到。

* * *　　* * *

输入主导的“培训班”，其成效通常不如输出导向的“研修班”，这是必然的。学习主体不同，前者是“要我”，后者是“我要”；学习方式不同，前者“吸收”，后者是创造。输出导向会不会影响输入？不会，为了输出，必须输入，而且是更深刻的输入，彼时的学习，是真正的深度学习，彼时读合宜的书，彼时听需要的报告，会如久旱遇甘霖。

* * *　　* * *

从“高大全”走向探路型的“低微特”。“高大全”，是好东西，但不能止于概念层面；“高”要落在低处，“大”得从“微”开始，“全”应寻找路径，“特”的路径可以通向“全”，所谓选择一条路可以登上一座山。2023 年 10 月 16 日在广东省教育研究院组织的活动中，在点评两个县区的教研经验后，我提出几条建议，这是对区域而言的，但是在学校也是成立的：一是选择撬动性问题，比如多年前吴江教育每年一个关键词，“规范”“有效”“特色”“文化”，一步一步，主题鲜明，我们实验小学也是，每年一个层面的“范式转化”，踏实而从容；二是探索典型性方法，我前一轮在教科室工作的时候，吴江的“课堂观察”影响深刻、广泛而久远，就是典型性方法的红利；三是开展创造性实践，根据实际情况开展实践，才会有创造性，而不是为了一个噱头与宣传的需要，也不是为了蹭热点，而是盯着那个“本质”，在实际的情境中解决本质问题，就会有创造，吴江区张菊荣名校长工作室、南谯区名优校长研修营的做法，就是创造性实践；四是输出本土化经验，“输出”非常重要，以输出带输入，屠广越老师曾说起“成人学习”的特点，我就想到成人学习的“输出性”可能更强烈，区域经验、学校经验也是，需要一些输出通道，比如 2023 年暑假昆明的名校长工作室交流活动，我们作了半天的分享，就是一种输出，当然，这是外力倒逼的，我们更需要自己去建立输出机制，最近我们工作室马上要有 4 位校长发表“用理念办学校”的“本土经验”，就是一种自觉的输出。

* * *　　* * *

辨识度，并不是故意写一些怪话以示与众不同，而是作为精神个体成长的重要标志。人的身体成长，都是有辨识度的，要不然，为什么哪怕是再多的人在一起，我们都可以认出谁是谁呢？身体成长的辨识度是自然天成的。但是每一个的精神相貌，要靠我们去自觉修炼，这也是很多人一生都不具有精神辨识度的原因。当然，我们这里说的“辨识度”，前提是积极正向的，因为离开了良善价值，也会有“辨识度”。语言文字是精神辨识度的重要外显标志（精神辨识度会体现在全部的举手投足上，包括一个人的行为选择与行为特征，也包括各种其他方式的表达，比如音乐、美术、劳作、体育，等等，但语言文字应该是自其诞生以来最为普遍的重要标志），如果隐去你的名字，人们——一定范围内的人们，能不能一看就知道这是你说的话、写的文字呢？如果没有，要么，人们的眼光还不够独到与敏锐；要么，是你的语言与文字还缺乏辨识度。

我想说的依然是这样的问题：我们每天写的“日知录”，有多少一看就是你的，有多少看上去很像公文上写的、很像教科书上写的呢？日知过半，我们已经欣喜地看到这种“辨识度”正在形成，真的，这一点，我相信每一位小伙伴自己最清楚，我们彼此也最能看到这种巨大的、内在的成长；我想说的是：我们继续前进！

* * *　　* * *

必须相信少即是多的道理，同时要琢磨少如何变成多，而不是把少停留在少。

最近参加了一场于我而言很有挑战性的活动，应邀在希沃学苑做直播，《3 招助你做优课，打造“教—学—评一体化”课堂》。这是那天周航跟我说的事，他们的策划真早，我原以为就是一个讲座，所以就糊里糊涂地应下了。慢慢地我才知道，他们要做的是精品。于是脑子里一直在打磨，课件也在不断地修改。这个修改就是做减法，不断地做减法——从一开始做减法，我就意识到这是在打磨，要寻找核心中的核心。他们的直播不是让我从头讲到尾，他们在听了我的介绍、看了我的课件之后，做了这样的一个策划：一个小时，分为三段，每段 20 分钟，包括我的讲述、参与者的答题（从我的报告出题），又与我有互动，非常紧凑，信息量非常大。信息量越大，就越要清晰，我相当于作了三个相互关联又相对独立的“微报告”。结束之后，他们告诉我反响很好（应该就是鼓励我的），又给了我几个数据：累计观看人数 1.6 万，点赞次数 4.8 万，评论次数 2300 多，我呆住了，惊讶于网络的力量！

我知道“微报告”的难，难就难在要向少要多，前提是你要有巨量的多，你要有足够的多，才能提炼出精准的少。但这只是一个方面，另一个方面，这个“少”在传递的时候，要给人以强烈的内涵感，而不是单薄的那个少。幸亏我曾经有过比较丰富的大场面“20 分钟学术报告”的经历，还有特别印象深的 2016 年教师节“8 分钟”报告“教—学—评一致性”的经验。

在张家港经开区的半天报告，我就不大满意了，内容准备得太多了，所以就非常放不开！我感觉自己根本没有讲充分——只有择少而行，才能充分展开；你要得太多，就充分不起来，其实听者能得到的，反而少了。当然，也可能是我对自己比较挑剔（自我解脱一下）。以“短报告”的标准去要求“长报告”，可能才会讲得更好，也逼着自己去理解得更透彻，因为只有理解透彻，才能表达得透彻。

***　　***

琢磨一件事，从结构来看，无论事情的大小，总是三个问题，第一个问题叫“为什么”，第二个问题叫“是什么”，第三个问题叫“怎么做”；因此我们写论文，不论选题的大小，一般也内隐着这三个问题。大有大的“为什么”“是什么”“怎么做”，小有小的“为什么”“是什么”“怎么做”。这三个问题，用学术化一些的表达，叫作价值论、本体论与方法论。如果再要问一个问题的话，可以是“做到怎样”，那就是“境界论”了。

***　　***

想法即活法，思维方式即生存方式——如果你觉得这话过于绝对，前面可以加一句“从某种意义上说”。

细细想来，日知录的所有做法，几乎都与“思维方式”的变革相关，如果你还觉得日知录的写作很难，在日知录写作过程中没有意义感，很可能你还没有进入更高一级的思维层级，你还得慢慢修炼，我的理想是：三年之后，所有的人都进入到高级思维层级，都能够自由地在“这里”与“那里”穿梭——有学者把理论世界叫作“这里”，把现象世界叫作“那里”，我们则希望能够自由穿梭，没有“这里”“那里”之分。

我们要的“思维方式”是什么，简而言之是“在实践的场域思考与处理理论问题”，我们每天的日知录，主要是直面现场时“在实践的场域思考与处理理论问题”的基本载体（我说“主要是”，因为有时候，他人的思想——同伴的、专家的、经典的思想也是我们思想的来源，思想本身可以引起共鸣，思想本身可以衍生思想）；我们的《旬刊》，则是我们梳理日常、思考日常的重要载体，十天下来，未经梳理，日子散成一地，难以看见价值，《旬刊》“十日谈”，就是重要的梳理，这样的方式，不是我们校长在学校工作中必须具备的领导能力吗？我们不应该具有透过现场看本质、透过凌乱看系统、透过表面看价值的能力吗？再放大一些，我们半年做一本“书”，梳理自己的思想，我们走进一个自己亲手创造的思想海洋，我们又会不知所措，我们又得细细梳理，而如果我们连梳理自己思想的能力都没有，我们又怎么可能去梳理一所学校一年半载的浩瀚思想呢？我们可能只有面对着辛辛苦苦长期耕耘的团队说不出道道来，我们究竟做了些什么，我们究竟走了多远，我们只能一声叹息：唉，时间过得真快，我们太辛苦了，但我们也不知道究竟做了些什么——如此这般，团队是没有价值感的，而没有价值的活法，是多么无趣，多么可怕。

* * *　　* * *

我们每天的工作，大概就是在做两件事，一件是“把做法说出来”，一件是“把说法做出来”，最糟糕的事情则是做的，说不出来；说的，没做出来。如果只是一天到晚在做，机械重复，一地鸡毛，很难说我们的“做”究竟是不是对的；如果只是一天到晚地说，停留于思辨，停留于道理，停留于概念，而没能“变现”，不能在教室里、课堂上、学生身上做出来，只能是空洞而无意义的说。

006 循着文本肌理走

语文大单元的教材解读，要琢磨教材单元内容（含课文、习作例文、语文园地等）之间的相同与不同，根据“相同”，设计单元组织者（提炼大观念、构建大任务、提出大问题）；根据“不同”，从不同角度展开单元组织者。如此，整体完成一个课程最小单位的设计。

* * *　　* * *

循着文本的肌理，而不是刻意去“解构”文本。会不会是因为“用教材教”的误解，在语文公开课教学中常常看到文章被肢解、被重装，或者说是解构与重构，赞叹奇巧之余，常有不适感。我以为，循着文本本身的肌理，像一个正常的阅读者一样去阅读，才是语文教学的返璞归真。这样说，决不是低估文本解读的复杂性与专业性。

在与徐栋一起解读《落花生》的过程中，形成几个未必正常的想法，佐证“循着文本肌理”的说法。

一是关于单元，把课放在单元中思考，是我们要坚持的思想，怎样梳理单元的“肌理”？要琢磨单元内容上的“相同”与“不同”，根据“相同”设计单元组织者；根据“不同”设计每一篇文章的独当之任。《白鹭》用意境，《落花生》用场境，《桂花雨》用情境，《珍珠鸟》循事境，以不同的方式演绎“借物抒情”。

二是关于文本本身的内在肌理。弄清楚文章写了什么，如何写的。文章的“干货”是四段话（父亲的三段话，加上“我”的一段话），这个干货的写法是采用对比描写花生的特点，从花生的特点写到一种品格，从一种品格写到做人的启迪。这是“借物喻理”的典型写法。但是，我们仅仅看到这些还不够，还要看到，这个道理不是仅通过四段话写的，而且是放在“对话”这样的场境中写的，也正是这个场境的安排，让这个“理”具有“情”的色彩，回到本单元的主题“借物抒情”。这就是文本的肌理。

* * *　　* * *

一节好课，一种好的教学方式，必须弄清楚两个问题，一个是知识的本质是什么，一个是学生是如何学习的。知识的本质，是课程的干货，需要我们读懂教材，语文课必须弄清文本的肌理，而不是莫名其妙地过度开发，要回到正常阅读的角度去看文本，数学课要理清知识的脉络，从一些似是而非的“误解”中走出来；学生的学习总是从不懂到懂的，要顺着他们的思维方式与想法，寻找到通过知识本质的路。当知识的本质与儿童的学习完美相遇，好的教学就发生了。

* * *　　* * *

教材解读，要以常识的眼光去解读，解读出来的东西，不要让人觉得别扭，不要为了惊艳为了与众不同为了夺人眼球而让人觉得怪怪的。其实常识是专业的另一种反映，真正的专业总是为了建立常识，因为有时候，作为“常识”的前概念中的“旧识”，可能是一种“误识”，当专业展示了常识的真实样子之后，我们总会有一种恍然大悟的感觉：哦，原来如此！这时候，专业研究帮助我们建立一种新常识，而不是为了新奇求古怪，于常识有“违和感”。每每看俞正强老师的课堂教学，都会有这种强烈的感觉，他总是以常识的态度审视知识与教学，揭示出旧识中的误识，继而帮助学生建立正确的常识。他对于教材的认识，没有违和感。不像很多名师的课堂，总让人觉得过于“巧妙”，与我们的“常识”有违。有一天与张弛讨论《落花生》，我说这篇课文怎么是“借物抒情”呢，明摆着是“借物喻理”呀，是借落花生喻做人道理啊。可是，张弛说，这个喻理是含情的，因为“父亲”的到来，因为这是“父亲”对于孩子们的教诲，且不用直接的方式，“父亲”是怀着深深情感的。我同意了他的观点，我觉得我的判断只是一种“旧识”“误识”，他的观点是一种真正的认识，且不别扭，的确这才是这篇文章的高妙之处：“父亲”的高妙是“父亲”用了借物喻理，作者的高妙是作者将“父亲”借物喻理的教诲置于议花生的对话场景之中，使之情理相生。山就是山，水就是水，文章就是文章，教材就是教材，不是别的什么怪物。解读教材如此，做事做人不也如此？

* * *　　* * *

表达技巧与思想内容，虽然可以相对独立地理解，但绝对不可分离，离开了表达技巧（至高境界是没有技巧的技巧）说思想内容，或者离开了思想内容谈表达技巧，都不是语文教学的正道。有一位远方的校长，在研究《慈母情深》的教学时，产生了一个困惑："想着聚焦'反复'，体会创意表达的妙处，但是又担心从表达入手，学生很难代入场景中体会情感，文学阅读没有达成，还在纠结中。"我的建议是，"表达入手"与"文学阅读"，是一件事，而不是两件事。

此话怎讲？有位校长曾跟我讨论过这篇课文。他进行了很好的解读，主要谈三个要点：场境、细节与"反复"。我听了之后，提出一个问题：为什么这些场境、细节与反复能够撞击人心，感人至深？——其实我这个问题，就是把"表达"与"内容"视作一体了。我是根据我的阅读体会来理解的——教师自己的阅读体会非常重要，文本解读不是一件外在于教师自身阅读体会的"冷静"的事情。我在读这篇文章的时候，在几个地方眼泪都快要掉下来了，而这几处有一个共同的特点：超出预想。第一处，"母亲"的工作环境，我知道环境是差的，但想不到这么差；第二处，"母亲"的工作情形，我知道工作是辛苦的，但想不到这么艰辛；第三处，"母亲"掏钱的情境，想不到，那么辛苦挣得的钱、那么舍不得，"母亲"听说"我"要买书后，一声不响、毫不犹豫地"掏衣兜，掏出一卷揉得皱皱的毛票，用皲裂的手指数着”，在别人的反对声中，“母亲却已将钱塞到我手里了”。场境与细节超越预想，应该是这篇课文打动人心的关键表达技巧；否则，就场境谈场境，就细节论细节，就没有意义。

“反复”也是要这样学的，情至深处，一唱三叹。——这篇课文，如果能够这样学“超出预想场境感人”“反复手法撞击人心”，就非常好了。

* * *　　* * *

清晰的提炼与深刻的展开相辅相成。我们在进行教学设计的时候，对于教学、学习与评价要有清晰的提炼，在课堂教学过程中才能有勇气与底气围绕这个提炼作深刻的展开。

在明光市学习观摩了李珊珊老师与徐栋校长的同题异构《慈母情深》。

李老师穿插了两个评价量表，一个是对第 10—34 小节的学习进行评价学习，用了一张表，三个“评价项目”：能找出“慈母情深”的句子；能抓住关键词、关注细节，说出自己的感受；能有感情地读一读打动你的语句。第二次是学生写段意时的评价要求，也是三条：能表达真情实感；抓住场景和细节；运用反复的表达方法。——听课之后，我一直在想，下午的讲座中，我也提了建议：李老师应该是围绕着“慈母情深”的“深”来上课的，对于本课的学习，能不能就围绕一个“深”字来展开，提炼三点（这个“提炼”是一个学习过程，不是简单告诉）：慈母情深，深在细微中；慈母情深，深在反复处；慈母情深，深在意想外（这一点是我在与徐栋一起读教材时提出来的，如果没有“意想不到”就难以“鼻子一酸”）。阅读、朗读与写作都围绕着这三点展开，行不行呢？

徐栋的课，其实也是两处涉及“提炼”，第一处是学习过程中的板书，他写的是，想不到工作环境、工作状态、给钱速度；反复的手法、藏在细节。第二处，关于写段意的评价，我们一起讨论过，不用量表的方式，而是三问：哪一次“想不到”让“我”“鼻子一酸”、哪几个细节让“我”“鼻子一酸”、哪几个反复让“我”“鼻子一酸”，是围绕着“鼻子一酸”来展开的。课后，我思考这个板书的提炼，略显别扭，特别是这个“给钱速度”的表达，别扭。于是就跟徐栋商量，是不是改为：想不到环境那么差，想不到工作那么累，想不到给钱那么快？其实还可以：想不到环境如此恶劣，想不到工作这样劳累，想不到给钱毫不犹豫。

——提炼与展开，或者说是“归纳与演绎”，是学习的两种基本方式，也是思维的两种基本方式，今天的课堂里，学生在不断地归纳与演绎，明天的生活中，他们也就会成为同时兼具归纳思维与演绎思维的人。

* * *　　* * *

在凝练的评价要点下明明白白地实现学习的丰富与深刻。

线上看法根的《王戎不取道旁李》，深刻领略在凝练的评价要点下实现丰富与深刻语文学习的无穷魅力。一课四件事：抄、读、讲、议——这四个字，其实就是评价任务。要做到什么样呢？抄，做到快、对、美；读，做到对、熟、意（这个“意”有点儿别扭，解释后能明白是把意思读出来，在本课就是通过读好停顿来实现的）；讲，做到正确、连贯、通俗易懂；议，要议好三个问题：有何过人之处、他是怎样想的、受到什么启发。

把课想明白，是万里长征的第一步，这一步，首先就是极不容易的，也是极为关键的，没有第一步，就没有第二步；但是，不能止于简单化的明白，要把这个明白扎实起来，刻下去；要把这个明白生动起来，刻得有情有义；最后，依然是明白，却是出神入化地明白了。其实一定要到了第四重境界，才叫真正地“明白”，真正地明白太不容易了。

法根的课，每一个评价任务，每一个评价要点，都是带着学生下功夫的，不是滑过去的，而是刻出来的——这是他一贯的风格，或者叫风骨。他是不弄明白不罢休的，他决不做走过场式的教学，决不做浮于流程的教学。正因如此，就要慢，就要少。快了，多了，没有办法进入真正的学习过程，就“刻”不了。

* * *　　* * *

明明白白上好课，并不是一件容易的事，都是硬功夫。首先要明白的是，我们究竟要让学生明白什么，如果这个没有想明白，或者想错了，那么再怎么努力也没用；

然后，用“教—学—评一致性”的硬技术，把想要明白的事儿落实下来：怎样才能证明明白了（评价设计），用怎样的材料、完成怎样的任务帮助学生明白（教学设计）。这样想明白（目标、评价与教学的一致性）之后，教学就不会是一笔糊涂账，教师就会自信满满，从容不迫。

七都小学，一起讨论《松鼠》这节课“究竟要明白些什么”，特别有意思。这个单元两篇课文，一篇《太阳》，是科普性说明文；一篇《松鼠》，是文艺性说明文。说明文的特点，叶圣陶说，是“说明白”，这是两类说明文共同的特点。文艺性说明文还有一个特点，就是要生动。沈丽燕老师提炼的“既介绍清楚，又表达生动”，就非常正确。学习《松鼠》，就是要帮助学生明白文艺性说明文的特点是“既介绍清楚，又表达生动”。这个“既”与“又”，非常重要，清楚与生动是同时的，缺一不可。

***　***

神话故事有两个特征：一是故事的神奇，神奇到在现实世界中是不可能的；二是精神的伟岸，既然如此不可能，为什么当初人们要编这样的故事，为什么这样的故事居然流传至今，就在于神奇的故事里流淌着、延续着民族的精神。《精卫填海》的不可能在于一只小小的鸟怎么可能去填一个浩渺的东海，但也正是这种强烈的对比，显出一种伟大的精神，无论处于怎样的境地都不会屈服的信念。正是这样的精神与信念，让我们的民族历经千难万险永远屹立于世。神话教育，应该是英雄主义的，有英雄主义的悲壮，更有英雄主义的雄壮。

***　***

一切神话皆“人话”，神话的神奇，背后是人类的精神与愿望。

精卫为什么要填海？怎样填海？海被填了吗？这些问题可能都回避不了，因为学生会好奇。没关系，但不必围绕这所有的点，否则太复杂了。

问精卫为什么填海，实质是在问人们为什么要精卫去填海。当面对人类无法战胜的力量、无法理解的现象，或者靠人力难以实现的愿望、无法张扬的价值，我们就想象一种神奇的力量去坚持（人想坚持，但难以坚持），去实现（人想实现，但难以实现），去解释（靠人当时的知识与智慧无法解释）。因此，一切神话皆“人话”。神话的神奇，背后是人类的精神。直接的字面的原因，是因游而溺，因溺而堙，不管出于什么动机，都是面对一个人力无法战胜的困难，于是就寄托给神话——重要的是“填海”本身，而不是怎样填海、海被填了没有。

因为“重要的是填海”，所以在教学中把重点落在此，“议”与“写”落在这个问题上，特别是“写”，评价要点只有一个：通过精卫面对几种困难（风雨交加、寒风凛冽、烈日炎炎、一天又一天一年又一年看不到头）时说的话，把精神体现出来，但不能太直白地去喊“口号”（可以先举一个例子，再让学生写）。

所以，一切神话皆“人话”，神话的神奇，背后是人类的精神与愿景。这才是“大观念”，才是我们要达成的对神话的理解。

* * *　　* * *

触摸文本的肌理，依据文本的肌理，进入文本的肌理，看重文本的本身，在文本的肌理中学习语文，这应该成为语文教学遵循的基本。

张弛上的《精卫填海》，总体上路子很正，就是因为遵循了文本的肌理。学生肯定会关注“精卫为什么要填海”“精卫是怎样填海的”“海被填了吗”这些“肯定会关注”的问题，我们也必须去关注。但是，如果我们一味地绕在这些问题的讨论上，我以为价值不大，因为这不是我们接触这个文本的目的。我们接触这个文本，一方面是为了了解神话的特点，另一方面是为了获得一种精神影响。前者对接的是“语文要素”，后者对接的是“人文主题”。而两者是统一的，统一在一个“神”字上，神话的“神奇”与“精神”是一体的，神奇其表达，精神其内涵。这就是文本的肌理。

于是，前面提及的三个问题，就放在一个更重要问题的讨论上：“小小的精卫鸟填汪洋大东海”，你心有何感——这才是触及灵魂的问题。说到底，前面这三个问题的答案并不重要，重要的是“精卫填海”的精神，这种精神，是什么呢？如果只用一个词语概念化地说一下，就不会有语文的深刻性。张弛用了非常好的两招来体现这种“精神”。

一招是引入了课外合适的资源，包括夸父逐日、愚公移山，更有三句经典："知其不可而为之"（孔子）、"虽九死其犹未悔"（屈原）、"锲而不舍，金石可镂"（荀子）。

一招是创意写作，用展开来的写作，不写精神却反映精神的写作，把精神写进学生的精神世界。创意写作这一招，是典型的文道结合，典型的课程育人。

***　***

关注文本的本身，循着文本的肌理，"用课文教"，并不是丢开课文的教，不是动不动把课文拆掉了重装；"用课文教"，首先是"用课文"，基于课文，是老老实实地读课文，这是阅读课文的基本功。课文没有读懂，热心于扩充，从课文里找几个所谓"空白点"，在与课文本身无大相关的地方，去扩大领地；或者所谓深挖，莫名其妙地挖出一些课义本身并不存在的深意，无限地解读文本并不存在的意思，也是没有意义的。老老实实读课文，该是语文学习的正道；老老实实读课文，并非易事，需要我们沉潜到文本中，也需要我们具备文本之外的功夫——整个的语文素养，甚至是整个的文化修养、德行修养。

***　***

假问题，带来的是假学习；真问题，才能有真学习。所谓假问题，就是本来就不是问题的"问题"。语文课上，我们经常会做这样的事：把课文里的句子与老师提供的句子放在一起，请大家比较，是课文中的句子好，还是老师给的句子好？一般而言，这没有真正的思辨性，基本上就是假比较，这样的问题基本就是假问题，面对假问题的学习基本上就是假学习。

***　***

诗言志，文载道，是传统文学理论的精华；文道结合，是语文教学的经典理论，文道的“结合点”是“触摸文本的肌理”，循着文本本来的样子去学习语文。文道结合，道在上，文在下；学习语文，主题与内容在上，形式与表达在下。在把握“道”的前提下，才能真正把握“文”。《清贫》一课，解读三次搜查，“摸”“捏”“过细地捏”，这些词都挖出来了，但还是没有把文章读懂，因为在学习这些词语的时候没有在“道”之下。这样设计是不是会更好：（1）概读全文，完整而简要地概括文章写了一件什么事（完整：时间、人物、事情、结果；简要：用三四句话）；（2）细读三“搜”，通过理解国民党兵士三次搜查时方志敏是怎么想的（兵士怎样搜、怎样想；方志敏怎么说、怎么想），理解清贫背后信仰的力量（生活的清贫，内心的强大；兵士的表面强大与方志敏的内心强大，这种强大的力量，正是“我们革命者能够战胜许多困难的地方”）；（3）回读全文，你能从哪些地方看到这种强大的力量？（特别品味“趣事”“传家宝”等）

***　***

评价要点，蕴含着硬道理，但实施起来，不能太生硬。昨天讨论《慈母情深》，三个板块蕴含着阅读的基本流程：顺着读，理清文章结构（四个场景）；回头看，读懂文章内涵（“鼻子一酸”为哪般）；来回品，学会独立阅读。在第三板块中，我们设计了这样的学习任务：

“我”长大了，懂得了母爱情深；你长大了吗？如果你长大了，一定会有敏感的心灵，一定能够读懂深藏在字里行间的母爱。

这样显然还不够，操作性不够，我们希望学生能够做到：选择好句（段），落实到细节，说清楚理解——有这样的“评价要点”，操作性就强了。

为了帮助学生完成这项任务，我们先举一个例子：“母亲掏衣兜，掏出一卷揉得皱皱的毛票，用皲裂的手指数着。”这是“选择好句段”。二是落实到细节，比如“皲裂”一词。三是说清楚理解，“皲裂”一词像一个特写镜头一样刻进了我的心中，让我特别心痛（能说清合理的理解就行，没有标准答案）。

然后，给时间，让学生“来回品”，标号，看学生能够有多少发现，“评价要点”导学；再进行交流，交流时老师、学生进行评价（评价要点“导评”），相互启迪，获得学习的提升。

* * *　　* * *

读书就是读书，就要进入文本的肌理，老老实实地看文章写了些什么，是怎样写过来的，为什么要这样写，或者思考这样写有什么好；就要以“正常阅读”的心态与方法进入文本，而不是过度解读，不是把文本中没有的东西硬挖出来，或者无限地拓展延伸。与峰华一起研课是一件十分愉快的事，不过，他比较辛苦，要上课，我是纸上谈兵，但我们的讨论是非常真实的、“讲理”的，他说万一我说服不了他怎么办，其实这没有关系，如果我说服不了他，也是愉快的，那我一定会改变我的想法，甚至被他说服了——说到底，我们是被理说服的。

***　***

单元教学四字诀：“整”“同”“异”“用”。杨九俊老师谈及对“单元教学”的理解，说了前面的四个字，我一下子就刻入了：整，单元是整体的，不是碎片的；同，单元内各内容之间一定有相同处，否则，不会在一起；异，同中有异，如果完全相同，就变成重复的内容了；用，要能够用起来，迁移运用。大道至简，我深以为然。

与张弛研究五年级上册第八单元，这个“整”，很好理解，这就是一个读书单元；内容的相同之处，就是都与读书相关，可以说是一个“读书单元”，《古人谈读书》、《忆读书》（冰心）、《我的“长生果”》，口语交际“我最喜欢的人物形象”讲书中人物，习作《推荐一本书》讲荐书，语文园地中的“交流平台”交流从读一篇文章到整本书、从一本书到一类书的经验，全都是围绕“读书”而展开。

这个“同”一看就能发现，这个“同中之异”，则要细细体会。从文本上看，《古人谈读书》是文言文，其他三篇是白话文，这一眼可以看出，《忆读书》与《我的“长生果”》，则要好好研究一下。可以看出，前者是在说“读书与生命”——再次证明这篇文章的文眼是“读书是我生命中最大的快乐”；后者则主要围绕着读书对写作的启示来写。而口语交际、习作与语文园地，则主要体现在“用”上。这是根据杨院长的“四字诀”进行的梳理。

再根据崔老师他们提出的“单元组织者”来思考，这个单元可以用怎样的“单元组织者”来组织才能使之成为整体、具有结构呢？因为在研究《忆读书》的时候，我们用“一个人的阅读史就是一个人的精神发育史”来理解，所以，想干脆用这个观点作为“大观念”来思考这个单元。围绕这个大观念，我们把这个单元的学习分为两大部分：第一部分，读书明理，讲精神的成长，包括《古人谈读书》中“读书的道理”、《忆读书》中“读书与生命”、《我的“长生果”》中“读书与写作”；第二部分，以书会友，讲精神的共生，包括书中人物交流、推荐一本好书、讨论延伸阅读等。

——这就是我们建构“单元教学”的一个思维过程。

＊＊＊　＊＊＊

评价要点跟着学习目标走，是学习目标质量指标的体现。以掌握方法为学习目标，评价要点就是方法，比如把“发现语段、落到细处、说出理解、读出感情”作为评价要点，评价学生是否学会通过阅读理解“我长大了吗”；以理解内涵为学习目标，评价要点就是内涵，比如以“书”“事”“情”“理”为评价要点，评价学生是否理解

“阅读史的内涵”。当然，方法与内涵，不会截然分开的，没有脱离内涵的方法，也没有不讲方法的内涵，但从“评价要点”的基本特点来看，的确有方法性的与内涵性的。

007 课题还得进课堂

“课题进课堂”，听起来是一个非常好的理念。但是，细细想来，还是有很多问题需要思考：是不是所有的课题都能进课堂？是不是所有的课题都要进课堂？这里的“课堂”，是特指课堂教学呢，还是有更宽泛的含义？课题如何“进课堂”，不同的课题“进课堂”如何有不同的“进”法？再者，这里的“课题”是特指明确立项的“课题”呢，还是可以有更广泛的含义？怎样才算是“进课堂”？当然，最重要的还是价值叩问：课题为什么要“进课堂”，课堂为什么要有课题进入……不思考这些问题，“课题进课堂”这件事也把握不好。

* * *　　* * *

中小学校、幼儿园“课题进课堂”，既是对理论落地的呼唤，也是对实践提升的期待，是打通理论与实践隔阂的重要手段，是理实相融的重要路径。传统高校文献模式从理论到理论研究与传统学校现场模式从实践到实践研究，在一定的领域相互走近，最后合二为一，应该是学校课题研究的方向。对于学校来说，最终的目的是改进课堂，而不是所谓的“做好课题”；课题不是目的，课堂才是目的。

课题进课堂，是一种实践思路，更是一种实践行动。课题进课堂，狭义上好像是指在40分钟、45分钟的课堂上做课题，完整地来说，包括三个阶段：课题进课堂设计、课题进课堂现场、课题进课堂反思，也就是说，在课堂设计的时候、在课堂现场中、在课堂反思的时候，都要“见到”课题，这是为了提升课堂设计、教学与反思的质量。说到底，课堂进课题的思路，就是这样的一种思路：在实践的场域思考与处理理论问题。

***　　***

问题即课题，即问题是课题的来源，但不是说所有的问题都是课题。不是所有的问题都有设计成课题的价值与可能，比如过于个别化的问题，就没有转为课题的价值；比如设计不出解决方案的问题，也没有可能做成课题。只有在对有研究价值的问题进行系统分析且有理论自洽的假设解决方案之后，问题才能成为课题。简言之，作为一个课题，要满足两个条件：有价值的问题，有解决该问题的方案。满足了这两个条件，课题可以立项。但是，课题立项本身并不能解决问题，关于课题的研究性实践才能解决问题，而课题结题，从理论上讲，应该标志着问题的解决或基本解决。

***　　***

上课，或者说实践，之所以充满诱惑与挑战，非常重要的原因是，一节课几乎会涉及全部的理论问题，而不是某个问题或者某几个问题。

下午与建青一起，在太湖校区听希文上《可能性》，希文上课绝对可以期待，但很多重要的问题必须讨论。我相信希文通过这次的课能进入一种新的境界，其实这种境界就是“在实践的现场思考与处理理论问题”。在讨论中，我们涉及了诸多实践现场的理论问题：（1）帮助学生进入思维的全过程，而不是“半过程”，比如，“遇到问题—设计实验—开展实验—收集数据—推断结论—作出解释”，大概就是一个全过程，如果学生不明白要探究问题，只是跟着老师一步一步地做，就没有进入思维的全过程，也不可能有“一个经验”。（2）思维是在冲突与困惑中进行的，如果没有思维的冲突与困惑，也没有深刻的学习，在一个装有 4 个球的袋子里摸球，第 1 组摸 16 次，红球摸到 5 次，黄球摸到 11 次，推断出红球可能是 1 个、黄球可能是 3 个，作出的解释是哪种球越多，摸到的可能性越大，结果果然如此；非常有意思的是，第二组摸了 10 次，摸到红球、黄球的次数各 5 次，同学们推断红球、黄球各 2 个，结果果然如此；但如果都是这样就没有冲突了，第 7 组的数据是摸了 14 次，摸到红、黄球各 7 次，有学生推断红、黄球各 2 个，也有同学推断红球 3 个、黄球 1 个，结果居然是后者猜对了，这是怎么回事呢？困惑就来了。（3）数据要成为证据，从数据推断出结论，要有道理，否则就是瞎想，没有思维含量，也就不叫学习了，学生把数据处理成证据了吗？一要看用了怎样的数据，二要看得出了怎样的结论，三要看如何解释。这就是评价学生是否学会处理数据的三个“要点”了。思维方式、数学核心素养、学习理论……上课或者说实践，之所以充满诱惑与挑战，非常重要的原因是，一节课几乎会涉及全部的理论问题，而不是某个问题或者某几个问题。特别敬佩的是，在下课之后，建青利用黑板上的“数据”，现场示范，把学生代入了矛盾与困惑，代入了数据分析的境界。

* * *　　* * *

课的研究，必须在低到尘埃时做大文章。和老师一起研究课，是校长必须做的事情，是校长领导学校的重要方法。校长因为太忙了，而没有时间与老师研究课，这样的校长有不务正业的嫌疑。我们说的是“研究”课，而不仅仅是听课，更不是作为一种检查手段的“听课”。“课”，是教育理论与教育实践的全部体现，只有通过课，我们才能“在实践的现场思考与处理理论问题”。因此，我们在研究课的时候，要注意避免两种现象：一是用一些大而空的所谓理论词汇对课堂现象进行泛泛而谈的评论，都是概念，但这些概念无法与课堂现象与改进深刻对接；二是只看到现象与事实，就事论事地讨论课该怎样上，而不能认识到背后的道理，这样的研究只会弄得“一地鸡毛”。

008 欲得新知翻旧书

警惕看不见的危险，看不见的危险比看得到的危险更可怕。印象中，苏霍姆林斯基经常会用“危险”这个词语来警醒大家。他说：“校长如果把主要精力放在行政事务工作方面，他就有跟不上教育科学最新进展的危险。”（《和青年校长的谈话》）这里的“危险”，不是别的，而是指“跟不上教育科学最新进展的危险”。校长是非常容易“把主要精力”用于行政事务的，而且会感觉这样特别踏实，但是在这样每天的“踏实”中，“危险”就来临了。

* * *　　* * *

如果我们看不到教育过程最微妙的细节，看不到它的深远根源，我们就很难领导好一个学校集体。苏霍姆林斯基说：“校长要领导好一个学校集体，就必须深刻理解教育过程的最微妙的细节，并理解它的深远的根源。”这是《和青年校长的谈话》一书的第一句，其实原句是怎样的，我们不知道，这是译句。我们可能比较关注“细节”与“根源”的关系，我则比较关注“最微妙”与“深远”的关系。只关注“细节”，以为教育就是要把所有的细节都做到极致，既不可能，也没必要，必须关注的是有“深远的根源”

的“最微妙的细节”。我相信苏霍姆林斯基说的这个“深远的根源”一定与“人”相关，与人的智力生活相关，与人的精神世界相关。因为他紧接着说：“这就是说，校长应当深刻理解学生的精神世界，理解学生的脑力劳动的特点，理解掌握知识和形成信念的过程。”这“三个理解”，第一个讲“精神世界”，第二个讲“智力生活”，第三个讲智力生活与精神世界的关系。

* * *　　* * *

研究学生的脑力劳动，就要研究学生掌握知识的过程，而不是仅仅关注学生有没有记住知识的结论。苏霍姆林斯基无数次地告诉我们，必须观察学生的脑力劳动，“完善的脑力劳动是思考、理解，而不是死记硬背”（《和青年校长的谈话》）。不记住一些基础性的知识，没有办法进行后续的学习；但是，“不搞专门的识记，而是在深入思考事实和现象的基础上记熟——这个思想逐渐成为我们的教育信念”。只有对基础性知识像常用工具一样熟悉的时候，才能进行后续的学习；而如何让基础性知识像常用工具一样熟悉，一定要让学生经历知识掌握的过程，把基础性知识吃透。或者，这就是深度学习。

* * *　　* * *

没有精神上的一致性，就没有真正的教育。2017 年，我们在吴江实验小学发展的关键节点提出要“把学校建设成为智力生活和精神世界不断丰富之地”，真是越想越得意。核心理念对于一所学校的重要意义，无可替代。而我们之所以提出这样的核心理念，苏霍姆林斯基功不可没。在一个高度物质化的时代谈论“精神世界”，好像是一件奢侈的事，然而，“教育是让儿童在精神上不断丰富的过程”（《和青年校长的谈话》），就是“师生在精神上的一致达到双方都感到志同道合的那种程度”，“师生精神生活的一致也就是教育的实质所在”，“那种师生之间的精神上的一致”是“真正的教育”。如果一定要在“智力生活”与“精神世界”两者（其实两者是不可分割的）硬选一个来说明教育的本质，那只能是“精神世界”，而智力生活是通往高级精神世界的必由之路。陶行知也说真教育是心心相印的，这种“心心相印”正是“精神上的一致”。在具体的教学过程中，师生一起面对一个重要问题（大问题）、一个重大任务（大任务）、一个关键观念（大观念），一起切磋、琢磨，同甘共苦，一起走过，就会在智力激荡中实现精神上的一致，就会呈现出“真正的教育”应有的动人情形。

＊＊＊　＊＊＊

与研究教材和教学相比，我们在研究儿童这件事上几近“文盲”，这是非常让我们羞愧的事情。苏霍姆林斯基之所以伟大，首先就在于他对“人”、对“儿童”的关切，对活生生的儿童智力生活（脑力劳动）与精神世界的深度关切。他说：“没有对儿童的了解，就没有学校，就没有教育，就没有真正的教师和教师集体。”（《和青年校长的谈话》）了解儿童，研究儿童，是一件需要高度教育素养的事（当然，一个教师、一所学校的教育素养也是在研究儿童的过程中提升的）。苏霍姆林斯基教育思想的任何一条，都不是凭空的遐想，都来自实践且回到实践。如何“深入探索儿童的精神世界”，在苏霍姆林斯基的学校有一个令人触动的方式，就是经常性地做《对某个学生的教育鉴定》，这个鉴定报告包括健康状况、智力特点、智力环境、道德环境、情感修养以及针对性的教育计划。他们认为，“对儿童的个性进行科学研究，这是对学校和教师集体进行科学领导的重要条件之一。每个教师、校长和教导主任精心地作出儿童的教育鉴定，是教育素养的基本功”——在很多年前阅读苏霍姆林斯基著作的时候，就被他们研究儿童的这一举措触动，但也一直在忙于“别的事”，而没有真正地把这件事做起来，我也没有听说过有哪一所学校是像苏霍姆林斯基他们那样研究儿童的——我们越是深度地走进苏霍姆林斯基，越会感觉我们做得太不够了。因为对儿童研究的缺乏，对儿童研究能力的缺乏，所以我们老师在谈论儿童的时候，常常很不专业，与所有非专业人士的认识相差无几。

* * *　　* * *

深度学习的本质是让知识成为信念，外在的知识成为内在的信念。“知识成为信念”，是苏霍姆林斯基反复强调的一个观点——我一直感觉很奇怪，在整个的苏霍姆林斯基教育学中，总是跳跃着那么一些反复的音符，它们反复出现，而我们不但不讨厌，而且一次次地为之兴奋。让知识成为信念，从课程论的角度，应该就是我们常说的“信息加工”，我常说的是“化学反应”，通过“化学反应”，知识成为自己认识的一部分。用苏霍姆林斯基的话来说，是“经过反复思考的知识，就变成学生主观世界的一部分，成为他的见解，他的观点，也就是说，知识成为信念了”（《和青年校长的谈话》）。

＊＊＊　＊＊＊

自尊心：心灵隐秘角落里的娇嫩组织——显然，这个说法来自苏霍姆林斯基。他说：“孩子的心灵中有一个最隐蔽的角落——这就是人的自尊心。这个角落里的组织是娇嫩的，微妙的，脆弱而又敏感的，很容易受到损伤，更容易变得粗糙起来。”（《和青年校长的谈话》）心灵上的挫折与失败，让人看不到前路与希望，这是十分可怕的。“如果挫折和失败接踵而来，那么孩子先是一段时间里感到痛苦万分，随后他心底隐蔽角落里的娇嫩组织就会变得粗糙和麻木不仁，结果他对一切都无所谓了。”“心灵上的麻木不仁和无所谓”，这是十分可怕的，长期如此，一个人几乎就毁了。不仅是孩子，成人也是如此。只是，孩子的那个“组织”更加娇嫩，所以，苏霍姆林斯基在《给教师的建议》第 33 条中说：“教育——这首先是关心备至地、深思熟虑地、小心翼翼地去触及年轻的心灵。”要毁掉一个人，就去毁掉一个人的自尊心；而我们说的这种自尊，乃是孩子从心底里产生的对自己智力劳动的肯定，一种看得到自己智力劳动成果与意义之后产生的自豪，是智力与精神上的自尊。

* * *　　* * *

教师的研究，是创造性研究，首先是研究事实，主要是研究事实，而不是把大量精力用于研究概念，更不是脱离了事实去研究概念；通过研究事实，创造教育现象。苏霍姆林斯基说，“不研究事实，就没预见性，就没有创造性，就没有丰富而完满的精神生活”“不研究事实，不积累和分析事实，就会产生像某些校长忧心忡忡地谈到的那种不良现象——教师得过且过和因循守旧”“只有对事实进行分析和研究，教师才能从司空见惯的事情中看出新的东西”。而“从平常的、司空见惯的事物中看到新的方面、新的特点、新的细节，这是养成创造性劳动态度的重要条件。这也是兴趣和灵感的源泉”（《和青年校长的谈话》）。

* * *　　* * *

学校的活力，首先是师生智力生活与精神世界的活力，如果一所学校的老师与学生没有思想上的活力，举办再多的活动，表面再怎样活跃，学校依然是没有真正活力的——这是我一贯的观点。苏霍姆林斯基说“校长和教师应当设法使学校集体过一种生气蓬勃的、富有思想性的精神生活”（《和青年校长的谈话》），应该与这个观点是相同的。

* * *　　* * *

教育必须充满人道精神，离开了人道精神，就没有真正的教育。如果我们认为教师只是一个把知识“交给”学生的人，那么这个人基本上不适合做教师。教师与学生的关系，首先是温暖的人与人的关系。教师是一个特别幸运的职业，因为教师有机会能够成为一个个具体孩子的生命中的重要他人——一个人，居然有这样的机会，多么幸运；当然，因此也很危险，如果我们不能小心翼翼地看待这种机会，也可能会成为孩子生命成长的伤害者。要避免这种危险，首先我们必须具有人道精神。“在学校里，人们的每一句话都应当浸透高度的人道和同情精神”（《和青年校长的谈话》），学校里人道精神的底线应该是不让孩子感到“恐惧”，苏霍姆林斯基说“学校里不应当有恐惧，正如美和丑不能相容一样”“学校的全部生活应当充满人道的精神”，这种教育上的人道精神，首先体现在要帮助学生建立“成为一个好人的愿望”，是“公正、敏感、高度的道德修养和情感修养”。

***　***

哀莫大于心死，心死无药可救，学校里一定不能存在对自己的力量毫无信心的孩子。

学校里一定存在着“难教儿童”（苏霍姆林斯基语），但不能让儿童觉得自己是这样的儿童——这是教育的人道精神的重要方面。如果一个人对自己的可能性完全失去了希望，这个人就很不幸，也很危险。无论我们采取怎样的方式教育孩子，一定不能让孩子觉得自己让老师怎么都教不会——这等于一个病人知道自己无可救药，那很可能会变得真的无可救药；而事实上，是让他知道所谓“病情”的人把他快速地推向如此境地的！

信心比黄金更珍贵，在对待“难教儿童”的教育上，苏霍姆林斯基反复强调，“要加强儿童对自己力量的信心”（《和青年校长的谈话》），“对待事物的乐观愉快的心情，对自己力量的信心，用形象的话来说，就是照亮难教儿童前进道路的火光。如果扑灭这个火光，儿童就将陷入黑暗、孤独之中，感受无出路的悲哀和绝望之苦”。

我们可能会认为，没有这么严重吧，我们当教师的怎么可能会去扑灭这个火光呢？是的，从内心里大家都不想，但是，就怕因为我们的“不小心”，因为我们对儿童的心灵缺少敏感，无意之中，难以挽回地损伤了他！

＊＊＊　＊＊＊

日常的阅读应该更如一日三餐，一个人很难说是吃了哪一顿餐而长大的、而健康的，但离开了一日三餐的生活习惯，人没有办法活下去，离开了习惯性的阅读，一个人的精神成长会受到严重影响。日常的阅读不是吃药，吃了一片退烧药，热度很快退下；用了一个星期的抗生素，炎症消除了；读了某一本书，一个问题解决了，这种书当然也有，但仅仅依赖于用药型阅读而忽略了持久的三餐型阅读，终究会营养不良，到了那个时候，药也救不了你。

＊＊＊　＊＊＊

拥有一本“在读书”，让读书不断链。如果冷不丁有人问：你最近在读什么呀？你能有一个回答吗？如果没有，就要警惕了，因为你的阅读处于“断链”状态。而阅读，应该与思考（比如“日知录”方式）一样，要让自己处于“日不间断”的状态，而不是时断时续的状态，有一个标志，那就是我们是不是每天都可以回答自己的“在读书”是哪一本。

009 人生是部连续剧

人生是部连续剧，今天之所做，细想起来，大体上因为之前埋下的一个伏笔；也可能是为今后设下的一个线索。我们创办的《日知者（旬刊）》、“日知者丛书”，想起来也都有迹可循。理一理线索，就会清晰地看到“连续剧现象”：在创办《日知者》之前，我们在吴江实验小学创办《积极生长者》“旬刊”与“学报”，再之前我们把传统报刊《金钥匙》《爱德（校刊）》办好，办得颇有品质感；在汾湖实验小学，我们从创校的第一天开始就办《汾帆》校报，第一年开始创办校刊《汾小教育》，五周年时编出14本“五周年丛书”，五周年之后每学期编印《年鉴》（半年一册），吴江开发区财政局苏向东局长离任时，还拍了一张当时刊在《汾帆》上的“师德宣言”给我，说这个材料他从汾湖带到吴江，现在又带到了开发区，汾湖的“土书”则明显的是“日知者丛书”的前世今生；再之前在吴江教科室，我们当时参与编辑《吴江教育》《教育科研动态》《姑苏陶苑》《吴江行知》《吴江行知报》以及还有一个阶段的《鲈乡新苗》，记得创办《吴江行知报》的时候，有人建议办成周刊，我则坚持办成月刊，贵在细水长流；再之前我在莘塔小学创办《莘子》（学生作文周报）、《求真》（学校陶研刊物)、《莘小教育》(校刊);再之前则是在村校工作的两年,我办了几个油印刊物,有学生杂志《芦叶》,有师范同学一起做的《青春教苑》,有同仁诗刊《夜里十点半》,或者还有别的,不记得了;再之前就是在师范上学时,在王建中老师的指导下我们创办了《盘溪》文学刊,在师范毕业的时候,我主导编印了班级纪念册《与青春合影》(这个今天已经发黄了的纪念册每次同学聚会都会有人带过来),这也许是后来我在汾湖实验小学期间每班、每届都编印毕业纪念册的源头。这只是一条线索,人生的线索有很多,细细想来都有一个来龙去脉。努力过有创意的生活,或者今天的一个创意,就是明天某一个创举的伏笔,人生是部连续剧,这人生,有意思,值!

* * *　　* * *

"日知者"的伟大之处,在于"日知",在于一天不落、日不间断地思考,借此,锤炼思想,磨炼意志,升级思维方式,迭代心智模式,让自己成为精神贵族。

不要犹豫,不要害怕,不要总是在跃跃欲试中放弃,不要总以为坚持是世界上最难的事,其实只要你想,坚持也并不如你想象的那么难。不要等看到人家走远了的时候,再去羡慕,再去后悔,甚至连羡慕与后悔也没有,只有漠然。

不要怀疑!会有寂寞,会有倦怠,会有千般滋味,最艰难的是,会有看不到意义的阶段,这个阶段甚至会有些长,且会反复,这会让你产生价值怀疑。但是,这可能是至暗时刻，走过去，就是一片广阔天地。意义，价值，是创造出来的。

要努力以“日新”来要求“日知”，而不是重复些陈词滥调，要保持对世界的新鲜，产生于己而言新鲜的想法，让大脑保持年轻；要学习在实践的场域思考理论问题，自由地穿梭在无数个具体与抽象之间，每天的课堂和教室，与孩子的相处，与课程的共舞，都是思想的诞生地、躬耕处。

琢磨自己的做法，琢磨自己的生活，让做法因为琢磨而充满理性，让生活因为琢磨而饶有兴致；琢磨自己的思想，琢磨思想的表达，不断地尝试结构化思考，串珠成链。

* * *　　* * *

相信精神的力量。

2023 年 9 月 8 日下午，第二次在教师节座谈会上向苏州市委、市政府主要领导汇报心得体会。上一次是 2016 年，我作为市首届教学成果奖唯一代表，用 8 分钟时间讲解“教—学—评一致性”，那是一个比较大的场合，全市的教师代表济济一堂；这一次是小范围座谈，我从做了 14 年的“教—学—评一致性”说起，我认为我能坚持这么多年做一件事，“新教育精神”对我影响深刻。又讲到我在实验小学，用同样的精神，坚持近两年时间一天不落公开写作“千字文”，展现一个总校长的行走与思考；又讲到在“张菊荣名校长工作室”，与大家一起不间断地写了 469 天“日知录”的事情。

曹路宝书记在讲话时穿插了对我们6位发言人的回应，这应该不是讲话稿的内容，是曹书记认真听了发言之后作的点评。他提到，总书记来苏州考察时，在平江路上，看到刺绣大师卢建英刺绣时说，中华优秀文化代代相传，表现出的韧性、耐心、定力，是中华民族精神的一部分。曹书记又说，我们要培养孩子的韧性、耐心、定力，这是中华民族精神的一部分；要培养孩子的韧性、耐心、定力，我们老师自己要有。张菊荣老师连续两年写千字文、连续进行日知者的记录，就是这种精神。

后来在讲到“新教育实验”时，曹书记又提到，张菊荣老师谈到了新教育实验，这是我们的一个优势，新教育实验就是从苏州开始的，我们全市要大力推动，要成为新教育实验的重要基地，这是具有苏州特色的教育创新（大意）。然后是展开谈新教育实验，说到苏州市已经建立了专项资金，已经制订了新教育实验助力苏州教育高质量发展五年行动计划。

我因为是“新教育老人”，对于新教育一路走来比较了解，特别是在新教育实验发起阶段，曾经核心参与。我一直以为新教育精神是新教育实验最宝贵的财富。

必须相信精神的力量。

***　　***

对基本问题的思考，永远不会过时，所谓专业发展，最为核心的就是基本问题的认识与实践不断接近本质。有一位老师给我发来一个教学设计，说：“张校，刚刚又改了一稿，不知道现在有没有写对。目标和任务要表达精准还真不是一件容易的事，但又是一件非常重要的事。现在深深理解张校当时让我们练习写目标的苦心了。”我说：“学习目标的叙写、评价任务的设计是基本功，硬功夫，没有止境的。再过几年，回过头来，还是会在这些地方上思考。整个课程改革也是这样呢，从新中国成立时的‘双基’，到两千年的‘三维’，到今天的‘核心素养’，说来说去，还是在说目标，但是理解上是不断迭代的。”早上在与沙主编聊天时也说到朝阳实验小学当年的马芯兰教学法，结构化学习，现在不是大家也都在探索吗。我的感慨是，所以有时候真不存在“先进”啊“前沿”啊这样的问题，而是“对头”啊“本质”啊之类的事情。

***　　***

在别人的身上看到你自己——记不得是哪一次活动过程中，还是在休息间隙的聊天中，沙培宁老师跟我说了这么一句话，这句话一下子刻在我心里了。技术再怎样先进发达，教育永远是人影响人的事业，人怎样影响人，就是“在别人的身上看到自己”。在别人的身上看到自己，首先自己必须正，“正”就是一种魅力。人都是有缺点的，但人应该正，所以我们把“价值正向”视作“积极生长者”的第一特征，我们自己都不“正”，我们的“影子”怎样可能会正呢；在别人的身上看到自己，还需要用整个的心，教育从来不是半心半意的事，而是全心全意的事，正是从这个意义上，苏霍姆林斯基才说“把整个心灵献给孩子”，陶行知才说“用整个的心做整个的校长”（记得是这样说的）——并不是说我们别的事情不做了，而是说在这件事情上，我们没有三心二意。带团队就是带风气，什么样的人带出什么样的队伍，不是吗？不论你在哪里，能在别人身上看到自己，就是生命最大的成功。

* * *　　* * *

沉思与对话，是获得智慧的两种主要方式，这两种方式相互支持。我们需要一个人的沉思，让自己安静下来，不能安静下来，很难进行精致的思索，不可能产出深刻的思想；我们需要与他人对话，不管你是否同意别人的观点，对话总是能够刺激大脑，让思想萌发，缺少对话，思想会封闭，有时候一个人坐下来，想来想去觉得空空如也，就需要对话来打开。

* * *　　* * *

在急匆匆的日子里，我们更需要平和的心。平和一点儿，再平和一点儿，对待同事，对待领导，对待亲人，对待孩子，对待自己，对待以往，对待以后，对待成功，对待失败，对待世界，都要平和一点儿。世间本无事，庸人自扰之。平和，平和，尽可能再平和一点儿。在平和中，万物生机蓬勃。

* * *　　* * *

在他人的生命中重回童年，这是一个小学教师的巨大幸福。应该是 28 年前，我们 28 岁的时候，与这些孩子相遇，在这个班，也是唯一一个我与夫人都带过的班级——我带五年级，她带六年级，我们都教语文。昨晚，雨夜，我们穿过大段大段的拥堵路段，用了近两个小时，去苏州赴约。五六个学生，加我们两人，安安静静地回忆他们的童年。没有一个职业有这样的幸福，我们曾经在孩子的生命中那么重要！他们回忆起我在课上讲《红楼梦》的情境，有些细节记忆犹新；有一位孩子说，她的朗读一直以来就是学着我的样子的。我又忽然感慨，他们今天的年龄，正是我去汾湖实验小学办学时的年龄，甚至还要略年轻一些。那时，2009 年，我去汾湖的时候，这样年轻吗？今天，他们也是这样年轻，充满活力。他们说：老师看我们，永远是年轻的。也是哦。

* * *　　* * *

工作室的成功标志，不是今天的可见行动，而是未来在“后工作室时代”我们是否能够独立行走。继《“有我”：学校理念与教师实践分离现象的破解之策》，在《教育视界》（2023 年第 17 期）发表之后，同年、同刊、同题材的《“有我”：管理哲学的思考与实践》又在《教育视界》（智慧管理）2023 年 11 月刊发表，这是伏平里程碑式的作品，特别值得庆贺。之所以这样说，因为首先，这是一个人“精确期”到来的标志，一个主题，如果能够不断地思考不断地丰富，而不是“打一枪换一个地方”，说明你真正地进入了“精确期”，而一个没有进入过“精确期”

的人是不可能最后进入“综合期”的，绝大多数的人穷其一生都生活在“浪漫期”；其次，这也是整个人境界提升的标志，这样的文章绝不是“写出来”的，绝不是靠做一些文献研究整出来的，而是要在理念与实践已经完全打通了之后才能够写出来的，知行合一，才能创造思想，也才能改进行动，才能实现“内在的整体的提升”；最后，这更是进入了独立思考、独立构建、独立创造新阶段的标志，与前文不同的是，前文的主题与结构，毕竟有着我的不少“给予”，但这篇文章则是伏平一个人静悄悄完成的，这正是我最为期盼的。我们工作室最后是不是办成功了，不是靠今天来评价的，而是要在工作室解散之后，大家的思维层次是不是已然进入了高级状态，大家能不能在脱离张菊荣、脱离工作室环境之后，习惯于“在实践的现场思考与处理理论问题”，独立地在实践中抽取思想，独立地让思想回到实践。要相信自己，每一位都行的；伏平一年出两文，持续思考“有我”主题，也是自己以前不敢想的，可是，今天，她做到了。你，也行。

010 “支锅人”“响铃人”与“陪跑者”

2022 年 5 月 28 日，多么平凡的一天，在工作室小伙伴的生命中却是终生难忘的日子——从这天开始，我们众多的身份又增加了一个，我们是一群“日知者”。这一天，我们许下了一个千日之诺。我深深地相信，千日之后，会给这个世界一批具有人格力量的校长，其情怀与智慧、思想质量与行动品质，一定会更好地影响他们的学校，影响区域的教育，乃至更远。

我是一个支锅人，我把锅支起来，我们一起开始了“共煮石头汤”的精神游戏；我是一个喝彩者，无数次地喝彩，为这鲜美的石头汤，为这群乐而忘忧的煮汤人；不时地，我也是一个友善的响铃人，委婉而又明确地说，这不对，这不好，这样危险；最后，我也是一个很好的陪跑者，而不是站在局外指手画脚的人。我们其实是一个“跑团”，一个思想者长跑团。

跑着跑着，我跑出了第一本《越是忙碌 越要思考》；跑着跑着，跑出了第二本《没有人知道自己能走多远》；跑着跑着，在 2023 年的岁末，又跑出了这第三本《对事情本身感兴趣》。我们还要继续跑，第四本，我的书名都想好了，就叫《让思想回家》。让思想回家，这才是真正深刻的“事情本身”。

第 四 辑

·让思想回家·

江苏省吴江实验小学爱德校区 马天宇同学绘

001 为什么是“日知”

很多人知道我们践行“日知”，都会问：“每天都要写吗？”“要写这么久吗？”也有人感慨：“你们的东西越写越好了！”“你们的团队真会写！”还有人建议我把“教师写作”“教育写作”作为自己重要的研究领域，我也深知个中深意，可是我始终没有选择这个来投入。为什么呢？说实话，我有些担心，担心因为我们写作“日知录”，因为我们日不间断地写作“日知录”，引起人们的误会：“他们就是重视写作！”甚至认为“他们只知道写”。这真不是我发起“日知录行动”的初衷，也不是我们“日知录行动”最核心的收获。

那么，为什么我们倡导“日知录”呢？这里有两个前提性的假设要作个交代：首先，在我看来，人的改变归根结底是自我改变，重要他人、关键书籍有时候甚至会起到转折性的作用，没有与这样的人、这样的书、这样的思想相遇，你可能一辈子都是另一种人，但是，最终改变你的还是你自己，因为如果你自己不想改变，外力的作用是发挥不了的；其次，一个人的改变，某些时间节点关键事件的意义不可否认，但有时候，这可遇不可求，我们所能求的就是“时间”，绕不过去的也是“时间”，没有一种深刻而持久的人的改变可以一蹴而就。

正是缘于这样的认识，我们采取了“日知录”的方式，这种方式的两大特征正好回应了上述的两个假设：一是强大的自我反思性，“日知”是反思的成果，是自己的领悟、自己的获得、自己的“所知”，“知”还是“不知”，别人无法替代，自知者明，“日知录”的这种以“我”为主体进行反思的特征，让自我的深刻改变成为可能；二是“日不间断”，是下长功夫而不是吃猛药，这种“日不间断”的力量正如郭华老师所说，是“滴水穿石”的功力，人们甚至很难一下子看出“日知者”有什么变化，因为那不是一夜暴火，然而这种变化没有一天不在悄然进行，在时间的深度里发生着“整个人”的变化，蓦然回首，我们不得不相信，“日不间断”让持续的深刻变化成为可能。

“日知录”究竟变化着我们的什么？如果我们仅仅看到提高写作能力、提升表达能力，那是完全低估了它的价值，事实上，我们并不是为了提高表达能力而进行“日知者行动”的，日知者团队不是写作训练营。“日知录”希望能够带来的是人的变化，是一整个人的变化，所谓“一整个人的变化”，很难说我们变了哪个方面，也可以说我们几乎什么都变了。如果一定要作分解说明的话，最重要的是三个方面的变化：首先是思维方式的变化。思维方式就是我们认识世界的方式，日不间断的反思，慢慢地，我们就会形成“在实践的场域思考与处理理论问题”的习惯，我们就会打通“形而上”与“形而下”之间的任督二脉，我们就会辩证地睿智起来，就会善于看到困难背后的机遇、问题背后的价值、事情背后的意义，就会喜欢叩问价值，具有价值思考的能力，而不是止于表面和形式。久而久之，我们就会拥有一种“日知者气质”，这是第二个层面的变化，我们的言谈举止、字里行间，更重要的是我们的行动品质，就会特别具有穿透力，做到本质处。这种鲜明的气质会让人特别坚定，也特别淡定，就不会轻易苟且、随波逐流，而是会根据内在准则来决定自己的行动。第三方面的变化，是“日知者人格”形成，“非人磨墨墨磨人”，表面上看，是我们在日不间断、日复一日地打磨“日知录”，实质上恰好是“日知录”在打磨着我们，让我们经由持久的打磨，成为一个更好的人、更具人性光辉的人、更具有理想人格的人，这种理想人格，就是把善良、正直、谦卑这些普遍特征在“我”的个性中充分体现，至此，我们才可能成为一个智力生活与精神世界高度丰富的具有人格力量的人。这，才是“日知者行动”的终极目标。

但这不是一个结束，这样的修炼永无止境。这是一个过程，而人的一生，在浩瀚的历史长河中，不都是一个过程吗？“日知录”让这个过程饶有兴味、深刻丰富。

002 内在尺度：走出随波逐流

我们总是因为“为什么”这个问题不如“怎么做”这个问题那么着急，而忽略了它。然而，回避回答“为什么”而急着回答“怎么做”，这是多么危险的动作啊。当然，有时候，在没有做之前，我们真不好回答，无法判断，可以先采取试验、探路的方式进行，毕竟，演绎推理没有实证靠谱。正因如此，当我在台湾一家宾馆看到证严法师的原句是“对的事，做就对了”，而不是拿去了前提的“做，就对了”的时候，瞬间释怀。

***　***

知道什么是自己不懂的，这非常重要，因为没有一个人是什么都懂的；这又非常困难，因为我们经常会自以为是懂的，真心诚意地以为自己是懂的，而其实并非如此。不知道哪些是自己不懂的，这太难了，但知道这个道理，至少可以启迪我们：永远保持谦卑，内心的谦卑；永远保持敬畏，对知识的敬畏，对智慧的敬畏。谦卑与敬畏，不是让我们失去应有的信心与勇气，相反，谦卑与敬畏是信心与勇气的坚强后盾。

* * *　　* * *

内心真正强大的人，其力量是很可怕的，他不依赖于外部评价，而是依赖于自我评价、内在尺度，所谓“宠辱不惊”是也。我们总是在意，或者说太在意别人怎样说，特别是领导怎么说，于是我们的精神就很脆弱，一旦外在支持式微，就会倒塌。而真正内心强大的人，一定是心智成熟的人，是根据内在尺度来判断是非的。他的是非观特别强，但是又并非一定要与人争个明白，因为他的坚守是为己的，是孔子所说的“古之学者为己”；他的使命是渡己，然而客观上他已经实现了渡人，因为人们从他身上得到的力量太多了，但他并不知晓，甚至并不认为自己有渡人的力量。这样的人，绝对不是固执的人，不是把自奉的内在尺度做成茧子躲起来，不是把自己看到的一角天空认为是世界的全部，更不会认为自己的价值判断是绝对高超、胜人一等的，不是的，这样的人，心大得很呢，他能看到太多自己的问题，他是一个“自知者”。但他又不因为自身的不足而让自己陷入困境，因为他明白，人的不完美才是人的本来样子，参差多态才是世界的本来样子。唯其如此，人才必须保持谦卑，也才会具有不断超越自己的可能，人也不必苛求别人、苛刻自己，好好地与自己相处，才能好好地与别人相处，与世界相处。做一个内心强大的人，虽不能至，心向往之。

***　***

只有内心强大，才会不断地怀疑自己。内心强大的人不会固执己见，相反，他会不断地走出自己。这一点，太难了。经验，既是一种财富，也是一个包袱；优秀，既是前行的基石，也是自我突破的障碍，是“卓越的大敌”。审慎地怀疑自己，比盲目地坚信自己更为强大。做一个内心强大的人，虽不能至，心向往之。

***　***

与自己相处是一件艰难的事，又是一件必须学会的事，是每个人成长的必修课。只有与自己相处好，才能与世界相处好、与他人相处好。

***　***

人类的精神现象是极为神奇的，所谓一念之间，都会影响心理宇宙的巨大波动。有时候弱不禁风，一点点风吹草动，都可能在内心引起滔天巨浪；有时候坚如磐石，没有什么力量比精神更强大，最大的飓风都无法撼动坚韧的精神。包括精神世界的重要标志——人的想法，可以说世界最难改变的就是人的想法，在强大外力下，甚至，他可以听你这样做、照你要的说，但无形无踪的想法，依然可以屹立在精神世界中岿然不动，除非，他自己想改变。

* * *　　* * *

保持基本的价值判断与价值坚守，这是必需的。一个人失去了基本的价值判断与价值坚守，欲望就会脱缰，人格就会变形，这是非常可怕的。

* * *　　* * *

“没期待才是真热爱”。这是（2024 年）3 月 8 日沙主编在南谯活动上说的。无论是内涵还是表达，都极好！表达上，那么直接，那么果断，就是那么一个理，又从来没有听过这么说，太到位了！这一下子触发了人的思想开关情感开关，让人心里一动，甚至一震。

内涵上更是，“没期待才是真热爱”，如此彻底，没有退路，就是要回到事情本身！在这个极度功利的环境中，我们再也不能把“热爱”异化为别的了，时下的异化实在太令人担心了！“热爱”，这么纯粹的词，也会常常异化成高功利驱动，真是太可怕了。

“没期待才是真热爱”，一句话，像是一束光，照见了人内心里最渴望的真实，这才是一个真正的人真正想要的浪漫，我相信人的内心深处都向往这样的高级浪漫，都有这样的情感渴求、精神渴求。（沙语共鸣录）

* * *　　* * *

“功利是教育的天敌”！这是今天早上与沙主编聊天时她说的一句话。深刻的思想总是直接而简单的，所谓一语中的，便是如此。过度功利的取向就是在与孩子的天性对着干。这个世界如果孩子都没有了（精神意义上的没有），还有希望吗？我最看不得的就是把小学生当作高中生教（更何况，所谓“高中生的教”本身就是问题重重），太多的人，你跟他讲，他说“反正以后都要高考的”。有时候我实在气不过，就残忍地说，那人到最后都要没有的，是不是谁家孩子一出生就把他弄没了？常理、常识、常情，不知道丢哪里了。让孩子像孩子的样子呀，那成人才会是更好的成人的样子。（沙语共鸣录）

＊＊＊　　＊＊＊

为了检测课程目标的达成，必须采取适切的评价，所谓“没有评价，就没有课程”。但并不是什么都需要评价，迷信评价万能的“评价主义”要不得的。评价从来都是双刃剑，过犹不及，以为什么都要靠评，什么都能评，久而久之，会出大问题，也导致精神层面的狭窄功利化。包括我们的教师评价，高密集地评这个评那个，也会导致过度功利，以至于忘记了评价的初衷，只剩下一个个分解了的、细化了的“公正”“公平”的指标与分数。有人开玩笑说，现在的老师们忙煞，要么在参加评比（评价），要么在去参加评比（评价）的路上。这个玩笑让人心酸，也令人心疼，老师的主要精力本来该是用在学生身上的，本来该是用在为了学生而提高自身素养上的呀。

* * *　　* * *

说到底，人之所为，全都是价值判断与价值选择，是内在的尺度决定了外在的行动。价值判断已经相当不容易，因为我们总是有意无意地被外在表现遮了眼，不能或者不想看到价值；价值选择更是艰难，因为价值与世俗常常并不统一，当两者不统一的时候，选择了价值就选择了孤独，甚至更甚。但无论是一个个体还是一个民族，失去了价值判断，放弃了价值选择，将是非常可怕的。中国传统文化在处理这个矛盾时通常的方式是“内方外圆”，这种人格特征被称为中国传统文化的完美人格，对此，我还作不出判断，我只能说有此一说，我所相信的是，说到底，人之所为，全都是价值判断与价值选择，是内在的尺度决定了外在的行动。

* * *　　* * *

跳出固我。人的自我超越，其实就是解放自己，获得更大的自由。不要用太多太多的狭隘把自己缠住，患得患失，愁眉苦脸，心事重重。跳出固我，就是跳出一个被种种外在围困住、诱惑着的自己。沙老师说“走不出小我，成不了大事”，抛开这些，世界会很敞亮。当我们总是担心自己会失去什么的时候，我们很可能真会失去很多。一校之长，总想着些无关紧要的得失，太累，也太不值。“子绝四：毋意、毋必、毋固、毋我。”远离固执，走向开阔。

＊＊＊　＊＊＊

回到原点。原点在哪里，原点在人群中。人不是神仙，世俗世界才是我们大部分人的诗意栖居。世界的原点就在最低处。世界需要精英，世界也需要凡夫俗子。超越自己不是让自己从世俗中远走高飞，而是要走回来，回到“人世间”，世俗世界因你而更好。一校之长，只是瞄着几个精英老师精英学生，而忘记了作为“底盘”的绝大多数，作为“塔基”的绝大部分，那一定是违背了初衷，教育的首要目的一定是芸芸众生，一校之长一定要有百姓情怀。回不到原点，低不到尘埃，超越不了自己。

＊＊＊　＊＊＊

叩问价值。真正的自我超越者，不是整天想着“进步”。评一个更高的称号，得一个更大的奖项，好像是“超越”的实证，然而，真正的自我超越者并不依赖于这些，计量单位不一样，或者“秤”不一样，无从比较。如果说世界上的人一定要分类，就是两类，一类是有价值感的人；一类则价值感缺失。人是教育的最高价值，教育决不能远离了人性，教学决不能漠视了人性，学校决不能失却了人性的光辉，否则我们就亵渎了“教育”两个字，也亵渎了高贵的“人”字。也许正因如此，面对内卷之苦，顾先生才会发出“教育要有良心”的呼喊。人性的基石是“爱”，爱是什么？爱就是不忍心，就是不忍心伤着美好。

* * *　　* * *

就事论事往往论不好事，是因为我们没有构筑强大的“大后方”。把大量的时间花在打造公开课、专抠公开课细节处理上，作为权宜之计当然是可以的。但如果我们缺少本源性阅读、本质性叩问，没有独立思考的能力，没有对教育的独特认知，没有对知识的个人理解，没有对儿童的理解能力，没有一个强大的“大后方”，我们终将捉襟见肘。

* * *　　* * *

对己不自扰，与人交不装，如此方得自在。虽不能至，心向往之。

* * *　　* * *

评价永远是把双刃剑。怎样评是一个问题，要不要评是另外一个问题。两个问题相互关联，但也是有主次的，首先是要不要评，第二个问题才是怎样评。如果越来越见分不见人，越来越以所谓细化求“过程公正”，越来越对号入座，越来越趋功利，离教育理想追求渐行渐远，那么不评也罢。李镇西老师说，他曾经“建议取消所有评比”。如果真的取消所有评价，那就要倒逼我们思考教育究竟何为，办学究竟何为，教师究竟何为，那就要直接地、真正地、朴素地思考“方向问题”“基本问题”“本质问题”了。要不然，有不少的老师（特别是名师）会失去方向，不知道

“目标”了。多年前有一位教育局领导说，很担心如果没有学校考核，我们有的校长就不知道要做些什么了，呜呼，究竟考核为办学，还是办学为考核？天下苦“评比”久矣，我挺好奇：如果真的取消所有评比，我们的教育会更好些还是很糟糕呢？（与李镇西老师共鸣 1）

***　***

工作了，第一件事就要考虑怎样把学生教好。李镇西老师大我 10 岁，在报告中常用“那时候”这个词，他的“那时候”比我的“那时候”还要前推 10 年。我们在说“那时候”的时候，我相信不仅仅是“恋旧”，而是借此回到对事情本身的思考。他说，那时候工作了，就想着把课上好，没有别的心思。这就是纯粹，与“那时候”相比，“现在”呢，一工作就策划着“专业发展之路”，什么时候评职称，什么时候评称号，几年内如何，几年内如何——顺着当下的“形势”，我们也不是反对学校与老师去策划，但是千万不能忘记的是，“把课上好”“把学生教好”，这才是最重要的。特别要说明的是，“把课上好”，绝不等于把课搞得花里胡哨，而是要上得明明白白、扎扎实实；“把学生教好”，一定不是“考出好分数”的同义词，“把学生教好”，比“考出好分数”不知道要重要多少倍。（与李镇西老师共鸣 2）

***　***

“对事情本身感兴趣”，这是我在明远教育奖颁奖典礼发言的题目，也是我的第三本“日知录”的书名。在李镇西老师的报告中，我听到了几乎相同的表达。他说，对事情本身感兴趣，就是与评职称、评称号、评什么什么的追求无关，而是对这件事本身感兴趣。有一年，领导让他带“好班”，他提出来要同时带“差班”，人家表扬他，他说，他是研究学生的，他对这个感兴趣，与谦让的品德什么的无关，是与兴趣相关。他认为，职业认同的关键是兴趣。以上是我记得的大意，但是我清晰地记得他说这不是什么“师德”，而我恰好想说，这就是师德，因为师德，首先是人德，是出于人性之德性，而不是故作道德状，这种人德在教师身上就表现为师德。（与李镇西老师共鸣3）

* * *　　* * *

不是不要计划，而是要警惕以功利主义为基础的、线性的“计划经济思维”。计划的重要性不言而喻，但我们要警惕在人工智能时代仍然抱着“计划经济时代”的思维，并不是所有一切都是计划出来的。没有计划，我们的生活会乱成一团，寸步难行；死死地抱着计划，我们不知道会与多少精彩的可能性失之交臂。人的生动性，成长的复杂性，世界的不确定性，“计划”有时候总是显得捉襟见肘。更重要的是，要警惕自己被太多过细的“计划”拖进过度功利的泥潭，只见计划不见人，只见“计划中”不见“计划外”，只是守住计划不知道改变计划，只有看得到的计划“井口”没有看不见的、计划不到的广阔天空。真正“对事情本身感兴趣”，会循着“事情本身”的逻辑而来，而不是抱着一部计划行事。李镇西老师说自己当年带“未来班”，特别强调说“没有计划”，不在计划之中，更没有“打造”。他对“一年如何”“两年如何”“三年如何”的按计划“打造”思维，也是非常警惕的。我的理解，他反对的不是计划，而是用过度功利化编织起来自缚的、僵化的计划绳索，我也是，而且其实每个人的情况不一样，像我这样的人，可能更需要的反而正是“计划”。（与李镇西老师共鸣 4）

***　　***

世界上最幸福的人莫过于为“纯属爱好”而投入的人。那一年，李镇西老师带的班高考取得了好成绩，于是，领导想把成绩好的学生聚在一个班，我们姑且称之为“好班”吧，交给李老师。在接这个班的时候，李老师提了一个“条件”：再给他一个“差班”！这个故事在认识李老师的时候就听过了，但每一次听起来，都会心动。李老师之所以要求接这样的两个班，他说“纯属爱好”！他的爱好就是研究学生，琢磨学生，发展学生。关于这两个班的每个同学，几十年之后怎么样，李老师可以一一道来，他的故事足以让我们相信，教育真的不是“分的事业”，而是“人的事业”。一个老师，投入于琢磨学生如何更好地健康成长，学生果然因为你的存在而成长得更健康，而对于你来说，这样的投入最重要的原因是“纯属爱好”，那么你即使什么桂冠都没有，也一定是世界上最幸福的老师，最幸福的人。（与李镇西老师共鸣 5）

＊＊＊　＊＊＊

比“情商”更重要的是善良。关于“情商”，李镇西老师有点儿反感这种说法，他说：“没有情商只有善良。”记得非常年轻的时候，我写过一篇小文章，关于“做人”的，文章自是找不到了，不知道为什么还记得文章的大意。不喜欢这个“做”字，“这个人蛮会做人的”，我总觉得是个贬义，有些假，不真实，这个“做”总给人一个“做作”的感觉，虽然聪明的人会做得让人看不出做作来，但假的永远是假的，真不了，无可躲藏。而一个真正善良的人，不需要“做”，不需要装，一切都会自然流淌，所以，骨子里的善良最重要，最美好。比“情商”更重要的是善良，是骨子里的善良，与其培养“情商”，不如培养善良。（与李镇西老师共鸣6）

＊＊＊　＊＊＊

与其说培养创新人才，不如首先说别扼杀。李镇西老师讲到学生的个性发展，说了这样一个观点：不要说培养了，不影响就功莫大焉。听到这里的时候，我想起了一次谈到创新拔尖人才培养，我有感而发地说：不扼杀就是培养。（与李镇西老师共鸣7）

＊＊＊　＊＊＊

教育的首要使命是育人，不好好育人，眼中只有分数，或者一天到晚就想着那些花花绿绿的事情，教育就坏事儿了，“立德树人”的根本任务就被搁在一边了。“你的教鞭下有瓦特，你的冷眼里有牛顿，你的讥笑中有爱迪生。你别忙着把他们赶跑。你可要等到坐火轮、点电灯、学微积分，才认他们是你当年的小学生？”这是陶行知先生的一段名言，李镇西老师深有所感，由此谈到不要影响学生个性发展的问题：他有一位学生，绝对不是读书的料，但后来成了某省足球队的主教练。类似的例子举不胜举。但是，李老师话锋一转说，陶行知这话也是可以商量的，没有成为牛顿没有成为爱迪生又怎么样了呢，爱“人”本身，这与他之后是不是爱迪生有什么关系呢。这才是完整的“人的教育”的思想。（与李镇西老师共鸣 8）

***　***

“最好的培养是自我培养。”这应该是多年前我说过的一句话，很多年了，那时候还非常年轻。这句话的意思不是说一个人的成长就不需要别人来培养，绝对不是这个意思，而是说不能等着别人来培养，不能总是依赖于别人的培养，更不能责怪别人没有培养自己。李镇西老师在成长道路上当然也离不开那些重要的相遇，他在报告中也深情地讲述了那些“关键人物”对他的重大影响，没有这些相遇，他不会成为现在的李镇西——这就是“关键人物”“重要他人”的意义，这也是生命中的神奇偶然——我相信生命中是有神奇偶然的。但是，即使遇到了同一个人，每个人受到的影响依然是不同的，这道理非常简单，并不是每一个遇到朱永新老师的都会成为这样的一个李镇西。都成为李镇西既没有可能，也没有必要。我想说的是，虽然李镇西老师也被很多人“培养”过，但他依然说：“每个人都是自己培养自己。”这与对培养自己的、深刻影响过自己的人深怀感恩，丝毫不矛盾。（与李镇西老师共鸣9）

＊＊＊　＊＊＊

喜欢，真正的喜欢，是一种神奇的现象。真正的喜欢是弱功利性、纯精神性的，真正的喜欢是不计成败的，是对事情本身的喜欢，而不是捆绑在结果之上的；真正的喜欢是身不由己的，明知道这样会很累、不实惠，还是会扑将进去，无法断舍离；真正的喜欢是极其固执的，人家都说你别这样了，而你偏偏要这样。所以，喜欢是一件非常“危险”的事情，一旦喜欢上了不该喜欢的，麻烦就非常大。所以，“喜欢”究竟好不好，前提依然是价值观，价值正向，“喜欢”的力量会让每个人拥有健康的精神宇宙。

003 以人育人：什么样的人教出什么样的人

对美好事物的无动于衷，与对丑陋事物的无动于衷一样，是一种可怕的状态。路过一片好风景，遇到一个好人，感受到一片好心，看到一种好做法，听到一个好点子，甚或想到一个特别好的词语。面对宇宙万物的美好，人类心灵的美好，文明创造的美好，如果我们无动于衷，兴奋不起来，我们就要警惕自己心灵的敏感神经是不是正在钝化。“心动不如行动”，仅有心动是不够的，但是，心动依然是重要的，从另外一个角度来说，仅有行动也是不够的，没有心动的行动，了无生趣。

* * *　　* * *

高情商是高智商的发展与升级。我的心理学基础比较弱，讲不好学术意义上的“情商”概念，我只是凭经验对“高情商”作一些思考，总的观点是：高情商是高智商的发展与升级。高智商不是指谁会做题目，首要的应该指对人的理解，对人性的洞察；而高情商则基于人的理解与人性洞察，实现人与人之间的能量交换、情感对流。“好感”需要表达，需要传递，需要互动，传递方式不一，但一定能让人感受到；当然，感受情感本身也是情商的表现。“好感”会有作用力与反作用力。好的情感是人生的甘露，是积极的心流，是彼此的慰藉。

＊＊＊　＊＊＊

爱太复杂，一言难尽。爱不是一个空洞的概念，爱极具情境。因此，爱的表达也极为复杂，没有标准答案。有时候，爱要大声说出来；有时候，爱要埋在心底里。爱要埋在心底里，往往是因为这种爱一旦说出来，很可能反过来会让人增加更多的烦恼甚至伤害，或者这种爱会成为负担。有时候，爱要大声说出来，这种爱赤诚而热烈，让每一个人深受洗礼，对，这种爱是一种洗礼，让人的精神升华。

老师承担着育人的社会责任，育智也要育情，才是完整的育人。没有十分特殊的原因，或者说抽去了特殊的情境，我也认为师爱应该让学生感受到，不应该让不懂爱的孩子“蒙在鼓里”，这对他的成长不利。培养孩子感受爱的能力十分重要——如果我们的孩子连感受爱的能力与敏感都没有了，无法想象我们是在培养什么人。当然这是一个基本原则，在特殊的情境中不一定适用。

校长也是一个特殊的社会角色，以理服人是必需的，以情动人是必要的，这绝非做作，因为这里的“情”是“真情”，而不是虚情假意。校长需要“共情力”，无论与教师，还是与领导，都需要共情力。这绝不是倡导我们违反自己的内心意愿，更不是要我们抛弃自己的价值观念，不，我们不做违心事，不做违规事，更不要成为让自己恶心的那种阿谀奉承的人，而是要学会欣赏人，真诚地爱人，自然地表达这种欣赏与爱。表达的方式，可能是语言，也可能是其他，比如眼神。但我们的确应该学会用合适的语言表情达意，这绝不是谄媚，媚上或者媚下都违背我们的内在准则，而是自然而适当地传递。要不然，我们真可能连表扬一个人都不会，表扬不到人的心里去，更表扬不出一种风气来。

最后，我还是要说，爱太复杂，爱的表达也太复杂，在这个情境中是对的，换个情境未必好。爱如茉莉，爱如玫瑰；爱淡如水，爱烈如火，谁说得清呢。我们知道，有时候，批评也是一种很大的爱呢！但是，爱也不是没有规律的，感受爱、传递爱，都是能力，都是能带来幸福的能力。

＊＊＊　＊＊＊

能量的相互激荡是人间至妙的精神现象。我相信，每一个人都先天地内藏能量，每一个人都是一个小宇宙。但是有时候，这个能量开关被我们关掉了，小宇宙的能量发不出来，我们就会暂时性地陷入低沉，这个“暂时性”甚至时间还不短。这很正常，我们不是神仙，我们都是凡夫俗子，谁的人生没有低落过。也正因此，我们更需要能量的开启与释放。这个开关就握在我们自己手里，开启它，可以万般艰难，也能轻而易举。当能量开关打开，能量正常释放，能量就会进入与世界、与他人的能量对流，这种对流的奇妙之处在于无限地让每一个人获得精神满足；这样的释放不但没有减少彼此的能量，反而让各自能量增值。相反，如果不释放出来，那么能量不但保存不好，还会逐渐减少。突然想起丁昌桂老师经常说的那个样子：鲜蹦活跳的样子，斗志昂扬的样子。他都年逾古稀了，依然保持这种能量十足的样子，这也是人生修炼的结果吧。我曾经在情绪低落的阶段被他激发，打开了能量开关之后的我，也成了能量的“传染源”，而与外界的能量交换也让我自己不断“充值”，进入了精神生活的良性循环。

* * *　　* * *

理想的人生三部曲，第一部叫“博大”，即所谓“浪漫期”，浪漫期的任务是广泛地接触整个的世界；第二部叫“精深”，即所谓“精确期”，精确期的使命是深入地热爱一个领域，拥有一片领地；第三部叫“博大精深”，即所谓“综合期”，综合期的使命是“打通”，把“博大”与“精深”打通了，这时候我们看世界、看人生，通透明白，出入自如。我说的这是“理想人生”，如果没有拥有，也没有关系，不必懊恼，更不必痛苦，“理想”本就如天上的星星，可望而不可即。但没有理想不行，没有理想我们就太糊涂了，我们“虽不能至”，但不能没有“心向往之”。大部分的人，可能一直生活在“博大”的浪漫期，什么都略知一二略能一二，却没有一项是自己真正吃透的；有一部分人，进入了“精深”的精确期，但最后跳脱不出来，无法进入“博大精深”的综合期。不能嘲笑第一期的“浪漫”，更不能跳过这个浪漫期，跳过这个浪漫期匆匆忙忙地进入“精确期”，不但“精确期”不能精深，而且会深远地影响“综合期”的到来。李海林先生曾有“二次成长”说，第一次成长是怎样进行的，会深刻地影响到第二次成长，这应该可以解释为什么会有“后来居上”“大器晚成”的现象。

＊＊＊　＊＊＊

清醒的现实主义与乐观的理想主义，远大的长期主义与眼前的当下主义，宏观的整体思维与精致的细节思维，无限的发展可能、成长意愿与有限的可为能力、可为空间，对立统一的辩证思维是完整人生的不可或缺，少了其中的一端，就可能会心理失衡。

＊＊＊　＊＊＊

人大致可以分成四种，一种是宽以待人，严以待己，这种人神一般存在，自我要求比较高，可能有些累，毕竟谁也不是神，谁都只是一个人；一种是严以待人，又严以律己，这种人自己会很累，别人也会很累；一种是严以律人，宽以待己，这种人是一种梦魇般存在；一种是宽以待人，又宽以待己，好好地与别人相处，也好好地与自己相处，这种人是凡夫俗子寻常百姓，是人间烟火。

＊＊＊　＊＊＊

淡定淡定，看得淡才能坐得定。

* * *　　* * *

听不进意见的人，是绝不可能有大情怀的。具有大情怀的人一定听得进别人的话，一定喜欢听别人的话，一定不会固执己见，一定不会无知到自以为全知。因为一个真正有大情怀的人，一定不会如此看重自己、看高自己，而是对真善美看得特别重，对是不是做对、能不能做好、是不是利人看得重，对内涵与实质看得特别重。没有一个人会什么都懂；没有一个人真什么都会。全知全能，只是一种幻象。从某种意义上来说，当我们嘲笑井底之蛙的时候，我们就浅了，因为每个人其实都有一口井，只是井口大小不同罢了。承认了这一点，就承认了人的局限性；承认了人的局限性，我们就会谦卑，谦卑是一种伟大的人格，是内心里的清醒，而不是表面上的狂妄。举凡具有大情怀的人，都会有谦卑的品质。谦卑不同于低调，低调是显现的，谦卑是内在的。

* * *　　* * *

我们今天拥有的一切，不是天生就有的，也不是一般意义上的自然而然就能有的，甚至也不是仅靠努力就会有的，而是他人生命的传承与发展，其中离不开生命中的那些重要的人；我们今天能够给人的，可能是一种美丽的“二传”，最深刻的人类文明也许必须依靠这样的人人相传。这些天翻阅几本小众书，《施蛰存评传》（2021 年）、《施蛰存散文》（2023 年）以及一本早年购置的 1995 年出版的《沙上的脚迹》，虽然我与先生未曾面谋，但是当年我一个啥都不懂20岁左右的年轻人，冒昧地一次次去打扰他老人家（当时施先生80多岁了），先生居然会一次次地回信，对我幼稚之至的问题进行解答，对我幼稚之至的习作进行批阅。现在想来，我的精神血液中有着先生的基因。

***　　***

一个没有善良之心的人，是做不好教育的。这个世界上，除了善，还有恶，还有罪；这个世界上，每天都有罪与恶发生。但是，教育，一定是要指向善、培育善的。教育如果不指向善、培育善，罪与恶就会泛滥成灾，罪与恶就无法战胜。教育指向善、培育善，首要的条件，就是教育者要成为一个“好人”——不是“好人主义”的“好人”，而是首先必须有一颗善良之心，好的教育，就是播下善的种子；好的教育者，本身就是善良的种子。

***　　***

满足美好的情感需求，需要全社会的细腻关照，需要提高全社会的集体情商。沈老师在地铁卫生间发现一部无主手机，自然交给地铁站工作人员。工作人员是一个小姑娘，接过手机，向上级汇报说有人丢失了手机。走出地铁站，我们有些感慨。捡到一部手机，交给工作人员，是理所当然的，这毫无疑问。但是，工作人员连一句感谢的话也没说，我们就这样走了，我还是有些感慨的。我觉得，工作人员应该对我们做的事：第一，说一声感谢。这个感谢是代表一种公众态度，因为作为工作人员说声感谢不是她个人的行为，这声感谢也不仅是说给我们的，而是感谢这种行为。第二，留下我们的电话号码。我认为失主在拿回自己手机时，应该打电话或者发短信来说一声谢谢的。这一切，其实都非常简单，我们不是也不必想着要人家来说一声感谢，但是，相关的人要想着，要说一声感谢，要想着创造机会让失主说一声感谢，这都是应该的，也是必需的，这关乎我们的社会感情。我们当然不会小气得非得图人家一句“谢谢”，只是由此引发些许感慨，类似的事情还有很多，满足美好的情感需求，需要全社会的细腻关照。

***　***

我们需要一个能够真心诚意地说“感谢”的社会，一切我们得到的帮助，不全是别人应该的；即便是别人应该的，但在我们身上有付出、对我们有帮助，我们也应该说一声真诚的感谢。经常发现很多人，连说声“谢谢”都不会。我清晰地记得在汾湖实验小学工作的时候，有一次与新教师座谈，我给他们提了一个建议：有功劳时尽量想到别人，不会影响自己的成绩。我举例子说，你上了一节课，人家说好，你就说，是我师傅指导得好。这丝毫不会影响你，人家不会认为你没有水平，而是看到了你的修养。哪怕是从功利的角度，你会得到更多的帮助，你师傅也会越帮越起劲儿的——突然想起这些话，说这些话也已经好多年了，不知道当年的那些老师是否还记得、是否一直践行。

＊＊＊　＊＊＊

当我们觉得自己不再年轻、为时已晚的时候，不妨看看那些“黄昏起飞”的老人。有一次读《老子》，突然对“大器晚成”这个词有新的领悟，我当时发现“大器晚成”不是说有的人早成，有的人晚成，而是说，“大器”一定是“晚成”的，大的器具一定要长时间地烧制。最近对三位老人的事特别有感慨，虽然其中施蛰存先生早在 2003 年就逝世了。1905 年出生的施先生在近 80 岁的时候因为癌症做手术，住院 18 个月，医生说最多还有两三年生命，先生潜心学问，忘记了癌症，癌症也忘记了他，又活了 20 年，而这 20 年，先生创造了最后的高峰，成为中国现代文学史上百科全书般的巨匠式人物。另外两位老人，一位是游本昌，87 岁高龄接角色，完美演绎“爷叔”形象，炉火纯青的演艺让人惊得目瞪口呆，也完美地告诉人们，什么叫“大器晚成”，没有这个阅历，无法演出这个角色；还有一位是成尚荣老师，我特别喜欢他说的：在黄昏起飞。成老师退休之后的著述与演讲渐渐地达到了一种“大成”。

＊＊＊　＊＊＊

只有对品质有近乎苛刻的要求，才会出真正有品质的作品。

＊＊＊　＊＊＊

讽刺、嘲笑或者以阴阳怪气的态度对待积极的人、积极的事，只是生怕人们不知道你人性之猥琐与丑陋而已。

***　***

什么样的人教出什么样的人。毛姆在一篇关于福楼拜与《包法利夫人》的文章中说，他确信“一位作家会写什么样的书主要取决于他是什么样的人”。推而广之，我们也可以确信：一位老师上出怎样的课、培育出怎样的人，主要也取决于他是什么样的人。当然育人比写作要复杂得多，一部作品是作家个人完成的，而一个人的成长会受到很多人的影响。作为众多影响者中的一个，每一个老师是什么样的人都是极为重要的。一个没有坚持品质的教师团队，培养不出能恒乐成的学生；一个消极悲观、茫然漠然的教师团队，培养不出“积极生长者”。人是靠人培养的，教育是以整一个人影响一个个的“整一个人”。

***　***

好人的特点：常常会觉得别人好，记得别人的好，念叨别人的好，常常会觉得自己还做得不太好。坏人反之。

***　***

与人相处，是一个人的精神世界的重要内涵。没有人与人的交往，只是依靠读书，仅仅沉浸在个人的世界里，或者只是生活在一个概念世界或者兴趣世界中，是不可能有真正丰富而完整的精神世界的。

* * *　　* * *

不装才会有真成长，不装才会有大格局。最近与几个人同时又谈起了“不装”的问题。我为什么特别要倡导“不装”？因为不装才会有真成长，才会有大格局，这关系到他本人。20多年前，我也在吴江教科室工作，那时候我们也经常去学校探讨问题，也冒充“专家”提一些想法与建议，偶尔也有一些意见挺不错的，这些都是思想呀，应该得到尊重吧，可是有的校长并不是这样的，一转身，这都变成他想出来的了，我虽然不至于小气得一定要版权，更何况这词也不是我的发明，那字更据说是仓颉发明的，但是我心里就在想，这么一点点东西都要装，这样的人怎么走得远？我的观点非常明确，不喜欢装的校长，不喜欢装的人。不是自己的就不是自己的，这一点儿也不难为情，但把不是自己的东西一定要装作自己的，那才要惭愧呢。有一次我听一个人谈她关于“教—学—评一致性”的理解，框架观点讲得非常好，我怎么觉得很熟悉，查了一下我的一篇旧文章，原来她直接把我的小标题给说了一遍，也真是的，何必呢？我虽然对这位老师最终也没有什么成见，但这样的做法着实让我有些失望。还有老师介绍一个观点的修改，有人问：你怎么会想到这样改的呢？她说：嗯，我想了一下，还是这样改好。我心里想，是你想了一下就想出来的？你可真行呢，明明是我帮你改的呀。这样的事情太多太多了，我就是想不明白一点，何苦要去这样装呢？累不累？这样装，真的装不出长进来的，更装不出格局来的。我到哪里都一样，是我的就是我的，是崔老师的就是崔老师的，是沙主编的就是沙主编的，是书上看来的就是书上看来的，是谁帮助我的就是谁帮助我的，要不说明白，我会觉得自己很猥琐。我觉得不装不会让自己显得卑微，反而会让自己高大。

004 思维方式：不同的想法不同的世界

锤炼一个书名，就是凝练一个思想。这几天大家“吟安一个字，捻断数茎须”，为的是有一个满意的“书名”。满意是相对而言的，难有最好，只有更好。好的是，这个过程挺烧脑，烧脑之后，其实是凝练了一个思想。这个思想，建议大家可以在学校里去好好演讲，能讲到听者动容，便是成功。

严卫强《与自己对话》，不能与自己对话，就难以与世界对话；

朱芳《蒲公英行迹》，教育如果有样子，那应该是蒲公英的样子，蒲公英落下的地方，都是教育的天下；

吴国华《行思中蝶变》，只有行，或者只有思，难以实现“蝶变”，只有行思中，才有蝶之变；

盛伏平《心动不如行动》，心动是重要的，没有行动就是白心动了，心动不如行动，最好的状态正是因心动而行动，在心动中行动；

黄雪峰《擦亮每颗星星》，总得有人去擦星星，把星星擦亮，让每颗星星发光，需要爱，需要时间，需要精力，需要耐心，教育就是擦星星；

李勤华《不教一日闲过》，“日知录”不仅是见证“不教一日闲过”，更是实证“不教一日闲过”，“不教一日闲过”，不仅是指每天的事，更是指每天的思；

陈希文《灵感修炼手册》，灵感能修炼吗？修炼有方法吗？有，这个方法叫“日知”，这个手册叫“日知录”；

李峰华《带着情怀做教育》，没有情怀的教育，就是没有水的池塘，水让池塘成为真正的池塘，情怀让教育成为真正的教育；

杨志华《日知长在校园里》，日知长在校园里，日知是校园里长出的小花；

肖晶《融入学校做校长》，你不融入，你不变成“他”，就不懂得他，就不懂这所学校，就无法在学校情境中回答“今天怎样做校长”之问；

朱满喜《专注当下积小流》，因为关爱未来，所以专注当下，因为向往浩大，所以积聚小流；

周星磊《众里寻他千百度》，探索即寻找，即众里寻他，唯有如此，才会见得灯火阑珊处的伊人；

王华峰《寻味这烟火色》，思想不是飘在云端的神仙，思想乃是人间烟火；

孙建平《人生总要有梦想》，随着岁月渐增，最易失去的是梦想，最可贵的是永远有梦想；

李莺《我们该如何成长》，成长是永恒的话题，思考我们该如何成长，其实就是思考我们该如何生活，我们以怎样的方式生活，就是以怎样的方式成长。

＊＊＊　＊＊＊

一致性思考是一种基本的思维准则，包括学校理念表达风格的基本一致。如果你选择了隐喻的方式，那么就用隐喻的方式来构建基本的话语系统；如果你选择了术语的方式，那么就用术语的方式来构建；如果你选择了朴实的方式，那么就用朴实的方式来构建。如果用得好，混搭也是可以的，但要特别慎重，因为自由穿梭于各种风格之间的“混搭风”是个高难度动作，稍有不慎就会特别违和、特别别扭。

＊＊＊　＊＊＊

门户之见总是充满傲慢与偏见，遮蔽了人的理性与智慧。门户之见偏偏又常常发生在所谓的高级知识分子身上，真是让人厌恶。人们把他们奉为高级知识分子，不是要他们去生产傲慢与偏见的，而是要他们去提示真理的。真理需要“讲道理”，不是通过无证据吹捧，也不是靠挥舞起大棒——这个道理，不必高级知识分子，谁都知道。

＊＊＊　＊＊＊

评价如果导致过度的功利化，加剧功利主义者横行，那是十分可怕的。（杞人忧天录）

＊＊＊　＊＊＊

用各种各样的“要求”把人捆得严严实实，然后又要

求人具有创新精神，不是南辕北辙吗？（杞人忧天录）

* * *　　* * *

我们应该时时警惕，“坚持”其实是一件非常有风险的事，如果路子不正，越坚持越糟糕。我曾经说过一个学校成就公式，学校的成就＝对头的方向 × 对路的方法 × 持之以恒的努力 × 团队。“持之以恒的努力”是一个重要因数，但前提是方向要对头，方法要对路，否则，越坚持越糟糕。不对的东西，绝对不能“坚持”，“坚持”了就完蛋了——所谓坚持，首先是有价值的坚持；因为坚持，所以该改变的就坚决地改变，决不固执。

* * *　　* * *

在团队中创造更好的自己，也创造更好的他人。新教育早期有一句话，叫“寻找尺码相同的人”，这句话有些道理，也有些无奈，“道不同，不相为谋”，我们只能与“尺码相同”的人共舞。但是，我总觉得这句话不是十分好，甚至是不十分友好，但也没有细想过。因为前几天我讲了这句话，引起了一些思考，于是想好好琢磨一下这句话的问题。这句话恐怕不十分适合教育，教育不是“寻找尺码相同的人”，而是要“创造尺码相同的人”。再继续思考，觉得还是不够好，容易误解成一定要别人成为你。比要别人成为你更有价值的是，在团队中创造更好的自己，也创造更好的他人。在这样的过程中，一定会形成同质的价值取向，尺码因此动态趋同。

＊＊＊　　＊＊＊

仁者才能见仁，智者方可见智。“仁者见仁，智者见智”，我们作这样的“别解”，我觉得挺有意思。只有仁者才能见仁，唯有智者方可见智。我曾经有些偏激地说过一个观点：好校长的眼里都是好老师，好老师的眼里都是好学生。反之，一个校长整天抱怨自己的老师怎样不好，一个老师总是看到学生如何糟糕，这样的校长、这样的老师好不到哪里去。佛印看苏东坡像佛，因为他心里有佛；苏东坡说佛印像牛粪，佛印无语，苏东坡以为自己赢了，可是苏小妹却告诉苏东坡，他输了。

＊＊＊　　＊＊＊

对立思考法，是辩证思考的重要方式。如果没有考虑过甚至是面对过对立的观点，我们其实是很难真正地建立好一个观点的，更不可能建固一个观点。建固一个观点，必须经得起对立观点的质疑与拷问，如果你实在听不到对立的声音，那就更有必要假想一些对立。

＊＊＊　　＊＊＊

学会说“不”才能学会说“是”。独立思考，是从批判性思维开始的。从这个意义上说，当一个人开始说“不”的时候，他的精神才开始独立了。批判性思维决不是培养“不合群者”“钻牛角尖者”，更不是培养“反对派”，而是培养思维深刻的人，培养信奉真理的人。

* * *　* * *

一项实验，一种探索，一个尝试，如果一点儿质疑声都听不到，那是挺可怕的；如果一点儿反对声都听不进，那是不可能走远的。

* * *　* * *

心动不如行动，行动也得心动。我们常说“心动不如行动”，这是强调行动的意义，这没有错，我们不能“止于心动”，止于心动而不付诸行动，我们就白白心动了；反过来说，其实“心动”是很重要的，只是行动而没有心动，也是非常可悲的，一天到晚行动，却毫无心动的感觉，这是什么行动啊，这样会“死于行动”的，一个对万事万物都不心动的人，心如止水，骨子里是没有浪漫情怀的，这样的灵魂会有趣吗？没有心动，如何行动？没有心动，即便硬是行动起来，也是勉强得很，冷漠得很。没有行动，如何生动？没有行动，所谓的生动是粉饰出来的，不会从心里创造一幅春和景明图来。

* * *　* * *

有的事情，坚持就好；对的理念，没有成为坚定的信念，我们的心就会被外在的态度左右。访问一所学校，学校有一个非常好的项目，也有一个非常好的理念，我记得是前些年省里的一位专家点出这个理念主题的，学校现在困惑的是做是做了，但没有专家帮助“包装”，无法冲击成果奖。我反复地问，这对于学生来说价值是什么。我好想说：教学成果奖真没有这么重要的，重要的是这对于学生来说意味着什么。我也没有能力帮助人家“包装”（“包装”这个词，用于教育，好无奈，好惭愧）出一个成果奖来，一定要我对这件事情给些建议的话，我只能说：“有的事情，坚持就好。”你不要去管是淡季还是旺季，不要太在意眼下是不是热门，你坚持着，就好，因为你明确地知道，对于学生来说，这事非常重要。对的理念，没有成为坚定的信念，我们的心就会被外在的态度左右，因此而心神不定。

＊＊＊　＊＊＊

唯有思考，能唤醒日子的意义。进入思考模式，人就会主动地去寻求意义，也会主动地去创造意义。在寻求与创造中，每个日子的意义就会显现出来。

＊＊＊　＊＊＊

一个人不可能讲清楚自己不明白的东西，但是，包括“讲”在内的表达仍然是把事情琢磨清楚的重要方法，有时候，讲啊讲啊就讲明白了；有时候，讲啊讲啊发现不对劲了，这都是好事。

＊＊＊　＊＊＊

自己做比看人做要好，看人做比看人做出来的东西要好，看人做出来的东西比听人说怎样做、做什么要好，学科实践，大概就是“自己做”的意思，当然，是做学科的事。听中学、看中学、做中学都需要且相互联系，之所以新课改强调“强化学科实践”，是因为我们的教学太过弱化了它。

* * *　　* * *

批判性思维的一个标志，就是会发现问题，会发现深刻的、本质的问题。发现问题不是为了否定，相反，发现问题是解决问题的开始，是把这件事真正做好的开始，否则，蒙在鼓里，自以为是，掩耳盗铃，皆大欢喜，无济于事。

* * *　　* * *

困惑，是成长在敲门。至暗时刻，通往黎明。特别是迭代式成长，必须经过一重一重的困惑。

* * *　　* * *

用比喻来说道理，是要警惕的双刃剑。一方面，好像能够把深刻的道理说得明白；另一方面，也可能会掩盖了道理本身。用比喻来说明白一些道理，是可以的，但千万不要“信以为真”，比喻只是比喻，比喻总取本体与喻体的相同部分，但本体永远不会等于喻体，误把本体当喻体，就误入歧途了。

***　　***

审慎的积极不是盲目的积极，而是理性的积极。下午参加（吴江）区国家课程高质量实施种子校校长会，大家的交流中普遍明明暗暗地有一种犹豫与担忧，主要是对于大单元学历案的担忧，我以为这种情绪是正常的，足见吴江教育人的真切真情，因为真心，所以真实。对于一个刚刚接触的新生事物保持审慎的积极，是一种清醒的态度。还没有尝试，就断言“这不是乱搞吗”，或者“这该有多好啊”，武断地否定或者盲目地相信，都不可取。回到思维方式上，我们必须坚持“价值第一”，即一定得问“为什么”，不清楚“为什么”，永远不可能回答“做什么”与“怎么做”；回到行动方式上，我们必须坚持“实践第一”，想想都是问题，做做才有答案，当然做与想要结合起来，在“做”的过程中不断“思”价值问题，才能真正看到好在哪里，如何发扬；问题在哪里，如何解决。这就是审慎的积极，审慎的积极不是盲目的积极，而是理性的积极。

***　　***

每个人都在责怪别人的时候，就是每一个人都应该扪心自问的时候，比如教育乱象、社会焦虑。扪心自问，我们有责任吗？有一位领导转了一篇文章给我，题目是“教育内卷到底有没有解”。我回复：各级党委政府、教育行政部门、校长与老师，每个人都有责任不做教育内卷的制造者与推手。

*** ***

试一试不等于长期做。偶一为之与长期实践，完全是两回事。实践是检验真理的唯一标准，这是一个深刻的论断，这个深刻的论断绝不是一个轻飘飘的观点，如果你认为浅尝辄止地做一下就可以检验真理，或者未经合理反思就能够检验真理，那肯定不对。有时候，一个真理被发现，需要千百次叩问，甚至需要付出巨大的代价。“浅实践”只会遮人眼目，蜻蜓点水地“做了一下”甚至是错误地“试了一下”，不等于真正的“实践”，得出来的结论具有很大的欺骗性。好在，真金终究不怕烈火。科学判断此处地下有水，可我们只是简单挖了几下，甚至挖的地方也不对劲，就草草以“实践者”自居宣布“我已经实践过了，此处无水”“经过实践证明，此处地下有水完全是瞎想”——以这样的“实践”去检验真理，怎么检验得出真理来呢？

*** ***

做得多并不等于做得好。未经理论推敲与正确反思的“实践”，盲目地追求“做得多”，不但不等于“做得好”，而且还会有做得越多错得越多的风险。因此，思考是多么重要，价值叩问与理论推敲是多么重要，价值叩问绝不是唱个高调，理论推敲更不是“贴牌”，只有把实践与价值、理论融为一体，我们才尽可能规避风险。在实践的场域思考理论问题，特别重要。尽信书，不如无书；尽信“做”，不如不做。

* * *　　* * *

越是时间有限，就越要句句干货。最有趣的是，很多人喜欢说一句话："由于时间关系""由于时间关系就不展开了"，而且越是没时间了就越喜欢说这句话。可是，这句话一点儿意义都没有，与其反复地说这句话，还不如用这个时间多说几句干货。

* * *　　* * *

我们经常用"既要……""又要……""还要……"来说事儿，大家都觉得好难，要做到一条已经很难，要一条一条都做到实在太难了。其实不然，"既要……""又要……""还要……"不是要我们一条一条去做到，而是要求我们"同时"达到：在顶天立地处低到尘埃，在每一件小微之事上见出格局与境界。

* * *　　* * *

辩证法像一道特别犀利的目光，常常会看得人心里发毛，但是我们真的要吃得消，因为它让人清醒，否则，我们总是只到一个面，却看不到还有另一个面。只看到一个面，有时候会盲目高兴，却不知道危机四伏；有时候会陷入绝望，却不知道蕴藏着无限希望。大家都叫好的事，未必好；看看好像吃了亏的事，未必亏。

* * *　　* * *

整体观是一种复杂性思维，也是一种实事求是的规律性认知，“线性思维”是整体思维的对立存在。我们讲述一个故事的时候，非常清晰地讲清起因、经过与结束，其实是一种简单化的线性思维，是一种西医式的表达，它只是讲述者的一些简单理解，里面经过了太多人为的选择、生硬的剔除，或者说更多的是在借助整体中某些碎片的事实，串联起来，表达了自己的观点，但是，这已经不是事情的本身。事情的本身、未经粉碎的事情比之要复杂得多，那些顶尖的文学艺术作品与哲学思辨之所以伟大，就是他们在叙写的整体复杂性上已经抵达了相当的高度与真实，他们不是叙写单一的主题，而是交织着无数主题，甚于是无主题的。而这正在接近事情的本身。事情的本身是整体的、复杂的、充满关联的、非线性的、非割裂的，是“无言”的。于是我们在梳理一个叙事的时候，总是非常为难，因为叙事总是需要鲜明的主题，需要清晰的线索。而更重要的，还不是技巧性的叙事，而是事情本身，事情本身总是混沌的、含糊的、不可言说的。我们去进行一项改革的时候，究竟选择怎样的切入才能涉及整体，关系到全部，而不是陷入“头痛医头脚痛医脚”的简单思维，结果看上去这件事情有所改观了，却严重地影响整体的事情。解决了一个问题，再解决一个问题，这样的思维看上去务实，却导致问题不是越解决越少，反而越解决越多，因为整体上并没有改进。如果我们要的是整体上的改进，就必须持整体观。虽然也有瑕疵（没有瑕疵的事情只存在于概念世界，而不可能存在于生动的俗世），但整体上来看，好人什么都好，好学校什么都好，就是因为他（它）们并不是某一方面的好，而是一种整体的好，当“整个的人”“整个的学校”处于高水平状态，就会在所有方面都不自觉地显露出这种“好”来，而不是排练的结果。

* * *　　* * *

“日知录”的直接功能是反思，反思可以有多种方式，“日知录”也可以有多种方式。我们工作室“日知录”基本方式是“1（+1）”，这种方式的最大特点是试图体现“在实践的现场思考理论问题”，是“感悟”与“事实”“情境”的结合，这是一种非常中国化的写作，很多巨著都是用这种方式写出来的，比如钱钟书的《谈艺录》，周振甫的《诗词例话》《文章例话》《小说例话》，王国维的《人间词话》，中国文学批评史上星光璀璨的“诗话”“词话”“玉屑”“札记”，充满了这种方式。这种方式与西方理论界用概念演绎出结构严谨的鸿篇是非常不同的。中国古代学者的功力，均是滴水穿石之功。

005 理念办学：你认为空是因为你自己空

办学理念，一解释你就输了。有一次在外省的一所学校讨论办学理念，我一听觉得不太好，校长急了，说：“你听我解释……”我笑笑说：“不要，一解释你就输了。”一个想了很久、想了很多的办学理念，往往如此：校长越想越多，越想越复杂，自己觉得越想越好。可是，跟别人一讲，人家说不好，一听就不好。于是，校长就说：“你听我解释……”可是，我真的想说，一解释你就输了。办学理念要说到人心里去，首先是不需要解释的，首先需要的是直觉，是让人心里立即冒出来的“对对对，就是这样的”，然后才能用解释来展开。

* * *　　* * *

学校总是要有主导的办学理念，总是要有一个核心，且只能有一个，如果是两个，就不叫核心了。这个办学理念，最好是“乍一听，好”“细一想，太好了”——“乍一听，好”，就是关注人的第一联想，就是不用解释，一解释，你就输了，因为人们首先不需要听人解释；“细一想，太好了”，就是全面而完整的解读，就是对教育与学校基本问题的具有鲜明个性特征的解读，让你解释，你就赢了，说明人们已经与你有了共鸣。

＊＊＊　＊＊＊

一种大写的朴素就是一种大写的教育，写的是大写的人。

现在想来，几年前应该听说过，在诸暨的农村有一所世外桃源般的学校，当时似乎还有过冲动想去看看。但很快就被各种信息淹没了，甚至根本想不起来是谁跟我说过的，甚至有些怀疑有没有听说过。后来峰华发来一个《斯民小学》的链接，断断续续地看完，才勾起了我这样的模糊记忆，现在想起来，说不定这所“世外桃源般的学校”，就是斯民小学。

看了十几分的时间，我就说了两个字：朴素。用太过高大上的词语来说这所学校，会非常违和，你说着说着会发现言不达意甚至言不由衷。看完之后，我更加相信我的判断：朴素。教育的返璞归真就是那样的朴素，人也因为朴素变得那么可爱。没有那么多的花里胡哨，没有立那么多的雄心壮志，没有说那么多的海誓山盟。回到人最本真处，回到教育最本真处，回到生活最诗意的地方。一切都是“应该”的样子，一切的“应该”都自然而然地存在、发生。这是乡村教育的味道，也是最好的教育的味道，起码是其中的一种最好。

整个的校园，整个的村落，师生关系，家校关系，教育教学，人格情怀，钟声，大树，都勾起了人们对朴素的留恋。因为现实的教育太喧哗了，太追求绚烂了，太要华丽了，所以当这样的一所学校“出现”，会引起那么大的关注。我还想说，即使没有“大咖”的出现，这所学校也应该被欣赏，他们这边的人说话都是朴素到骨子里的，他们与“民风”构成了一种美丽的依存。

这是一所朴素到骨子里的学校，有一种朴素到骨子里的教育。这种“朴素”是至上的，它超越了一切，也超越了情怀。之所以这样说，是因为他们自己并没有觉得什么情怀，而这才是最大的情怀。有一种好，叫自己不知道自己有多好——这正是“朴素”最打动人的地方，而且，在今天，有些人热衷于自我挖掘，热衷于四处宣扬，甚至热衷于寻找其中隐藏的利益。在“朴素”成为稀缺的今天，它也就特别特别的珍贵。

***　***

教育如果远离了人性，离美就远了。如果进入斯民小学的情境，我不知道我的思考与情感会怎样启动，就看到的片子而言，我看到的是人性之美，朴素的人性之美。这所学校的价值除了对于“斯地斯民”本身的意义，还有其散发的朴素人性之美给人的多重启迪，启迪我们思考今天的教育缺什么、该如何、能怎样。不知怎的，听到午休歌“功课未毕，下午再来”，我一阵感动。午休了，先吃饭去啊，功课未毕不要紧，下午再来嘛。这与我们今天的“卷”简直是天壤之别啊。教育之美，首先是人性之美。在重庆听北京育英学校（2023 年儿童节前总书记去考察过）于会祥校长讲教育常识，他说，“你总要给孩子上厕所的时间吧，这是常识”（大意），我听着顿生悲哀。旗帜鲜明地反对“卷”，这也是常识。“卷”不是正常的竞赛竞争，它是以牺牲“正常”为前提的，是以牺牲身心健康为代价的。大家都在说“卷”贻害无穷，大家又都在无可奈何地“卷”，这是一个无解题。可是，真的，这样的“卷”，种种远离人性的教育乱象，我们真的一点儿责任都没有吗？警惕之，省思之，行动之！

＊＊＊　＊＊＊

敞开，才能敞亮。昨晚与南谯团队一起聊天，看着团队的校长们一个个感性十足，想着他们 100 多天的可喜成长，又想到我们工作室校长们的内在整体成长，同样在实证着这个道理：敞开，才能敞亮。不是吗？只有自己敞开了，光才能进来，心才能敞亮。

＊＊＊　＊＊＊

一个团队如果长期没有共同的积极兴奋点，会死水一潭。兴奋点的水平，代表了一个团队的发展水平；兴奋点管理，代表了一个团队的管理水平，代表了管理团队的领导力水平。兴奋点是事业推进过程中的一个个重要节点、重要事件，构成了一所学校思想史、学术史的重要内涵链。它可以是一件事情，也可以是一个话题；可以是一个活动，也可以是一场改革；可以是一件实事，也可以是一种思想。它是思想的也是情感的，它是行动的也是心灵的，它是可见可感的也是内隐内在的，它是做的是想的是说的是写的是沉思的是共享的，它可以有各种表现与载体，归根结底，它是有价值的、有意义的，是可以丰富智力生活、深刻精神世界的。

* * *　　* * *

当校长是个专业活儿，这是一个常识，可是这个常识常常被人忽视、被人误解，以为只有学科教学才是专业，而做校长不是或者说不需要专业。有人以为校长的工作就是“管”，只需要“管”的能力而不必上升到“专业”。这种无知的忽视与误解不但会严重影响校长个人的专业化，更会影响学校的专业化、区域的专业化生态。我们都要求教师专业化发展了，领导一所学校的校长怎么可能不要专业化发展呢，校长的工作又怎么可能不是一种高度专业化的活儿呢？无论是国家层面还是学术层面，都在不断地呼吁“校长专业化”，但我们的确很少听说过什么别的“长”的专业化要求。因此有人戏言“老师一本书，局长一张纸”，并非没有道理；而我们要警惕的是，作为“老师的老师”的校长，不能也只是“一张纸”。校长工作的复杂性呼唤校长的专业化，把自己的校长生涯凝结成一本“书”，一本用生命书写的专业化大书，是一件多么重要的事。校长的专业几乎涉及教育的全部领域，教育的宏伟愿景要靠一所所学校来奠基。校长的专业内涵极其广泛又极为深刻，极为学术又极具情境，需要道的通透与术的精湛，需要“智力生活”与“精神世界”的高度丰富，需要陶行知所说的“用整个的人做整个人的校长”，需要我们今天所说的“教育家精神”，但又不仅仅是“精神”，还要有专业的思想、专业的能力、专业的知识，专业精神则附着在一切专业行为之上。校长一本书，该是一本多厚的书？我们可能做不到这样的丰富，但一定得知道这一点。做不到，非不为也，是不能也；不去做，非不能也，是不为也。忽视校长的专业性，误解校长的专业化，不朝向校长专业化的方向去专业化地发展学校，也对太不起这么多的老师、孩子、家长与社会各界尊称我们为“校长”了。

＊＊＊　＊＊＊

校长的主要工作是表扬老师；老师的主要工作是表扬学生。教育工作者的主要工作，就是表扬人。用心去发现人的好，真诚地欣赏人的好，最大程度地激发起人的好，这是一件多么幸福的事。因此，教师是一个幸福的职业，校长是一个幸福的工作。这绝不是说教师不需要批评孩子，校长不需要金刚怒目，而是说，我们的“主要工作”是“表扬”而不是“批评”，因为我们做的工作是教育，我们的工作单位叫学校。表扬不是一件容易的事，没有专业的眼光，表扬不到点子上，表扬不到心里去，表扬不出方向来，整天表扬也没有用。所以，老师、校长都是专业人士，这个专业，首先是“表扬专业”。不会表扬就不会做老师，不会表扬就不会做校长，不会表扬就不会做教育；教育首先意味着激起人内心的良善，学校首先意味着扬起人内在的美好。

* * *　　* * *

我们之所以探讨学校管理中兴奋点的创设，是因为看到了兴奋点的价值意义，为什么而兴奋，与一个人的价值观相关；是因为看到了兴奋点的智力意义，合适的兴奋可以刺激人的大脑，让人智力激荡；是因为看到了兴奋点的文化意义，集体为一件有价值的事情、一个有价值的话题、一种有价值的思想而兴奋，有助于形成共同的思维方式、共同的行动方式。我们之所以提倡学校管理中要善于创设兴奋点，还因为总体上在我们的校园生活中还缺少高质量的兴奋点。当然，我们同时也要警惕低层次兴奋问题，也要警惕兴奋的负面效应。我们要的是“积极兴奋”。

* * *　　* * *

一个校长的高峰体验，真不在于得到了多少外在的荣耀，而是赢得了多少人心。当我们的团队整个状态都起来了的时候，校长真正的高峰体验就拥有了。只有真心以待，才能获得真心。不为名，不为利，只为人，我们就会看淡很多，想透很多，人心就会自然地聚拢来。人心在了，就什么都在了。人心不在，啥都不是。

* * *　　* * *

搞行政沙龙是凝聚与创造学校思想、提升与丰富行政人员境界的重要方式。

昨天参加仁泽学校的讨论，虽然除了行政人员之外，也有青年教师读书会（建议可以命名为“仁泽书会”）的成员，但仍可以看作是“行政沙龙”，“行政沙龙”可以是以行政成员为基本成员，根据沙龙主题的不同，邀请其他人参加。我在实验小学的时候组织的“校长沙龙”，也有教师参与的，也有与企业家互动的，有在教室里举行的，还有到医院去交流的。在仁泽学校搬迁、校长更迭一个学期之后的重要时间节点，思考、讨论学校的基本问题，这与一般性事务性“行政会”的意义是不同的，而这也正是很多学校缺失的。

前天参加七都小学第 8 期行政论坛，我可以说是这个团队成长的见证者。学校的重要思想，从来不是也不可能是校长一个人冥思苦想的结果，而是团队的成就。七都小学的行政论坛有些特殊，就是每一期我好像都参加了，外部专家（我也号称外部专家吧）的介入，其实这非常考验校长的气度。我也看到有一些校长，喜欢单独地接触外面的高人，然后贩了一点儿货色过来，面对自己的团队，说出来，让人感觉他很有水平。这种做法其实非常不好，造成一种虚假的风气，更不好的是，也导致团队凝练不出自己的思想。外部专家介入，表面上看好像会影响校长的权威，其实真不是这样的，这只会提升校长在团队中的真实形象。只要我们真正面对真理，就没有什么人是绝对的权威，“真理”本身才是最大的权威。

我们应该大力倡导在学校中有“行政沙龙”这种组织方式，这是学校思想的孵化机构。我在汾湖实验小学的时候，就经常开展“主题性行政会”，不是讨论具体事情，而是围绕主题讨论学校的重要思想，“主题性行政会”其实就是“行政沙龙”，这种方式很快实现了“行政思想力”与“学校思想力”提升的完美统一。到实验小学之后，“校长沙龙”成为一个文化品牌，有力地提升了校长们的思想境界，催生了丰富的学校思想。

* * *　　* * *

一所学校师生的状态，比什么都重要，这应该成为我们的信念。所谓金杯银杯不及老百姓的口碑，最大的奖项，最多的奖状，考到了怎样的分数，得到了谁谁的表扬，都没有一所学校师生真实的生命状态更重要。破坏了生命状态，一切得不偿失。在七都小学，在仁泽学校，我深深地感受到这种状态，这种状态之美好，这种状态之力量。这不仅仅是基于我们关于“教育究竟为什么”的认识，更基于我们关于“人活着究竟该如何”的回答，关乎我们的人生哲学。今天向一些朋友转发了七都小学《弄潮儿（教师版）》第 8 期，在转发的时候，我都加了一句话：一所在状态中的学校。这是当年颜莹老师在汾湖实验小学现场说的一句话。“在状态中的学校”，这才是我们要的学校的样子。一所学校好不好，自己学校的师生最清楚，不需要问别人，其实也不需要谁来认证。他人的赞赏，奖状与证书，当然要，但这应该是额外的奖赏，而不是事情的本身，不能本末倒置——也就是说，要搞清楚什么才是真正不可或缺的。

＊＊＊　　＊＊＊

学校的育人目标，是我们对学校实现审视之后的理想描述。所谓“现实审视”，就是我们能做什么；所谓“理想描述”，就是我们通过努力能做成什么，该做什么。“现实审视”不是脱离学校历史，而是在历史中的，吴江区特殊教育学校曾经辉煌，那是在盲聋童较多的时代，那些被上天另开一扇窗的孩子回馈老师们以成就感，但后来，以培智儿童为主了，我们如何重新确认自己的角色、如何合理描绘我们的“育人目标”，就是一个极为核心的必答题了。通俗一点儿说，我们的主要使命就是尽最大的可能帮助那些不幸的孩子“能养活自己”，这对于孩子们，对于家庭，对于社会，功莫大焉。“自立者”，就是“能养活自己”的教育学表达，也是最直接、最明白、最实际的育人目标；因为能自立，就会有尊严，有尊严，满足了人的精神需求。“有尊严的自立者”，实实在在而又意义重大。

＊＊＊　　＊＊＊

对于变态的“内卷”，每个人都应该叩问自己。非常赞同安徽省滁州市南谯区教体局副局长董雪芹的观点：“不做教育焦虑执行者或者助推者。”旗帜鲜明地反对内卷，坚定不移地反对内卷，需要从每个人做起。我们或许真的起不了太大的作用，但是，“不做教育焦虑执行者或者助推者”，应该是良知之所应，也是能力之可为。每个人都去抱怨别人，抱怨环境，抱怨制度，抱怨政策，抱怨风气，可是，我们每个人是不是都应当问一问自己，在这个局面下，我们扮演了什么角色？“日知录”的“鼻祖”顾炎武说，“天下兴亡，匹夫有责”。以损伤身心健康为代价的所谓“内卷”，我们真的没有责任吗？

* * * * * *

审慎地下决心，与坚决地做完整，是相辅相成的。峰华讲到学校管理中要防止“烂尾现象”，这个话题非常有价值。“烂尾现象”，对于团队的精神与信念是隐形杀手。对于这个现象，我想到这样一些问题。

第一，合理的预判是前提，预判能力是领导力的重要组成部分，学校工作的“烂尾”，常常与当初的决策有误相关，一时兴起要做一件事，下决心的时候用力过猛，在推进的过程中发现这事情做不下去了，不了了之，成为“烂尾”。

第二，遇到一些困难就轻易止步，要做成一件能够让人成长的事，一定不是轻而易举的，适度的困难是成长的必需，跨过去就赢了，这种情况下是绝对不能放弃的。

第三，做到后来发现真的收不了尾，或者是发现即使做完了价值也没有这么大，或者是困难实在太大、能力实在不够、精力实在不够，真收不了尾，那也不一定要硬收尾，打肿脸充胖子，但必须进行反思，以真诚反思的方式“收尾”，同样能够转危为机。

我有一句“名言”：不轻易开启，不轻言放弃。很多人只关注了后句，以为我只是在讲“坚持”；其实前句也很重要，前句在审慎地决定。审慎地下决心，与坚决地做完整，是相辅相成的。

***　***

没有与人（师生）的深刻互动，就没有真正意义上的校园文化。南麻小学有校园八景，还邀请了一些本土画家创作八景图，布置在校门口，很有文化气息与传播意味。只是有一个“景”的名字，我提了一个小建议，这个景点叫“校园秋实”（好像是），“校园”这个词镜头太大了，没有“景点”的感觉，画中及文字说明中有“香柚”，不如改成“香柚秋实”“金柚秋实”之类。这是一个小建议，更重要的是，这么漂亮的“八景”，不能只与画家互动，而是要与孩子互动，校园八景要成为孩子存放童年、寄寓情感的地方，要让学生去画、去写，艺术节、读写节要设计活动让校园八景与童年生活更好地联系在一起，一届一届的孩子，有一届一届的八景图，有一届一届的八景记忆，这是孩子们成年之后的乡愁。汾湖实验小学的“汾小八景”，我们请自己的老师画了画、请本土诗人赋了诗刻在石碑上，我们更是通过剪纸、衍纸让八景与孩子发生互动；苏州湾实验小学的 LOGO 设计出来之后，我们就提出要用好这个 LOGO，在各种校园节日节徽设计时发动学生去畅想，每年都留下大量的与 LOGO 相关的创意作品。

***　***

心理问题一大半原因可能是“坐出来的”。我带队在华东师范大学参加研修，坐了一个星期。结业仪式上，我跟大家讲，一个星期坐下来，大家都太累了，大家想想我们的孩子，一天又一天，一年又一年，整天坐着，回家还要坐着，双休日还要坐着，换不同的地方坐着……可怕不？我倡议，大家都在责怪“卷”，我们能不能从自己做起，努力不做那个推动焦虑的人。我知道，我的倡议无效。（大意）心理问题怎么来的，坐出来的。我们如果还体育课都不让上，还课间、午间都不让走走，还要双休都用大量作业占着，于心何忍啊。

***　　***

孩子是不是有正常的课间，在课间能不能休息；放学后是不是真的放学了，有多少时间不被作业安排掉，双休是不是真休了……诸如此类的问题，我们是不可能彻底解决的，但是，我们真的必须不断地去努力，把孩子从教室里赶出去，这应该成为我们的重要工作。顾明远先生的那句“呐喊”“教育要有良心”犹在耳边。一个人的力量实在太微薄了，但是，最大的力量都是由微薄的力量构起来的。也许真用不到太多的道理了，需要我们不断叩问“良心”。昨天听到一句话，耳熟能详，又让人细思极恐，我们老师经常会习惯性地这样说：“你们家孩子上课么是蛮好的，就是一下课么，就跑出去玩了。”一下课出去玩，不正常吗？

***　　***

切不可与老师抢功劳。上好一节课，处理好一个家校纠纷，组织好一次活动，都是不容易的，在很多的时候，老师们在做这些事情的时候，背后有着校长的贡献，最后，事情非常成功。校长心里自然窃喜，但是，此时，千万不能抢功劳，千万不能说“这都是我想的”“这都是我提出来的”“这都是我改的”……这样，原本很有成就感的老师一下子被击败，而你前面的辛苦可能会白费，因为你不会获得老师的认可，时间长了甚至会失去老师的心。把功劳推给人家，把自己的贡献隐藏起来，人家不会忘记我们的功劳的。我曾经开玩笑地说，“讨表扬”也有相当多的办法，其中之一，叫“表扬别人”，把功劳推给别人，抓住哪怕最小的一点点进行数倍的放大，你这样去表扬别人，别人也会发现，“哪里哪里，都是校长您指导得好”，这样就进入了“欣赏的良性循环模式“——当然，其实老师没有发现你的功劳也没关系，老师能把事情做好，这本身，你的功劳就在了。

***　***

“不让他们打球，他们就要打人了。”听上去这是一句玩笑话，但是前天晚饭时，浙江省岱山县敬业小学方科校长说这句话的时候，一下子引起了我们的共鸣。方校长是体育老师，深知体育对于完整人格的意义。体育不仅仅是技能，更是育人，体育对于一个人的心理健康有着极为重要的作用。整天坐在教室里，日复一日、周复一周、年复一年，心理太容易出问题了。孩子们的情绪、精力没有出口呀，“不让他们打球，他们就要打人了”。诚哉斯言！

***　***

用专业的方式做专业的事，这也是方法与目标的“一致性”。这种句式非常有意思，如“用文化的方式做文化”，我们不能命令师生一定要相信学校的文化标语，因为“文化的方式”不是“命令”的方式，其实相不相信是心里的事，命令了也没用；如“用语文的方式学语文”“用地理的方式学地理”，就是经典学习方式与学习内容的匹配；用专业的方式做专业的事，不能用“强行政化的手段”去推“强专业化的改革”，这样的改革可能会有表面的效果，但不会长久，而且会有失去人心的危险，不是不要改革，而是要“用专业的方式做专业的事”，这考验我们的领导智慧，也锻炼我们真正的专业领导力。

***　***

举凡显示或隐含着不平等的、居高临下的用词，我似乎天生的就是不喜欢，比如“培训”“指导”“汇报”“上交”“检查”之类的，太多地用在学校里格外别扭。不要常常自称“指导”，不要让别人向你“汇报”，不要动辄叫人把材料“上交”，更不要“检查”“考核”不离口，表面上看，这有些居高临下，实质上很可能也是信心差了些，只能用这样的“硬词”来表现自己之高。至于“培训”，我早就说过，还是以“研修”来替代比较好，教育上其实也没有这么多东西需要谁来“训”谁，更多的是研究与探讨，我更喜欢用的词语叫“研修”。当然，这是对自己的要求，内心里的自我要求，而对指导过自己的人，我们当然要感谢他们的指导，这是完全可以、应该内于心而外于言的。我们可以且应该说“我在谁的指导下……”，如果是真的的话；但不要轻易地说“我指导了谁谁……”。填表格要求有“指导青年教师情况”，则是被逼无奈。说到底，我反对的不是用词，而是从内心里对别人居高临下的状态。

* * *　　* * *

校园文化是一篇文章，一篇文章最重要的是“主题”，主题引领着整篇文章，校园没有鲜明的主题，就会千校一面，就不会有扑面而来的文化气息，就不会成为“这个园子”，就不会让人有“生于斯长于斯”的精神归属，校园文化的主题取决于学校的内涵，而不是在做校园文化的时间挖空心思地生造。主题之后是框架，校园文化的主题不是散放着的，是结构化的，校园文化的实景是由“小标题（小主题）”组成的，这些“小主题”从各个不同侧面丰富“主题”，让主题生动立体起来、耐人寻味起来。这些“小主题”主要体现在一些意象之上，而不是“文字堆砌”，校园文化绝不等同于校园文字，相反，往往是文字太多损害了文化。最后是细节打磨，品质就在细节中，而细节是服务于主题，如果主题不明确、框架不给力，细节是打磨不出来的——我们经常赞叹人家的细节功夫，其实真正细节功夫一定是高屋建瓴的产物，没有主题，细节是一堆死物；有了主题，细节才有了神。

***　　***

有人说必须有特色，有人说一定要“去特色”，关键是要处理好两者的辩证关系。没有必要死要特色，也没有必要硬去特色。讲“去特色”，应该是针对死要特色的现象而言的。正确的讲法，应该是不能盯着特色，为特色而特色，而是要瞄准本质问题，关注基本问题。不同的人群、不同的时间、不同的地方做“同一件事”，这“事儿”必然不会“完全不同”，也不会“完全相同”，重要的是相同，相同的本质；好玩的是不同，不同的是特质。我把这样的现象叫做“大同小异”，好在大同，妙在小异。真正的“特色”不是刻意追求的白里透红，恰好是水到渠成的必然风景。

***　　***

个别人的拔苗助长并不可怕，但如果拔苗助长不仅没有得到禁止，反而以此为荣，反而大加鼓励，渐成风气，导致一个行业都看到了“拔苗助长”的“好处”，尝到了“拔苗助长”的甜头，那就非常令人担忧了。

***　　***

只有“办学校”的思维而没有“做教育”的思维，学校也是办不好的。如果上述观点是对的，那么，校长的核心素养，首先是价值观念，主要体现在“想不想把教育做好”的问题上。有人说，校长怎么会不想把教育做好呢，我看未必，可能有些做法与“想把教育做好”是背道而驰的，但我们还在沾沾自喜，价值观有问题，一切都是问题。其次是关键能力，主要体现“能不能把教育做好”的问题，集中在“领导力”上，校长的首要能力是“领导力”，是把团队凝聚起来形成核心价值观的能力，没有关键能力，别的能力再强也没有用。最后是必备品格，主要体现在“是不是坚持把教育做好”，偶一为之是做不好教育的，做好教育要“造次必于是，颠沛必于是”（《论语·里仁》）。

* * *　　* * *

学校文化，说白了就是学校的风气，就是校风，为什么说“文化顺了就都顺了”，就是因为风气好了，人心齐了，整体的价值观正且成为共识了，在这样的“学校大环境”中，善良、正直就变得很普遍。为什么我们发现有的学校会出现一种情况，好像做什么事情都挺好的，就是因为这所学校进入了一种良好的文化状态，反之，感觉啥都是问题。但是，对学校文化我们始终要保持敬畏。文化的脾气怪得很呢，有时候极为坚韧，有时候又非常脆弱。学校文化的形成非常不容易，但是破坏它有时候却相当容易，一旦遇到一个负面的关键事件，就碎了，所以每一个人都要小心翼翼地去呵护它。好的文化是每一个学校的幸运，也需要每个人的付出。学校文化好不好，一定是生活在其中的人最有发言权；有一些名校，声名远扬，校长把学校吹得天花乱坠，但走进去细细感受，你会发现，事实并不如此。

006 单元学习：素养如何养成

学历案用得怎么样，要去问问学生，因为学历案的第一用户是学生，用户不满意，必须改良。

＊＊＊　＊＊＊

单元学历案两大追求：素养本位、学生立场。昨天会中，吴伟钢书记过来轻轻跟我说，稍微解释一下“单元学历案”是什么。这种突然的要求，最让我们思考本质的问题，而且要用极简单的话来说，那就是要说得准。我大约说了三层意思：一是素养本位。为什么要“单元”，是为了对接素养，这里的“单元”是课程单元，不是内容放在一起，而是“单元组织者”把内容组织起来进行的学习。二是学生立场。教案的用户是教师，学历案的第一用户是学生，是在教师指导下学生使用的学习方案。三是单元学历案首先是倒逼我们走向“学为中心”。（单元学历案研究 1）

＊＊＊　＊＊＊

教学改革不应持“敌对思维”。学历案与之前的教案不应是敌对的，而应是友好的，教案设计的诸多经验，是学历案设计的宝贵资源，没有这些经验，学历案也是设计不好的；学历案不是颠覆教案，而是方案用户的角色转换，从“教师编教师用”转换为“教师编学生用”——教师指导下的学生使用；基于学历案的教学，也不是抛弃以往教学，而是要更好地发挥以往教学的好处，其实不论是基于学历案的教学，还是以往的教学，教学的本质都是为了学习，改革的目的都是在寻找如何更好地为了学习。（单元学历案研究2）

* * *　　* * *

设计单元挑战性任务，就要明白挑战性在哪里。

一份二年级下册语文第四单元的单元学历案，是这样描述“你敢挑战吗”（即挑战性任务）的：

> 童话故事真有趣！我们将举办“童趣大王来亮相”活动，你可以根据提供的词语、情境、图画等，展开想象，运用学过的词语和句式，创编属于自己的童诗童话，在班级亮相分享。创编童诗童话，做有趣的“童趣大王”，还有机会到一年级同学面前亮相分享，看看哪个“童趣大王”能成功亮相！

乍一看，挺有意思的；细一想，问题挺多的。首先就是“挑战性任务”的挑战性在哪里的问题。通读本单元之后，课文及语文园地的相同之处，是要“写想象”，这是童话的特点。不同点是，《彩色的梦》要学的是仿段想象，那就要合段落式样；《枫树上的喜鹊》要学的是据景想象，课后有练习题，给了情景，补充想象，那就要合情景；《沙滩上的童话》，要学的是根据开头，运用提供的词语往下想，那就要合开头；语文园地的“写话”中是据画想象，那就要合图画。它们的相同点，都是想象。关于想象，其实也有相同的要求：合理，不能乱想；大胆，出乎意料；美好，传播美好。所谓“挑战性”，应该就在这里：合理地想，大胆地想，想出美好来。

这个单元的挑战性任务是不是应该这样设计：合编《童话·童画》。（单元学历案研究 3）

* * *　　* * *

设计挑战性任务，不是只要有挑战就是挑战性任务，而要考虑挑战的是什么，如果挑战的与目标要的不相关，就不是课程意义上的挑战性任务了。单元学历案中挑战性任务的设计，要瞄准目标所指，因为有目标所以有挑战，挑战性任务是为目标而设的。

看到语文四年级下册单元学历案的“你敢挑战吗”。

嗨，同学们，听说了吗？四年级要召开“动物好友会”啦！我们不仅要欣赏第四单元名家笔下的动物朋友，还可以推荐更多作家描写的动物好友，最后，请每位同学用文章向大家介绍一种你喜爱的动物，写出特点，看看谁的动物朋友能“脱颖而出”。

这个“大任务”名为“谁的动物朋友能‘脱颖而出’”。

对于这个大任务，我觉得可以再思考一下。“动物好友会”是什么，为什么要“脱颖而出”？都不是很明白，学生不会被不太明白的事“驱动”。更重要的，当然还是与“目标”相关与否，学生学与不学这个单元有什么不一样，什么才是学了这个单元之后才会的？最主要的恐怕就是把动物可爱的特点写鲜明的那种能力，最终体现在学生的写作中，那么，就每个人写一篇习作，但这样驱动性不够，写作文是基础，写了之后的作品有什么用，写了参评“征文”，征文要有人评，谁来评，你来评，这个“评”又与目标能力相关，挑战性也在这里——请你担任“谁的动物朋友最可爱”征文评委——这样的一项“你敢挑战吗”，对标目标，挑战的是目标要求。（单元学历案研究４）

* * *　　* * *

“你将学习哪些知识”，是说完成挑战所需要的、本单元中学习的“新知识”。学了这个单元能做的事情，是“挑战性任务”；学了这个单元将掌握的新知，是“你将学习哪些知识”。

这个“新知识”是什么，非常考验教师的教材解读，比如语文四年级下册第四单元，这个单元里包含怎样的“新知识”呢？就是关于怎样把你喜爱的动物的特点用你的喜爱之情写出来，总的来说，就是“当人写”（拟人），具体来说有典型的写法（这些写法就是“新知识”），分布在每篇课文中：《猫》的矛盾笔法，《母鸡》的先抑后扬、反差式对比，《白鹅》的反语巧用、庄词谐用。无论是先要完成“谁的动物朋友最可爱”征文，还是兼任征文评委，这些“新知识”都是必需的。

再如二年级下册第四单元，这个单元的“新知识”，我以为是童话的想象，不懂童话的想象，写不好小童话，就无法完成合编《童话·童画》的“挑战性任务”。而画画这样的知识，不必写到“你将学习哪些知识”里面去，因为这不属于“新知识”。完成这个挑战所需要的“新知识”是指什么呢？想象。但“想象”不是“新知识”，关于“想象”的新知识才是“新知识”。我之前的“日知录”中有研究，关于童话中的想象，我们的“新知识”是合理地想，大胆地想，想出美好来。其实这也蕴含着我们对童话创编的评价要点：编得奇、讲得通、想得美。（单元学历案研究5）

***　***

挑战性任务指向单元目标，是“教—学—评一致性”在单元学历案中的重要体现。

今天听了两节课，《海底世界》所属单元是三年级下册第七单元。老师们这样设计“你敢挑战吗”环节。

日复一日，我们看着日出日落、云起云飞，数着那满天的星星……总是那样的新鲜，因为只要我们留心，几乎每天都会有新的发现，你能和大家一起分享你的发现吗？我们将在班级中开展“世界真奇妙听我来介绍”分享会，招募优秀的发现小达人。三年级的老师们还想邀请发现小达人通过自己的方式为其他年级的小朋友们讲讲你的发现呢。大家快行动吧！

这个“分享会”就是挑战性任务吧，挑战的是什么呢？是发现世界的奇妙。可是，这个单元的学习目标是学会发现世界的奇妙吗？

我们看教材，单元上的语文要素是“了解课文是从哪些方面把事物写清楚的”“初步学会整合信息，介绍一种事物”。

再看三篇课文后面的相关要求。

《我们奇妙的世界》后：“说说课文分别从哪些方面写了天空和大地。”

《海底世界》：“说说课文是从哪几个方面来介绍海底世界的。”“在课文中找找下面的话在哪个自然段，说说那些话是怎样把一个意思写清楚的。”

《火烧云》：“说说课文写了火烧云的哪些特点，你是从哪些语句了解到了。”

习作《国宝大熊猫》：“……这次习作，就让我们围绕着这些问题，介绍一下大熊猫。”

粗略看一下，大致可以知道，这个单元要学生学会从几个方面来介绍一个事物或现象；围绕一个意思写清楚。主要是这两条，一个是结构，一个是讲方法。

那么显然，“世界真奇妙听我来介绍”分享会不能评价这个目标。我建议改为“给短视频写解说词”。这样可能有些像了吧。（单元学历案研究６）

***　　***

知识可以速知，技能可以教会，素养只能学成，这是一个慢养的过程——单元学历案的课程意蕴是“素养学成”。“单元”的课程意蕴是“素养本位”，“单元”的使命是“素养落地”；学历案之“学”的课程意蕴是“学生立场”“学为中心”，学历案之“历”的课程意蕴是“过程取向”“进阶学成”，“单元学历案”的课程意蕴是“素养学成”，知识的了解、技能的掌握，在素养学成中必不可少；“教”，在素养学成中必不可少，但止于知识与技能，全赖于教，不会有素养。（单元学历案研究 7）

***　　***

反思的功能是助消化。单元教学要设计与实施“反思”，反思的功能是“助消化”。一路下来，学得那么多，学到的东西不会自动变成自己的，外面的知识转化成自身的素养，需要“消化”，而反思就是这样的一种助消化。（单元学历案研究 8）

***　　***

“给你支招”是指关于如何学好本单元提供的重要建议、关键招数，不宜多，但每一招都要一剑封喉，不能繁琐复杂，搞了半天也不知道这一招究竟用在哪里、如何使用。一要招出有名，是“降龙十八掌”还是“弹指神功”，是圈画批注还是迁移运用，招出有名。二是招出能用，是实招而不是虚招，不能是空架子，可以是关于内容的建议，也可以是关于方法的；可以是关于通用性方法，更可以是定制性方法。三要“一剑封喉”，高明的招数是点穴式的，简洁干净，针对性强，干净利落，明明白白，而不是搞了一大堆说明书，絮叨了半天，最后不知这招数究竟为何。（单元学历案研究 9）

* * *　　* * *

反思不能务虚，反思也不能只有碎片的“实”，反思必须打通虚实，当学生走过一个单元的学习“实务”，就有必要停下来思考这个实务，琢磨自己的学习。反思不应该成为一句空话，反思支架也不应该是一个空架子，反思必须有内涵。单元学历案留有单元学习过程的关键信息，在走过了一个完整单元的学习之后，这些信息应该成为反思的重要材料、重要依托。（单元学历案研究 10）

* * *　　* * *

之所以强调单元，是因为我们缺少单元观，缺少整体观，并不是说课时不重要，在单元学历案中，篇幅最大的依然是课时设计，着力最多的依然是课时设计。崔老师昨天在育英学校回应大家的困惑时，非常明确地谈到，单元要的是整体，是基于“狗”的教，开始是整体的“狗”，中间“狗头”“狗身”“狗腿”“狗尾巴”还是要教的，但结果必须回到整体的“狗”；单元导读先学整体，接着还是要一篇一篇教的，最后回到整体，“千万不能一说大单元就丢

掉单篇”——我本以为这是常识，但我们有时候太将就概念了，会丢掉常识。（单元学历案研究 11）

* * *　　* * *

培养学生学历案的使用能力，就是培养学生的学习能力，前提是学历案的编制要合理有用、指向素养。学历案的使用是从整体到局部展开的，目前处于尝试探索阶段，我们可以一点一滴地做，慢慢成熟了，要以“单元”为单位发给学生，教学要建立在学生独立与单元学历案互动的基础上。就目前阶段而言，课堂教学也应该建立在学生整体对话学历案（至少是浏览）的基础上。事先发给学生，作为“预学”“先学”，或者课上先用几分钟组织学生浏览，均可。（单元学历案研究 12）

* * *　　* * *

“单元大挑战”宜简洁实用，切忌搞怪。把教学设计的大量精力用于挖空心思去编造一个与众不同的“你敢挑战吗”，很容易搞成外围打转、没有内涵的花拳绣腿。单元学历案的设计要符合课程规范，这是一个思维框架，但就课程内涵而言，仍要把主要精力用于教材解读，理解教材才能拥有内涵。把教材解读的成果（不仅仅是结论，也包括教师解读教材的体验）转化为学生的学习方案，这才是我们的真正着力点。（单元学历案研究 13）

* * *　　* * *

单元学历案设计与使用要重新审视一些思维方式，其中之一叫“藏起来”，或者是慢慢地“抖包袱”。教学有时候的确是“藏的艺术”，有时候也需要“抖包袱”，一层层让学生为不断地发现而惊奇，但不必处处藏，处处抖，更不必将之作为唯一的思维方式。我们提供材料，提供机会，如果学生能自己弄明白，就没有必要藏着，学生通过自己的学习为自己的发现、自己的懂得而惊奇、欣喜，不亦乐乎。（单元学历案研究 14）

* * *　　* * *

学历案的编制考验教师的文字表达能力，如果我们不能清晰明白地表达，学生就没有办法清晰明白地学习。比如《白鹅》中庄词谐用的学习，我们在学历案上这样表达。

任务二：

作者运用了高超的写法，把情感藏在了有趣味的语言中。先阅读课文第 3 自然段，你能体会语言的趣味吗？

你看，“音调严肃郑重，似厉声呵斥”，一般用在严肃的场合，这里却用来形容一只鹅的叫声。这种写法叫做“庄词谐用”。

再如“厉声叫嚣”“引吭大叫”，都是庄词谐用，这样的写法让语言充满趣味。

请阅读全文，圈画词语，体会庄词谐用的语言趣味，用“一般……这里却……”的句式说说你的理解。

我圈画了几处。接着是交流与朗读。重点解读“净角出场”（兼说“比较”，处理课后题）、“鹅老爷”（兼说反语，处理课后题）两处。

接着是写的任务。

任务三：

会用才是真的懂。尝试用“庄词谐用”法写几句话，写一个生活情境或一个动物，让语言具有趣味。

写前热身：家中的猫把家里搞乱了，我们说它是（大闹天宫）；家中的狗站在门口，我们说它是（威武的大将军）；弟弟乱画乱涂，我们说他是（大画家）。（单元学历案研究 15）

***　　***

目标的确立要把握一个“具体度”，即具体到什么程度，从学段目标到学期目标到单元目标到课时目标，是一个不断具体化的过程，上位目标写得过于具体了，或者下位目标过于抽象了，都不合适。不能因为有了素养导向，就把学科核心素养直接写到课时目标中去。

比如有老师把整书阅读指导课《马小跳玩数学（四年级）》导读课“请多少人”的目标这样表达：

1. 阅读马小跳的故事，激发数学阅读兴趣，体会数学阅读的独特价值，对文本蕴含的思想、方法探索有热情，能探索数学故事背后蕴含的规律与知识本质。

2. 在与文本、作者、同伴对话中培养学生“读思结合”的阅读习惯，在故事中经历完整的认知心理活动及思维发展过程，在积极思考、方法迁移中学会解决问题，提高学生分析问题、解决问题的基本能力。

3. 结合相关故事文本本身资源及蕴含问题的实际特点，体会数学理论与现实生活间存在的认知矛盾，并由此锻炼批判性阅读能力，感受数学阅读的魅力。

且不说表达中行为动词没有统一成学生的问题，就目标内容来说，太上位，太抽象，这不是“这节课”的目标。

课时目标必须可见，听完课之后，我根据课堂的情况，“推算”了两条目标：

1. 通过阅读故事，提取故事中的数学问题，灵活运用封闭路线植树问题的知识解决相关数学问题。

2. 能对真实情境中摆桌方案进行解释与质疑。

这两个目标，主要是具体知识的，指向怎样的单元目标，我们不得而知。足见单元目标有多重要，没有单元目标的“统”，我们只能看到具体的知识，知识的价值涨不起来。（单元学历案研究16）

＊＊＊　＊＊＊

学习任务设计要警惕“习题思维”，不要把学历案写成习题集的样子。学历案要设计学习过程，学习过程回答“如何学会”，“如何学会”要通过几个学习任务完成，把几个学习任务（要干的活儿）安排起来，就是学习活动（这个“活儿”是怎样“动”的）。我们看到一些学历案，把一些“题目”在学历案上一放，把习题当作学习任务、学习活动，把学习的过程简单化为“做题目”的过程，这就有违学历案的初衷了。通过哪些活儿（学习任务），怎样干活儿（活动），这些活儿连起来，去达成目标，这个叫“学习过程的设计”。（单元学历案研究 17）

＊＊＊　＊＊＊

教学目标的层级性决定了它的具体化程度，在单元学历案的目标涉及两个层级：单元目标与课时目标，我们要注意的是掌握一个具体化的度，把握好“虚实”的度。

单元目标不能太“实”，单元目标要看得见素养或素养的影子，看得见大任务、大观念、大问题；单元目标也不能太“虚”，不能把单元目标描述为教育理想、教育观念，那样又太“虚”了。

课时目标不能太“虚”，课时目标是单元目标的具体化、指标化，要看得见单元目标的影子，但不是单元目标的复制粘贴，行为动词要强操作性，预期结果要强可视化，不使用抽象话语；但课时目标也不能太“实”，比如语

文，太实之后，就会变成“教课文”的具体课文内容而不是“用课文教”的课文背后的课程内容了。（单元学历案研究18）

＊＊＊　＊＊＊

教学改革不应该也没有必要逆着教师的经验来，合理的办法是顺着教师的经验走，顺势而改，然后升级。在单元学历案的设计与运用中，教师以往的教学经验应该发挥更大的作用。从“教案”到“学历案”，不是截然割断从头开始，绝对不是。从“教案”到“学历案”，需要的是一种转化，将“教程设计”转化为“学历设计”，也就是说你原来是怎样教的，现在要想的是，这样教，学生会怎样学？我们能不能把我们的“教”体现在学历案上，让学生可以直接通过与学历案的互动学会呢？（单元学历案研究19）

＊＊＊　＊＊＊

学历案课堂的第一件事，是要组织浏览学历案，整体知晓“认识地图”；如果学生在事先已经浏览过了，那么可以进行一些基本的了解，懂了些什么，有哪些不明白，尤其是有哪些不明白，要进行了解，了解之后，不一定要马上解答，但是在教学过程中就心中有数了。（单元学历案研究20）

＊＊＊　＊＊＊

教学的关键是帮助学生“理解知识”，而不仅仅是

“知道知识”。在学历案编制的过程中，有一个问题困扰着大家：要不要在学历案上出现“知识的结论”？这个问题的背后，涉及我们对于“知识”与“知识的理解”之间关系的认识。事实上，与其说教学是帮助学生“知道知识”，不如说教学的真正目的是帮助学生“理解知识”。“教案时代”我们的习惯是，先不告诉学生知识，不告诉学生概念，把知识的名称隐藏起来，慢慢地揭示出来，最后才出示，哦，这个叫“数对”，这个叫“庄词谐用”，甚至，我们最后都不告诉学生这个叫“庄词谐用”，生怕这样的词语会让学生消化不良。而事实上呢，在信息高度发达的今天，学生早就从各种渠道（书籍、网络、课外资料）“知道”“听说”“见过”这些概念了，当我们还在把这些“术语”遮遮掩掩的时候，学生只是配合着我们假装没有听说过而已，你以为他们真的没有听说过“数对”吗？你以为他们真的不能够理解“庄词谐用”吗？“数对”，翻开教材就有了呀；“庄词谐用”，课外辅导读物上也很常见。所以，“知识”是不是明确地出现在学历案上其实并不是问题，问题是学历案以及学历案的使用如何帮助学生“理解知识”，理解“数对”，理解“庄词谐用”。（单元学历案研究 21）

* * *　　* * *

教育梦想辽远，课程的作为有限。我们要做的是，在有限的课程作为中装着辽远的教育梦想，而不是也不可能把有限的课程作为等同于无限的教育梦想。接受这个概念是非常痛苦的，但不接受这个概念，我们的课堂会非常混乱，我们总是要得太多，而学得太薄。我们总是想在每一节课上“一网打尽”，尽可能要得多，把自己解读到的一切尽可能多地让学生去学。举个极端的例子吧，我们给每一节课以无限的教育梦想，比如有 100 节课，我们希望每一节课上学生能有 100 个目标，学会 100 种知识；而课程的思维可能是每一节课上只有 3 个左右的目标，别的目标是在别的课上实现的，我们可能是用 40 节课去实现 100 个目标（而不是每一节课有 100 个目标），当然这 40 节课之间是有关联的，也需要再安排若干节课专门用来（比如 10 节课）连接相关目标，这样就构成了几个单元，100 个目标的高质量落实，目标不会散落，知识不会僵死，而我们只用了大约 50 节课。（单元学历案研究 22）

***　***

单元学历案与学习单，可以有联系，但是两回事。这并不是说用学习单不能上课，用学习单上课，或者用学历案上课，我相信都能上出好课来，但这是两种不同意蕴的课。单元学历案或者课时学历案，都是提供一个完整的学习过程，尽可能考虑无须多加说明学生可以直接与之对话。一位老师说，学习单类似于“非连续文本”，这很有意思；那么，学历案应该是连续文本。（单元学历案研究 23）

***　***

“思想感情”并不是最后才理解的，通常是初读就有的，因此，语文教学最重要的恐怕不是“表达了怎样的思想感情”，而是“思想感情是怎样表达的”，学历案要设计的，是学生如何借助学历案来理解“思想感情是怎样表达的”。语文教学有一个很奇怪的现象，就是“理解思想感情”常常要到教学的最后才“揭晓”，好像学生对于文本思想感情的理解是在反反复复地朗读、研究之后才突然发现的。真的是这样吗？只要思想感情不是埋得特别深的文章，我们总是能在阅读第一遍的时候就了解了，虽然不一定十分深刻，但一定是有的，而且应该是有的，这是最基本的敏感，哪怕如诗歌，哪怕是明贬实褒的《白鹅》，一般也是读完就知道作者对白鹅的感情是喜爱。而对于思想感情埋得深的，则应该这样处理比较好：初读的时候，是怎样的理解；细读之后，又是怎样的理解——总之，初读之后，总是对文章的情感就有认识的。（单元学历案研究 24）

***　　***

在单元学历案的设计中，有一些原来要“先藏着不说，慢慢‘启发’学生说出来”的思维受到了挑战，事实上在这个信息高度发达的时代，我们藏不了这么多，学生早就通过别的途径“听说”过了，而学历案教学要做的事，是怎么让学生不止于“听说”，而是真正理解。

要不要在学历案中直接告诉学生《白鹅》一课语言趣味来源之一是“庄词谐用”？我们是有犹豫的，但做了一下尝试，在学历案上明明白白告诉学生。“教案”时代的思维一直在想，不能“给”，要探究，但事实上，有些词，有些概念，有些知识，我们不给，学生也有听说过的，并不因为听说过这个词就不需要探究了、不能够探究了。关键是听说归听说，学生不可能理解得这么透。学历案要帮助学生把这个概念学透彻，事实证明这个尝试是有价值的，学生是通过基于学历案的教学让“庄词谐用”从似懂非懂，变成真正懂得的。

那天我们还听了一节数学课，数对，用了 23 分钟，引出“这叫做‘数对’”“数对是这样表达的”。其实这个课本上写得明明白白，我们不讲学生一看课本就知道了，可是我们还想着要慢慢地引出来。既然学生“知道”了，那不如就以他们的“知道”为起点，不再把“数对”概念藏起来（事实上课本上都有，藏不起来的，现在能有多少知识是老师可以藏起来的呀），而是发现他们的并不真正知道——真正的知道是理解，学历案的设计与运用，就是帮助学生“理解”。

再强调一下：我说的是一种方法，不是所有的知识都不需要“藏”，不是所有的教学都不可以“藏”。（单元学历案研究 25）

***　***

目标的层级，主要体现在目标的具体化程度上；因此，目标的层级自然决定了评价指标的具体化程度。

有一位山东的校长这样问我：“有深度、有意义、有实效性的评价到底如何实施？怎么现在的课堂全是模糊评价，比如有条理地说，合理地推断。这些能作为评价的指标吗？”

我是这样想的：目标是有层级的，评价也应该是有层级的，因为评价总是基于目标的；目标越往下，评价指标越具体。假设，我们能理解“有条理地说”是指什么，那么，“有条理地说”，也是可以作为评价指标的；而如何“有条理地说”，学生并不清楚这个概念的内涵，“有条理地说”只是一个概念化存在，怎么才算是“有条理地说”，还要有更具针对性的评价指标设计，要针对具体的内容，讲清楚做到怎样才是“有条理地说”。

在学历案的设计中，必要的评价指标也是需要的，也要这样去做。（单元学历案研究 26）

* * *　　* * *

“教案”与“学历案”背后可能藏着两种假设：教案，假设学生没听说过；学历案，假设学生已经听说过了，但是并没有理解。所以“基于教案的教学”是要引啊引啊引，最后得出了“结论”；“基于学历案的教学”是把在学历案上甚至有时候其实在课本上都已经看得到的“结论”进行叩问、质疑、探究、验证……两种方式，要达到的目标都是“理解”，而不是“知道”，也是可以殊途同归的，但总觉得前者的假设有点儿问题，你真认为学生没有听说过“移步换景”吗？你真认为学生不知道“半径”“直径”“圆心”吗？这些名称他们几乎都知道，学生通过各种渠道早就知道了“答案”“结论”，可是我们还在这里引啊引，不是有点儿“掩耳盗铃”了吗？

你藏着的那个结果，你认为他不知道，可是他其实早就知道了。如果是这样的一种情况，我们就在掩耳盗铃。但是，学生知道了结论，不等于理解结论的内涵。教学要做的不是掩耳盗铃，而是揭开真相。（单元学历案研究 27）

* * *　　* * *

“整”，是“单元学习”的底层逻辑。“碎”，是一种非常不好的教学习惯，背后的逻辑就是“好教”，“碎”的知识太好教了，一点儿一点儿地教，看上去也是一点儿一点儿地会，一点儿一点儿地“对”，可是，最后却做不成什么事，掌握不了本质。极端一些的（其实也并不夸张，真的司空见惯），就是我称之为“填空式教学”的那种：这里的分子是（1），分母是（4），四分之一就是把（1）平均分成（4 份），其中的（1 份）就是（4）分之（1）。很好，这就是分数的意义，同学都懂了，大家再来看，八分之一，就是把（1）平均分成（8 份），其中的（1 份）就是（8）分之（1）……分数的意义，不是讲“分数”这个整体，而是拆成这个样子教，学生在学习过程中怎么可能会出错呢，可是，学生又怎能懂得分数的意义呢。这种“碎教”“碎学”，看起来可以非常热闹，但是没有任何思维价值，效率实在太低了。这些虽然司空见惯，但被人一说我们就明白了。而更大一些的“碎片化教学”，却更能让我们自觉。“碎思维”已然成为我们的思维方式，我们总是不放心把“整件事”交给学生，我们也不认为需要学生去做“整件事”，于是，我们“碎教”了很多知识，学生却不会自己运用知识独立地做好一件事。“单元”的用意，就是追求学生能做成一件完整的事情、回答一个完整的问题，形成一个完整的概念。“单元学历案”对我们的挑战是，设计一系列相关的学习任务，帮助学生完整地学习。（单元学历案研究 28）

***　***

单元学历案的框架解决的是课程思维的问题，而不是学科素养的问题，我们看到单元学历案并没有解决学科素养的问题，比如教材解读的问题，目标内涵的问题，就说：这样上课怎么行？这是不公正的。满喜这话说得生动而准确：“学历案不能背这个锅。”（单元学历案研究 29）

***　***

情境不应该束缚才情，教学设计 / 学习设计的目的是“解放生产力”，而不是束缚之。张弛关于情境的理解，忽然把我拉出了“钻牛角尖”的状况。他说，“写一个可爱的小动物”，其实不用刻意去编排“情境”，因为刻意编排的“情境”反而束缚了学生的才华，学生只管用心用情把一个动物写可爱就对了。他说，无论是老舍笔下的《猫》，还是丰子恺笔下的《白鹅》，都不是因为什么“情境”的驱动，而是真情的流露、意趣的表达。（单元学历案研究 30）

***　***

单元学历案“单元概览”部分“你将学哪些知识”，是指完成“你敢挑战吗”所需要的、“将学”的知识与技能，是“抓大”之后所统之“小”，是将要在单篇 / 课时中落实的知识（含技能）。所谓“所需”，就是不学习这些知识难以完成“你敢挑战吗”的挑战；所谓“将学”是指本单元要学习的新知识。“你将学哪些知识”需要提炼，而不是一股脑儿把本单元涉及的新旧知识全部列出来，这些知识与技能，也可以说是“干货”，“课时时代”我们最重视的是这些，今天我们依然重视，所不同的是，今天我们更加重视这些“干货”怎样汇聚在一起，完成大任务、解决大问题、形成大观念，指向素养。

语文单元概览，我们经常会这样，先把课文内容列出来，再在每一篇课文后面注明要学哪些知识。这样的写法，从认识上来说，我觉得有问题，我认为应该倒过来，先写要学哪些知识，再在括号内注明落实在哪篇课文中；且，这里的“要学哪些知识”，是提炼的、极少的。比如通过《白鹅》学习“明贬实褒”“庄词谐用”，就写“明贬实褒、庄词谐用（《白鹅》）”而不是写成“《白鹅》（明贬实褒、庄词谐用）”。（单元学历案研究 31）

***　　***

目标的“合理大小”，是目标层级的标志，也是评价设计的依据。

单元目标，要见到素养的影子，尤其要写出单元学习之后形成的大观念 / 解决的大问题 / 完成的大任务，太大了，就太空了，无法评价；太小了，就太碎了，整不起来，看不到素养。

课时目标，不是从单元目标中取一块出来，而是单元目标的具体化、指标化，课时目标主要是知识与技能，太大了，不好教，也不好学，且来不及教与学；太小了，就变成事实性知识的堆砌，特别是像语文学科，太小了特别容易把“课文内容”等同于“语文内容”，看不到课文背后的课程要求。

单元目标的评价可以采用“评分规则”来评价，课时目标的评价可以采用“评价要点”来评价。（单元学历案研究 32）

* * *　　* * *

为了检测课程目标的达成，必须采取适切的评价，所谓“没有评价，就没有课程”。但并不是什么都需要评价，迷信评价万能的“评价主义”要不得的。评价从来都是双刃剑，过犹不及，以为什么都要靠评，什么都能评，久而久之，会出大问题，也导致精神层面的狭窄功利化。包括我们的教师评价，密集地评这个评那个，也会导致过度功利，以至于忘记了评价的初衷，只剩下一个个分解了的、细化了的“公正”“公平”的指标与分数。有人开玩笑说，现在的老师们忙煞（忙死了），要么在参加评比，要么在去参加评比的路上。这个玩笑让人心酸，也令人心疼，老师的主要精力本来该用在学生身上，本来该用在为了学生而提高自身素养上的呀。

***　　***

基于学历案的“教”，当是“应需而教”。学历案设计的本身，其实已经把“教”转化成“学”了；基于学历案的“教”，应该是基于学历案的学之后的教，如果学生自己凭借学历案能够学会，就不需要教，只有在仅靠学历案学生还学不好的时候，“教”才有意义。从这个意义上讲，基于学历案不再是一步一步、一招不落地教，而是更重视学习信息的收集与研判（评），“评”让我们知道是否需要教，在需要的地方好好地教。（单元学历案研究 33）

***　　***

“整体”让学习富有“意义”，在没有“整体”之前，一步一步地跟着老师的要求学习，老师说朗读，学生就朗读；老师说默读第一段，学生就默读第一段，学生并不知道每一步究竟在干什么，他们所知道的，就是反正跟着老师走就是了，他们在学习的过程中是没有意义感的。单元学历案其实已经提供了这个全景图，只是我们在用学历案上课的时候，又忘记了，把学历案当作教案来上了。（单元学历案研究 34）

***　　***

用学历案，还是遵循教的逻辑，心心念念搁不下“教的欲望”，甚至还是满足于低水平的“满堂答”，学生没有机会“整学”已经整体设计好、整个拿到手的学历案，如此使用学历案，类似于用高射炮打蚊子，学生的学习能力是不可能有所提高的。（单元学历案研究 35）

***　　***

文字复杂、过繁、太多多余句，是学历案设计中要特别避免的，但是，为了“简练”写得让人读不懂、看不明白，并不是学历案的本意，学历案的本意恰好是追求尽可能让学生独立看懂（强调“尽可能”，不是必须是，所以学历案通常是由教师帮助下的学生使用的）。从这个角度讲，学历案的编制对于所有学科老师“写作基本功”的要求都是极高的。其实，真正的简练不是篇幅，而是有没有多余的文字，一部《红楼梦》增一字太肥减一字太瘦，是真正的简练；相反，哪怕是一句五言诗，也可能是繁杂的。（单元学历案研究 36）

***　　***

基于学习案的教学，比较容易实现明教、明学，教师比较容易成为“明师”。“明”，意味着学生立场，学习的本质就是帮助学生明白，而不是“你不说我倒还明白，你越说我越糊涂了”。每一项学习任务，学历案上表达清楚了，学生就能学得明明白白，这是关于眼前“此项任务”的明白，我觉得做到一点儿就是一种进步。如果我们不仅如此，上课的第一个环节是把课时学历案整体浏览一遍，或者首先组织学习、浏览单元概览，把整个“学习地图”了解一遍，那么对于眼前“此项任务”的意义会更加明白了，学生就不是糊里糊涂地跟着老师走却不知道这么走的意义是什么了。（单元学历案研究 37）

＊＊＊　＊＊＊

留痕，而不是去痕。学生与学历案的互动，必然会留下关键信息，这些关键信息多是过程性信息，而不仅仅是结果性信息，这些信息好像是埋着的线索，会在之后孩子们看到的时候，突然唤起记忆，想起曾经走过的路，如果只留下最后的正确信息，就无法让人回忆。老师将学生完成的关于大象耳朵变化的过程投射出来：“耷拉着—坚起来——耷拉着”，学生把“竖起来”写成了“坚起来”，把有错误的学历案投出来，足见老师对“错信息”的关注，但是，继而老师请这位同学“拿着铅笔、橡皮上来改一下”，这样的处理就不是很好，更好的处理方法是用修改符号把“坚”字标出来，写上正确的“竖”，而不是把“坚”字擦去，这样的过程性信息会让人回到现场。（单元学历案研究 38）

＊＊＊　＊＊＊

关于目标达成情况的评价，只有关涉到“每一个”的时候才是真实的，否则总是有走流程的嫌疑。而在大班额背景下，“谁来评价”就是一个十分现实的难题，老师纵有三头六臂也无法评价到“每一个”。除了一些简单判断可以依靠人工智能来评价之外，我们就要在课堂上培养“评价者”，培养“评价者”并不是培养指手画脚的人，而是同时也在培养学习者，真正的评价者也能评价自己的学习。培养“评价者”不是一劳永逸的事，而是针对不同目标、不同评价任务来培养的。这样，我们才可以展开学生之间的互评；这样，才可以实现对“每一个”的评价。（单元学历案研究 39）

***　***

“你敢挑战吗”究竟是什么？

首先，其第一属性应该是“单元组织者”，是统小之大，是可以统摄本单元知识技能的“统摄中心”，因此，可以表现为大任务、大问题或大观念，要说使用频率的话，最多的应该是大任务，大问题次之，大观念再次之——大观念通常并不“直接用”，而是以内涵的方式寄寓在大任务、大问题之中。

第二，最好配套单元评价。仅仅提出了“大任务”“大问题”，我觉得还不够，还难以引领单元的学习，比较理想的是紧接着设计好“单元评价”，回答怎样才算是完成了大任务、解决／探究了大问题，怎样的表现能证明通过大任务大问题达成了单元目标。

第三，还有附加要求是尽可能引起兴趣，引发学习，由它引起，最后又回到它身上。（单元学历案研究 40）

***　***

在专注于当下细节的时候，心里要有全局；心中没有全局，不知道细节的意义，也是做不好细节的。这种思维习惯，就是单元学历案蕴含的思维。老师说读，学生就读；老师说停，学生就停；老师说圈，学生就圈；老师问，学生答……学生在做每一件事的时候，都不知道为什么要做，不知道最后要做成一件有什么意义的事。基于单元学历案的教学，一定要让学生装着“全本”，就像那个搬运砖头的人，知道自己是在建造一座怎样的宫殿。（单元学历案研究 41）

* * *　　* * *

尽可能让学生用学历案学，学历案的“简”是为了让学生明白，而不是“简”得让人看不懂，让人看了不知道怎样做——让人看不懂的“简”其实不叫“简”。学历案既然是助学方案，就该在必要处提供学习方法，如果学历案上没有适宜的学习方法，如果学生在使用学历案时不知道怎样学，还是要通过老师课上演示文稿才能学，那学历案如何助学？同样的道理，必要时也要提供学习资源，如果不提供学习所需的学习资源，资源只在课件上呈现，PPT 我们又发给学生，学生又如何用学历案学呢？（单元学历案研究 42）

* * *　　* * *

没有烧脑，就没有发展；在何处烧脑，就在何处发展。单元学历案的设计与教学秉持学生立场，就要琢磨这个问题，就要设计让学生烧脑的任务与问题，就要让学生经历烧脑的过程，一节课，如果没有一个地方是烧脑的，学生就很难在这节课上有思维的发展。但是，如果这个烧脑烧错了地方，也是没有意义的，我们现在看到一种现象令人担忧：老师挖空心思编织“情境”，学生糊里糊涂买椟还珠，情境很好听，任务很浅薄，怎么可能会有核心素养？烧脑是必需的，为何而烧脑也是必须回答的。语文课，为语文烧脑；数学课，为数学烧脑，不正常吗？两条边延长了，角不是越来越大吗，怎么说大小没变呢？烧脑！百分数，不是一种分数吗，为什么有了分数还要有百分数，烧脑！长方形面积长乘宽，正方形面积边长乘边长，怎么到了平行四边形面积就不是两边相乘了？烧脑！烧脑，烧在学科本质与儿童认知的冲突处。（单元学历案研究 43）

***　　***

单元学历案的设计是课程设计。警惕把理念的“经”念歪了。理念是在一定的情境中创生的，创生的理念具有一定的普适性，但要回到情境中去，理念才会获得“重生”，离开了情境，理念的“经”很容易念歪。比如“学为中心”，是在“教为中心”的情境中产生的理念吧，是对“教为中心”的提醒与反证。但并不是把时间还给学生了，“让学”了，学习就真的发生了。完整的“学”涉及的内容非常丰富，比如“让学”了，学生学什么，偏激一些的会让学生抄一节课生字、做一节课习题，那也是“学为中心”呀，整个置于低阶思维的也可以“学为中心”呀。单元学历案的设计是“学为中心”的，但那是将“谁在学”的问题完整地置于“为什么学”（素养化的高阶目标）、“学什么”（结构化的课程内容）、“怎样学”（进阶性的深度学习）、“学得怎样”（形成性的学习评价）的设计中的，因此，单元学历案的设计是课程设计。（单元学历案研究 44）

* * *　　* * *

单元学历案的设计，立足于整个的学习过程，具有整体性与连续性的特点，而不是几个点的零碎安排，更不是点缀，因此在使用的时候要将单元学历案作为学习的主要依据，自始至终与之相伴（当然，也因此对设计的要求很高，这个设计要值得我们与之相伴），而不是上课再去用另外一套，主要依赖于演示文稿推进，到“需要”的时候才去用学历案，甚至本身也并不需要，只是为了体现学历案才去用。用一个不太恰当的比喻：学历案不是“临时工”。（单元学历案研究 45）

* * *　　* * *

你说读，他就读；你说圈，他就圈；你说写，他就写；你说画，他就画；你说讨论，他就讨论……学生在被要求做每一件事（关键是，这称不上“事”，只是“事”的碎片，或者说只是一个个“动作”）的时候，不知道后面将做什么事，也不关心后面将做什么，反正跟着老师的指令一步一步走就行了。单元学历案强调第一课时要“整”入手，要看到“导游图”，就是要帮助学生心怀“整局”去探索，而不是成为牵线木偶。学生是因“为什么”而做，

而不是茫然地“为了做所以做”。（单元学历案研究 46）

* * *　　* * *

立足于概念理解的教学，才是概念教学，才是真正的教学，否则，只能是概念化的教学。我们不是要概念，而是概念的理解；新概念是为了我们更好地理解，如果因为一个新概念打乱了我们的理解，那么，要么是这个新概念有问题，要么是我们的理解有问题。怎样讲好故事？老师说，要生动，要具体，要完整。可是，如何帮助学生理解“生动”“具体”“完整”呢？理解之后，这些只是概念，以为告诉学生要生动、要具体、要完整，学生讲故事就生动了、具体了、完整了，这就是概念化。单元学历案的设计与教学如果要规避这样的风险，就要“追求理解的教学”。（单元学历案研究 47）

* * *　　* * *

一般来说，概念的理解要经历一个“来龙去脉”，即概念从何而来，往何而去，这个“来”与“去”，都是广义上的情境，正是在这个意义上，我们可以说没有情境难以理解概念。“批注要有质量哦”，这是一个概念化的要求——不是说这个概念不重要，而是无法落地。薛法根在《芦花鞋》的教学过程中提出，进行批注要做到三条：一问，二答，三启示。三条之上的上位要求是，青铜的做法与一般人不一样，不一样在哪里？一问二答三启示，做批注。学生批注是不是符合要求，要看他有没有批注出“一问二答三启示”，因此这三点就是我们经常说的“评价要点”。但如果只是到这个地方，这个“批注”依然是个概念。崔老师给出了一个范例，对下面这段话作了“批注示范”：青铜拿着一只大布口袋，钻进芦苇荡的深处，挑那些毛茸茸、蓬松松、闪着银光的芦花，将它们从穗上捋下来。头年的不要，只采当年的。那芦花很像鸭绒，看着，心里就觉得暖和。

示例的批注是这样的“一问二答三启示”：“可以采头年的，为何却不采？青铜要采最好的芦花，编织最好的芦花鞋，卖出最好的价钱。在苦难的日子里，青铜依然认认真真做事，没有马虎了事。”

通过范例解读明白了“一问二答三启示”的批注，“一问二答三启示”在范例情境中来。

更重要的是“去”：（1）独立批注一处；（2）交流学生的批注，用“一问二答三启示”批注法对学生的批注进行“描述性评价”。这样理解的“批注”，就是实实在在的理解，而不是一个空洞的未经理解的概念了。

教案与学历案不是冤家对头，教案是可以转化为学历案的，比如上面提到的这个片段，如果改为学历案，进行基于学历案的教学，未尝不可。（单元学历案研究48）

***　　***

最理想的单元学历案可以供学生自学，所以单元学历案设计的是一个完整的课程故事，而不是只安排一些节点上的“题目”。很多人将“学历案”与“学习单”去比较，两者是有很多相同点的，以至于很多人说“这不是跟学习单差不多嘛”。“学习单”与“学历案”肯定有相同处，都是学习的载体。而最大的不同是“完整性”：学历案应该从学生能够借此自主学习的要求来设计，设计一个完整的学习过程；而学习单则是根据教学的需要来安排的一些“题目”或者“任务”，其设计是立足于教师教的过程中的适时穿插。（单元学历案研究 49）

***　　***

单元学历案试图为学生学习知识、形成素养提供学习支架，学习支架的设计是单元学历案的重头戏，在学生学习有困难的地方，不是把他抱上去，也不是不去管他，而是垫上一块垫脚石，让他自己能上去。从支架服务的目标来看，有完成整个单元目标的单元任务框架，我们可以视作“大支架”；有每项具体任务的落实过程中我们提供的“小支架”。从支架提供的范例来看，有提供最难内容作为范例，让学生去由此完成相对简单的任务；也有以比较简单的内容为范例，让学生去完成更难的。从学习支架设计要考虑的因素来看，要基于教材内容，要考虑学情，要考虑知识的性质；从支架解决的问题来看，有解决近迁移问题的，也有解决远迁移问题的；从支架呈现的形式来看，有范例式的，有导图式的，也有提示式的。（单元学历案研究 50）

007 实践现场：思想的人间烟火

一般的老师放不开，上课比较拘谨，与孩子们玩不起来；名师上课呢，放得开，但放得“太开”也会有严重的问题，那就是“逗孩子”的问题。我为什么说这是一个严重的问题？因为我越来越担心，这种现象来自我们骨子里的优越感，在学生面前居高临下的优越感，开心地逗孩子，孩子出差错了，或者不妥了，于是听课老师也开心，一阵阵地笑，我真不敢笑，因为我不知道，这时候，那些尴尬的孩子是怎么想的。华东师范大学一位年轻学者跟我说，他赞赏的师生关系是“亦师亦友”。亦师亦友，是骨子里的尊重，我们对待小学生的态度，能从心底里做到“亦师亦友”吗？如果你以孩子们为“友”，会用这样的语气来上课、来说话、来“引导”、来教训、来逗乐吗？幽默是个好东西，但过了头，没有骨子里的真诚、平等与尊重，就会流于油滑，甚至是低俗。

＊＊＊　＊＊＊

课例研究就是研究如何以课为例说明道理。课例研究的研究对象是“理”，不是“课”；课是课例研究的载体，通过“课”来讲“某个理”；这个“理”，通常有两种表现方式，一种是“问题”，一种是“主题”；课例研究的研究方法是课堂观察，是两次或以上的课堂观察，课堂观察的首要特征是围绕某个“主题”或“问题”进行；在两轮或以上的课堂观察中，“理”（问题及主题）不变，课可变可不变，即可以用同一内容的课或不同内容的课为载体，研究的是同一个理，当这个“理”通过两轮或以上课堂观察的分析之后能明白揭示与表达，我们就完成了一次完整的课例研究；课例研究的目的是把“理”搞清楚，把“理”搞清楚之后，可以迁移到太多的课。

* * *　　* * *

警惕“庐山效应”。“一直在一线”“从来没有离开过课堂”——今天参加吴江区国家课程高质量实施工程答辩工作时，听到好多校长在骄傲地说这几句话。我边讲边想，这是非常需要警惕的，不要以为“一直在一线”就一定会对“一线”有清醒的认知，不要以为“从来没有离开过课堂”就自然会对课堂有深刻的理解。大家都知道苏东坡的名句：“不识庐山真面目，只缘身在此山中。”要知道，一个从来没有离开过家乡的人，是很难真正深刻地理解什么叫“热爱家乡”的。对于没有进入过一线、没有进入过课堂的人，要慎言“跳出教育看教育”，没有进入何谓跳出；而对于从来没有离开过一线的人，则要警惕，如果身在教学一线不能跳出，在思维方式上也必须学会“跳出教育看教育”。

＊＊＊　　＊＊＊

课堂的时间是个恒数，教得多，通常会学得少，这就要我们思考究竟要教什么，教什么才能“让学”，且让学生学得多、学得好。也要思考什么不需要教，教了反而抑制了学生的学。

＊＊＊　　＊＊＊

课程素养、学科素养、教学素养，这几种素养在一位老师身上要完整地存在。在强调“课程素养”的今天（如果没有目标，如果是无限目标，如果是无法评价的目标，我们就没有办法上课），“学科素养”依然极其重要（拿到一篇文章看到一个单元，我们能否看出来在里面有些什么），“教学素养”也是重要的（怎样的教才能帮到学，破除“教得多才能学得多”的心魔）。在一个教师的身上，课程素养、学科素养、教学素养是交融在一起的，比如：我们究竟能帮助学生在这篇课文中学到什么，教与不教有什么不一样？这个问题，既是课程问题，也是教学问题，也是学科问题。

＊＊＊　　＊＊＊

所谓“经验”的形成，不是指记住了某一条经验，当经验作为认识对象外在于自己的时候，经验还没有真正形成。经验并不是像存入抽屉一样地存入大脑，而是会融入我们的原有经验，一起成为一种新的经验。新经验的真正形成，是指知识“占为己有”，融入自己的血脉，成为“我的”，但不是加法的结果，而是“化学反应”的结果。此时，我们面对一种新的情境，“经验”会自动地被唤醒，创造性地去应对。

* * *　　* * *

单元学习的整体思路，是“总—分—总”，在这样的总框架中，如何理解“学习过程进阶”，我认为，有两种基本范式：一种是把学习进阶体现在“分”的部分，比如分成进阶的任务串、分成进阶的问题链、分成进阶的观念层；另一种则并不体现在“分”的部分，分的部分的任务、问题、观念几乎以“并联”的方式存在，但是，从开始的“总”，经历“分”，到达最后的“总”，还是实现了“进阶”，最后的“总”，是进阶之后的“总”。当然，在第一种范式中，最后的“总”当然也是进阶的，也就是说，最后的“总”一定要进阶，中间的“分”则分为“并联”的与进阶的两种。

* * *　　* * *

珍视与知识的第一次接触。知识是很珍贵的，第一次与知识接触，是一件极其重要的事情，以一种潦草的方式，随随便便地把知识塞给学生，是一件非常不好的事。

* * *　　* * *

教材解读是硬功夫，语文老师读课文、读单元的功夫，都是硬功夫。不会读就不会教，读错了就教错了，读浅了就教浅了。当然，教学不是把老师读懂的简单地“贩卖”给学生，也不是要求学生读到老师的水平——其实，也不是简单的“水平”问题，因为学生学得得当了，也会有老师没有的见识。教材解读能力属于教师的学科素养，在倡导课程素养的同时，我们千万不能走向另一个极端，以为学科素养不重要，好像学科素养多了，就会有“学科素养肥胖症”的危险一样，事实上，普遍地，我们老师的学科素养还是太缺乏了，因为缺乏，所以看不懂课文，看不懂知识。我们应该都记得苏霍姆林斯基倡导教师终身读书时说的话，他说，时间每过去一年，学校教科书这一滴水，在教师的知识海洋里就变得越来越小；衬托着学校教科书的背景越宽广，犹如强大的光流照射下的一小束光，那么为教育技巧打下基础的职业质量的提高就越明显。

* * *　　* * *

供儿童学习的材料，通常情况下不能一下子和盘托出，这倒不是与孩子们躲猫猫，而是这样做可能会损伤儿童的学习能力。艾青的《绿》，写于1979年，这是一个非常重要的时代背景，不了解这个时代背景，我们对于这首诗不会有深刻理解。但是，我们在学习这首诗的时候，如果先把这个背景介绍给学生了，就损害了这个好教材。我们一定是先让学生用他们的直觉敏感去与诗歌直接对话的，哪怕没有这个背景，这依然是一首好诗，这才是艺术的魅力。最后再把背景材料呈现出来，对这首诗的理解又加深了一层。这才是一个完整的学习。

***　***

好的教学是从整体来着想的，而不是抓几个散点的，我们上一节课，总是想着哪里要设计几个亮点，可是越是这样想，这个亮点越是想不出来，因为你把“亮点”孤立了。真正的所谓“亮点”，一定是因为你对一些本质问题能吃透。所以，好的教学是不以奇巧为目的的，而是以更好地揭示本质为目的的，是让人发现“原来如此”，让人重识“理应如此”。去蔽，澄明，开悟，启智，让人看到“真相”，看到“真理”，这些，都是靠博人眼球的奇巧抵达不到的境界。相反，过于求巧，为巧而巧，偏离正道的巧，还非常容易让人误入歧途，造成判断力偏差，价值性偏差。

***　***

课程思维是有限思维，首先表现为有限目标与聚焦式教学（而不是发散式）。教育是一种理想，课程是一种现实；教育指明“应然”，课程回应“实然”。现实告诉我们，每个单元、每节课都是有限目标，有效教学是有限教学。“教—学—评一致性”要求我们不能三心二意，不能“见花篮买花篮”，不能被小径分岔带偏，而要聚精会神地锁住目标，一定要明明白白帮助学生学到东西。

以“我的奇思妙想”为题的作文课，有老师的目标定位是这样的：（1）结合生活经验，发挥想象，能产生奇思妙想，写出想要发明的事物；（2）创设情境，大胆想象，拓宽习作思路，并借助图示构思习作内容；（3）能够借助思维导图，从样子、功能两方面，清楚地介绍自己想要发明的东西。我比较关注第三个目标，“清楚地介绍自己想要发明的东西”，我想了一下，可以用这样的框架来评价：（1）为什么（为什么要有这个发明，或者说是怎样会想到这个发明）；（2）什么样（是什么样子的）；（3）有何用或如何用（与样子相关联的功能）；（4）是否奇妙（这个问题是用来问前三个问题的，特别是要考虑样子是否奇妙，功能是否奇妙）。如果这样可以，那么，在对学生习作初稿进行评价时，就要用这个框架来评，这样，才能在这节课上解决“从样子、功能两方面，清楚地介绍自己想要发明的东西”的问题。可是事实上，我们老师在评价的时候，往往会被学生习作中其他方面的好与不好引过去，变成了评价别的方面。

* * *　　* * *

教学设计中的情境，应该也是“人境”，即要有“工作对象”；所谓真实情境，就是有真实的“工作对象”。

* * *　　* * *

司空见惯的“碎教”现象充满了课堂，“碎”的教学完全碾压“整”的教学，学生的思维怎么可能会发展。

我随便从手机录音里整理出一段对话（1 分 13 秒），我们不妨耐心地读一遍，脑补一下情景。

（师）对折，对折，再对折，三次，就是把它平均分成了——（没有声音，老师继续）分成了——（学生）8份，（老师）哦，8份。这是其中的——哦，（生）1份，（师）哦，1份，那它表示的分数就是——（生）八分之一。（师）好，XXX，谁也这样做的？好，你跟大家说说看。（师）你的是四分之一。谁来说说看？XXX。把这个圆——（师）把这个圆——（生）对折，对折，再对折。（师）就是平均分成了——（生）8份。（师）8份。这是其中的——（生）1份。（师）就是八分之一。我们再来说说看，就是把一个圆平均分成——（生）8份……

这个片段的前面，是一个1分23秒的片段，是关于四分之一的，我们看是怎样教的（背后就是怎样学的）。

（生）对折，再对折。（师）对折了——（生）2次。（师）2次，就是把它——（没有声音，师继续）把它，把它平均分成了——（没有声音，师）几份？（生）4份。（师）哦，4份，就是其中的——1份，就是，哦，四分之一。好，很好，现在谁来完整地说说看？（没人举手）谁来完整地说一说？（没人举手）我们很多同学都找到了这一种，谁来说说看，XXX，你看你找到了这一种，你来跟大家说说看。把这个圆——（生）分成四份。（师）对折，再对折，那就是怎样的，怎样的两个字？（生）平均。（师）嗯，平均分成了——（生）4份。（师）嗯，就是其中的——四分之一。好，我们一起来说一下……

* * *　　* * *

“格式化”的表达，会让学生失去个性自由发展的机会。对于组织学生划一说话的“腔”，我十分不适。这一点，在我们农村学校没有见过，倒是在一些大城市见过好几次，第一次就让我很不舒服，后来又见了几次，没有因为见多了而习惯，还是不舒服。我说的是哪一种情况呢？举个例子：同学起来发言，每一次发言结束，都要说一句“请问大家同意吗”，学生忘记说这句话，老师还会提醒，好像加了这样一句话，就提出了怎样先进的理念，每句发言都要这样说一句，有必要吗？再举个例子，小组交流，都要非常正式地说一句“我代表我们小组发言，我们的观点是这样的……”每一次代表小组都要这样开头，有必要吗？这种“统一模板话术”，很不舒展，很不自由，我怎么听都不舒服。

* * *　　* * *

学习的过程，就是刺激大脑皮层的过程。大脑皮层长期得不到刺激，就会变得越来越有惰性；大脑皮层经常性地得到适宜的刺激，就会变得越来越敏感。越学习，越敏感；越敏感，越学习——学习，是实现认知敏感的良性循环。

* * *　　* * *

所有的付出都是时间的付出。2024 年的第一天，与一些重要节日一样，我用了大量的时间发祝福。我很明白，这也是一件挂一漏万的事，但我依然要去做，且尽可能不留太多遗憾。我也知道，一条信息算不得什么，一声祝福也代表不了什么，但也的确可以传递牵挂，可以表达情谊，可以说明你的“看重”。节日，就是这样的一种纽带，给人这样的一种机会，尤其是对于曾经关心、帮助过你而又很少接触、交往的人，我们不能从精神层面遗忘，但平时突然联系有时反而会有一些别扭，利用节日问个好，自然、贴切、心安，多好。这的确要付出很多时间，但如果值得就该付出。付出了不一定会有收获，付出也不一定都要有收获，你的付出是为了自己的心，是因为值得，而不是别的。今天的问候更特殊，因为是1日，是《日知者》新年新刊发布的时间，正好连带一起发出，“假公济私”地表达了更深刻的情感、更厚实的敬意。

***　　***

倡导“对事情本身感兴趣”，并不是“两耳不闻窗外事”，并不是不管日常生活的柴米油盐，更不是“钻牛角尖”。相反，“对事情本身感兴趣”，必须关心窗外事，聆听窗外声音，听到不同的声音，包括刺耳的声音，以便自己能更为清醒、更为正确、更为自信地专注事情本身，不故步自封，不作茧自缚；“对事情本身感兴趣”，必须融于日常生活，让日常生活更为丰富、更有意义，而不是逃避生活，推卸责任；“对事情本身感兴趣”，当然不是“钻牛角尖”，需要广阔的视野，需要为这件事情建立广阔而正确的价值坐标，不断地调整自己，以避免因为“专注”而带来的狭隘，甚至是方向性的错误。“对事情本身感兴趣”，主要是指要警惕“浮云遮日”，主要是指要抵御过度功利，主要是指不能本末倒置，主要是指不能忘了初衷，主要是要不断叩问自己：我们做了那么多、走了那么远究竟是为了什么。

＊＊＊　＊＊＊

回不了家的思想停在半路上，看上去、听上去好像很有思想，但是我们看不到这个思想究竟在哪里。也许思想本身并没有价值，无形思想的价值在于它影响着一切的形，能够改变人，改变事，改变环境，最关键的还是改变人，改变人的思想，改变人的气质，改变人的素养。一种思想如果不能在人的改变中体现出来，一种教育思想如果不能在教师身上体现出来，不能转化为教师的气质，最终不能在学生身上体现出来，不能转化为学生的素养，这个思想就还没有回家，这种思想就只是说说而已，这种思想就处于魂不附体的状态。

＊＊＊　＊＊＊

思想回家的前提是这思想能回家，这种思想来路要正。来路正的思想，来自实践，直接或者间接地来自实践。思想的来与实践毫不相关，不属于这个家，怎么可能回家去呢?

＊＊＊　＊＊＊

蔑视思想的抽象性，与无视世界的具体性，都不可取。人类认识世界的过程，就是打通抽象与具体之间的壁垒。人类的智慧就是在抽象与具体之间自由切换，就是使抽象与具体浑然一体，见抽象即见具体，见具体即见抽象——当此之时，家里的所有一切，都有着思想的含量；思想附着在家中所有一切之上。

***　***

结果难以育人，育人依靠过程。今天听到人工智能已经会做“文献研究”，就杞人忧天地想，这好像不是什么好事。人工智能做文献研究好像可以帮我们解决文献研究的问题，给我们一个研究的结果，可是，我们做文献研究过程中要锻炼的种种能力就完全没有了。给我们一个结果，这结果难以育人；经历一个过程，这过程就能育人。其实我也不是反对人工智能做文献研究，只是在想，这些我们以前都是作为“过程”的现在都直接秒变成“结果”了，那么，我们人类有哪些必需的过程呢？如果什么都只有直接秒拥的“结果”，人类一定会可怕地退化。

***　***

过好每一天，永远是最要紧的事。这一次最完整地听吴刚平老师讲“凡是过得不好的，都是不好好过的”这句话的出处，晚上一起用餐时，又知道了说这句话的人原来是施良方老师，高人自有高论，这真是没有办法的事。享受过程，才可能收获结果，“好好过”，即便最后依然“过得不好”，也值了。吴老师又将这句话推而广之：“凡是教得不好的，都是不好好教的”，“凡是学得不好的，都是不好好学的”。特别值得玩味。

* * *　　* * *

没有一种药可以包治百病，没有一种方法可以包打天下。听张人利校长讲述，无疑是一种享受，除了享受朴素、智慧而深刻的思想之外，还享受到精致的海派风采。他提出关于课堂教学的研究，是有三个“位”的：上位的教学思想，中位的教学方式，下位的教学方法，三者一脉相承，相互依靠，不可或缺。在谈到“教学方法”的时候，他提出想要用一种方法包打天下，是打不下来的。

* * *　　* * *

对，就做了。在南谯，看到南谯名优校长研修营每人一册的日知者丛书，以及 15 期《南谯日知者（旬刊）》的汇编本，非常惊喜、欣慰于大家的成长，大家站在一起，就是一道最好的教育风景线。董局长给自己的第一本书命名为“做，就对了”，源于证严法师的名句。法师原句是“对的事，做就对了”。“做，就对了”，强调的是“做”的意义，前提当然是“做对的事”。我们不妨姐妹篇一般地说一句“对，就做了”，这话也挺有意思的，首先，要对所做的事有价值判断，避免做错；不能停留在认识上，既然是对的，还犹豫什么，对的想法不去做，是没有意义的。

* * *　　* * *

当我们把一路的纠结理解为“宝贵的过程”，生命中的每一段艰难就会变成精神的营养。沙培宁老师回忆第一次明远教育思想者[①] 在北京碰头时，我曾提出的一个困惑叫“理不清自己”。她说她也有这样的经历，那就是对于一个问题，一会儿好像清醒了，一会儿好像又糊涂了，总是搞不清楚，她说这是一个“宝贵的过程”。“宝贵的过程”，这话说得太好了。前几天我说过一个观点叫“过程育人”，过程所以宝贵，在于过程可以育人，而纠结的过程尤其能够育人。

***　***

“不要急，不能等”。前一阶段一直在与很多学校讲这六个字。不要急，一急就容易出差错，特别是不要用力过猛；不能等，不能等别人都做成熟了，再跟着后面来教你，这样你永远落在后面。

***　***

意义活在故事里，意义如果仅仅封存在概念里，那是没有意义的。

***　***

警惕“井蛙效应”。当我们嘲笑井底之蛙的时候，一定要警惕，这只井蛙其实就是我们自己。每个人都有一口

① “明远教育思想者”是顾明远先生发起的一个研修组织。

井，只是井的大小不同罢了。因此，我们必须警惕井蛙效应，审慎地面对一切，特别是“成功者”，更要警惕“经验陷阱”，要走出“优秀是卓越的大敌”的魔咒。保持开放，保持谦逊，保持清醒。

008 让思想回家

“日知”究竟给我们带来了什么——这是一个贯穿整个“日知者行动”始终的问题。为什么要在本就忙碌的日子里去记录日不间断的“日知”，为什么要如此固执地强调“日不间断”，甚至苛刻得不主张提前写好、明天再补?“日知”真的如此重要吗，重要到已经在一日三餐之外硬硬地增加了第四餐?

到今天，第四辑“日知者丛书”马上要出笼的今天，关于这一系列问题的回答，已然是一种宏大叙事了。此刻我最想记下的感慨是，在“日知录”写作的三年中，我们所有的人一定会养成一种习惯，那就是如果哪一个日子我们没有进行思考，简直就会无法入睡！思考，成为我们生活的重要内涵。

单是这一点，我们就足够伟大。因为，太多的人是不思考的。不思考，而每天在忙碌，想起来这是多么可怕的事。如果我们很少去叩问我们每天做的事，只有“事”没有“理”，不去自问：是对的吗，是好的吗，合逻辑吗，有价值吗，真的是这样吗，一定要这样吗，这样真的是好的吗，能不能更好呢，这意味着什么呢……如果我们很少如此叩问，甚至从来不这样叩问，我们的生活，我们的灵魂，怎么可能踏实呢？万一，我们辛辛苦苦的所做，是不对的呢；我们津津乐道的“政绩”，是不好的呢？

要给半年来每天的思绪作一个梳理，谈何容易，其实我们只是留一个档罢了，但就是这留档，也已经有足够的意义。所谓“书名”，所谓“目录”，也只是一个大概，一个“借口”，而不是真正的“主题”。不是专著，不必究根问底逻辑体系。之前，一直琢磨“思想从哪里来”的问题，但自从“明远吴江行”活动之后，我的思维转向了，更多地思考“思想到哪里去”的问题，而这两个问题，其实是相辅相成的，如果思想不是从纷杂的实践中来的，也自然不可能回到实践中去，实践是思想之母，也是思想之家。

后 记

2002 年，受朱永新老师的影响，我开始以教育日记的方式记录与思考教育与人生，展开一场没有终点的“思想长跑”，朱老师多次撰文称“日知日行的张菊荣”。想不到，20 多年之后，我会以这样的方式去带动一个团队：张菊荣名校长工作室（以下简称工作室）。

2022 年 5 月 28 日，我与工作室的校长们约定三年时间 1096 天日不间断的“日知录”写作，每一位校长每天发布“日知录”一则，我称之为“在实践的场域思考与处理理论问题”。我的初衷，是想帮助校长们形成一种思维方式，但是，随着日子的推进，我们发现，那也是一种人格的磨炼。

雷打不动。每旬，我们发布《日知者》电子刊；每半年，每人编制一册小书。作为“陪跑者”，到 2024 年 5 月底的时候，我也编制了自己的四本“小书”：《越是忙碌 越要思考》《没有人知道自己能走多远》《对事情本身感兴趣》《让思想回家》。沙培宁老师说“思想是小火慢炖熬出来的”。每天熬制自己的思想，已经成为生活的重要内涵，成为生命的一部分，没有任何功利性的期待，享受一种纯粹精神的欢愉。

当天津教育出版社的李勃洋编审在看到上述四本“小书”的第一时间就决定出版《教育日知录》时，我的兴奋与感动无以言表：除了共同的情怀，我没有办法解释。我们都相信，做一个校长，做一名老师，思考是伴随整个人生的。没有思考就没有教师的专业生活，就没有丰富的精神世界，而这会深刻地影响到一所所学校，一个个孩子。我们没有办法想象一位没有思想的校长如何领导一所学校，一个精神黯淡的老师如何成为孩子的引路人。我由此也理解天津教育出版社把这套书设计成手账的良苦用心，希望有更多的朋友一起，赋予每一个日子以有趣的意义。

没有 20 多年前与新教育实验的邂逅，就没有我“日知录”的源头，感谢朱永新老师 20 多年的关怀！没有我工作的江苏省苏州市吴江区教育局成立工作室，也不会坚持每天如此用心，感谢吴江区教育局，感谢一路同行的工作室的伙伴们！没有李洪波校长的力荐，没有天津教育出版社的厚爱，这套“民间喜爱”的小书也难以面世。感谢洪波，感谢出版社，也特别感谢敬爱的顾明远老师漂亮的题签！

当我们的《日知者》（旬刊）发出去打扰大家时，总是会得到众多的鼓励与关心，朱永新老师、顾明远先生为我们题写“刊名”，成尚荣老师说“日知录具有浓郁的中华文化色彩，可以形塑中国教师的文化心理结构”，杨九俊老师说这是“活的管理学”“活的校长学”，郭华老师称我们是在做“滴水之功”，沙培宁老师说我们“会把自己吓一跳”……从北京到上海，从广州到安徽，从北京师范大学到华东师范大学，从科研机构到媒体编辑，从厅长局长到校长老师，无数人给了我们太多的支持，我们会永远铭记在心！没有你们，我们站不高，也走不远。

希望您能喜欢这套小书，希望您能与我一样日知日行。在您拿到这套小书的时候，我的“日知者”团队已经扩大，我的日知生活不断延伸。西哲有言，没有省思的人生是不值得过的。我不知道哪一天，我会停下对这个世界的新鲜思考，我只知道，这样的日子有滋有味。

2025 年 3 月 7 日